印度 不丹

India & Bhutan

no.80

中國

巴基斯坦 ●德里 尼泊爾 不丹

孟加拉 緬甸

印度

阿拉伯海 孟加拉灣

MOOK NEWAction

印度 不丹
India & Bhutan

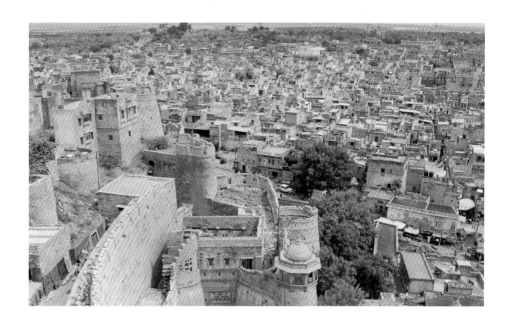

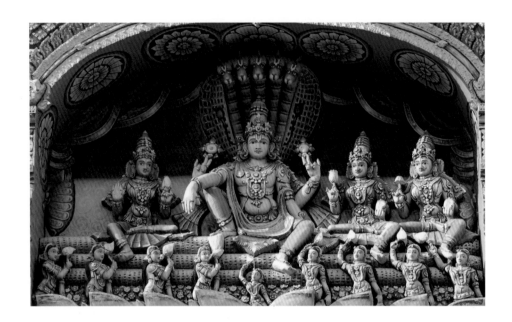

本書所提供的各項可能變動性資訊，如交通、時間、價格(含票價)、
地址、電話、網址，係以2023年11月前所收集的為準；特別提醒的
是，COVID-19疫情期間這類資訊的變動幅度較大，正確內容請以當
地即時標示的資訊為主。
如果你在旅行中發現資訊已更動，或是有任何內文或地圖需要修正
的地方，歡迎隨時指正和批評。你可以透過下列方式告訴我們：
寫信：台北市104中山區民生東路二段141號9樓MOOK編輯部收
傳真：02-25007796
E-mail：mook_service@hmg.com.tw
FB粉絲團「MOOK墨刻出版」www.facebook.com/travelmook

符號說明

☎ 電話	$ 價格	⏱ 所需時間	ℍ 住宿
🄵 傳真	🆄 網址	⎯ 距離	🅕 Facebook
⌂ 地址	✉ 電子信箱	➡ 如何前往	🄾 Instagram
⊗ 時間	❗ 注意事項	🚌 市區交通	Ⓛ Line
✱ 休日	✺ 特色	❶ 旅遊諮詢	

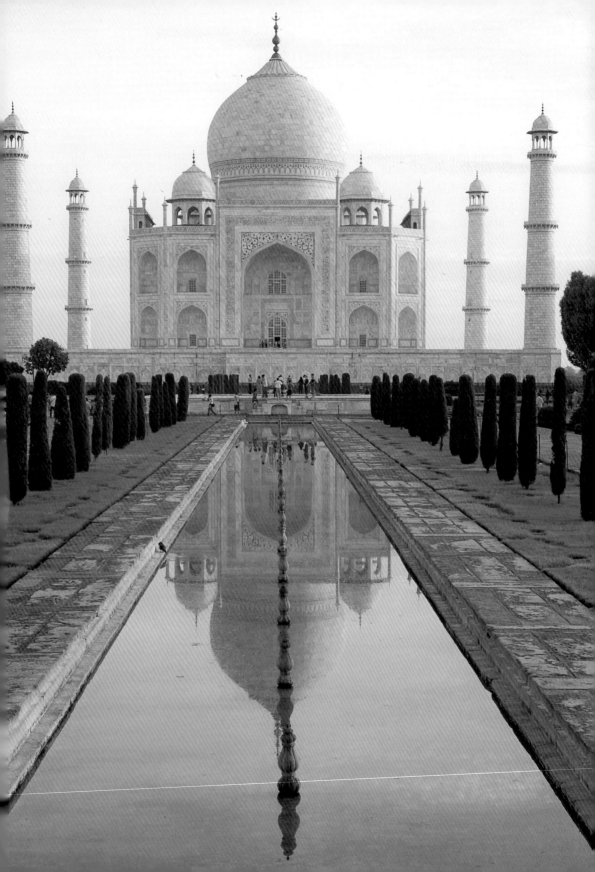

Welcome to India & Bhutan

歡迎來到印度・不丹

就像印度旅遊局以「不可思議」(Incredible)來形容自己的國家，來到印度，永遠有各種不可思議的事會發生。

這個無關價值判斷的形容詞意味著無限可能，問十個來過印度的人，可能會有十種截然不同的答案。既有髒、亂、吵、鬧、擠的喧囂街頭，也孕育了清心淨念的瑜伽和阿育吠陀；既有神佛滿天、色彩斑斕的印度教寺廟，也有素淨典雅的佛教聖地，更有一座座宏偉壯麗的蒙兀兒清真寺與陵墓建築；既有千年的絕美石窟，也有揉合了葡萄牙、英國、法國等西方色彩的殖民建築；既有沙漠風情的拉賈斯坦邦，也有綠意盎然的喀拉拉水鄉及一座座生態豐富的野生動物保護區……越深入這個國家，越發現它無窮的魅力。

位於印度東北部山區的不丹，則是光譜的另一端。這個世人公認的幸福國度，數個世紀以來，始終以自己獨特的步伐，在喜馬拉雅東部山谷間，如香格里拉般、活生生地存在著。

這裡有峰峰相連，不曾遭受人為破壞的大山；有清澈見底，不帶一絲污染的大水；有

雄踞山巔河岸，氣勢磅礡的宗堡建築與周遭自然山水相互呼應；有鑲嵌在山壁的廟宇、有鎮住河灘的佛塔，隨著傳頌千年的傳奇故事，經幡颺、經輪轉；還有那層次分明、綿延不絕的梯田，以及一張張讓人徹底融化的無邪笑臉。

這本新版的《印度‧不丹》，除了必訪的印度金三角：德里、阿格拉、拉賈斯坦之外，更遍及東印度、西印度、南印度精華，甚至較具獨特市場的大吉嶺、北印佛教聖地，全書依旅遊市場的需求按比重全境收錄

導覽，而快樂國度不丹，更是華文旅遊導覽書首度收錄。

這樣全面性的報導，也更能符合多種樣貌的「印度‧不丹」印象。本書維持MOOK旅遊書一貫的實用風格，分區導覽除了最新的交通、費用、吃、住、買等實用資訊，並搭配清晰、好用的地圖，也針對印度地大物博的特性，以及不丹獨特的旅行方式，提供了詳盡的旅遊攻略資訊，讓你能以最經濟又深入的方式，暢遊印度和不丹這兩個截然不同的國度。

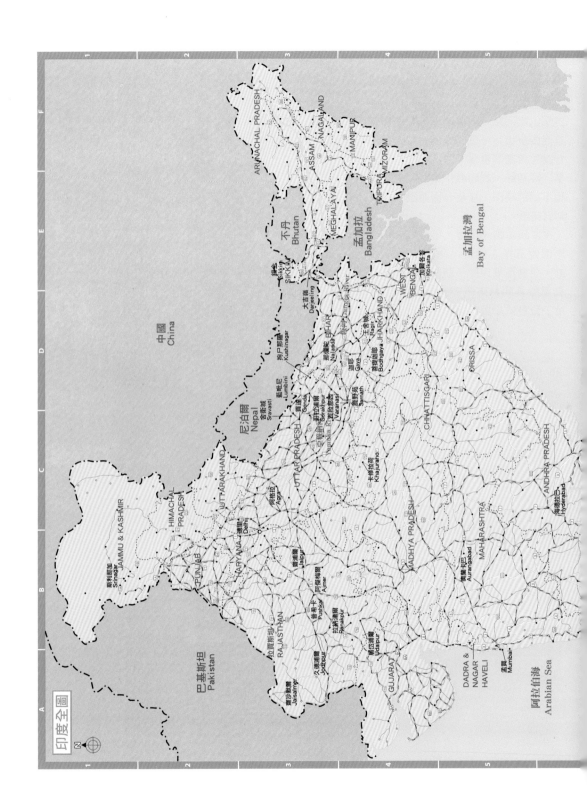

印度全圖

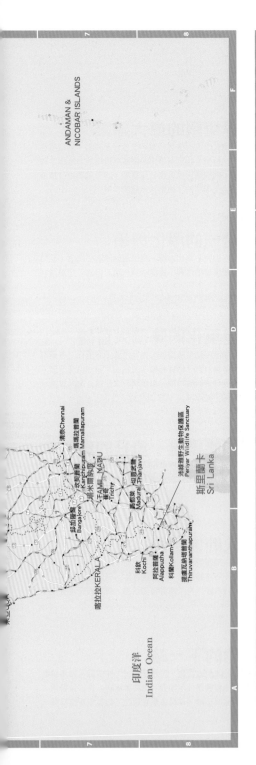

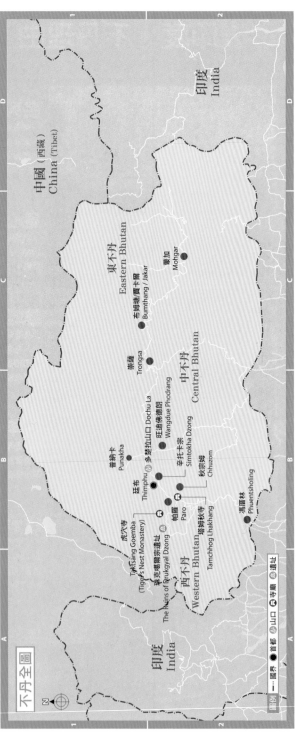

必去印度‧不丹理由

© 印度旅遊局

名列世界奇蹟的偉大建築

泰姬瑪哈陵是所有旅人一生必朝聖一次的偉大建築，同樣不朽的建築在印度比比皆是，拉賈斯坦邦的豪華宮殿城堡、璀璨生輝的南印大廟建築、精雕細琢的石窟神像藝術，還有瑪瑪拉普蘭等帕拉瓦建築藝術的上乘傑作，都是建築迷的最愛。

身心靈合一的淨化療癒

不管是阿育吠陀的完全淨化排毒，還是瑜伽的清心淨念，又或者在不丹墜入香格里拉的世界，實際走過一趟，你的心靈也跟著昇華。

歷經千變萬化的味蕾大冒險

印度料理的複雜度不輸中華菜系，光是餅就千變萬化，各種形狀、各種口感、各種口味，還有各種不同名稱，讓你無從選擇，而那種摻了各式各樣香料的菜餚，每嘗試一次就是一次大冒險，當然也增添了旅途中的趣味性。

終年不斷的繽紛、瘋狂的慶典

這是個神佛的世界，不論印度還是不丹，一年到頭都有因著不同神祇而誕生的宗教慶典，跟著當地人玩慶典，你也同樣獲得神明的庇佑。

唯美迷人的大自然探奇

印度次大陸不只擁有神佛、建築和古文明，還有渺無人煙的大山大水，不論是不丹峽谷健行、到動物保護區尋訪野生動物、沙漠騎駱駝、在椰林水鄉行舟，或香料園巡禮，都讓人沉浸在純淨的自然世界。

無法預期的下一站

對第一次來到印度的人而言，可能是個極大的挑戰，你永遠無法預期接下來的旅程會是什麼模樣，也許是驚嘆、也許是驚喜、也許是驚嚇，走過這一趟，你必會永生難忘，也從中獲得成長。

旅行計畫
Plan Your Trip

Top Highlights of India & Bhutan
印度・不丹之最
文●墨刻編輯部　攝影●墨刻攝影組

不朽的蒙兀兒藝術 Mughal Art

蒙兀兒帝國(The Great Mughal)是15世紀初到18世紀中葉統治印度的伊斯蘭教王朝，其範圍涵蓋整個印度北部和部分南部地區，對於印度文化藝術有著無遠弗屆的影響。

蒙兀兒王朝的文化成就主要顯現於建築藝術上，許多偉大建築留存至今成為重要文化遺產，如德里的紅堡及阿格拉的泰姬瑪哈陵等，都是其中翹楚。蒙兀兒建築形式源自波斯與中亞，同時融合印度傳統，成為數百年來印度建築風格的代表。典型的蒙兀兒式清真寺或陵墓，以正方形或長方形底部作基礎，上面建有巨大圓頂，兩旁豎立著對稱式的尖塔。建材偏好以紅砂岩或大理石，大量採用細格子花紋或幾何圖形的雕刻，牆壁上的繪飾不是花葉植物圖案，就是可蘭經文，而建築物前方都有一座對稱設計的花園，中央闢有水道和噴泉。

除建築外，蒙兀兒時期的繪畫、文學、音樂與舞蹈，也在宮廷的贊助下達到最高峰。在繪畫上以細緻畫(Miniature)為主要特徵，充滿寫實主義風格，主題大多為宮廷、宴會、狩獵或人物；在色彩的運用上，採取紅與藍、綠與黃的強烈對比。

最佳博物館
The Best Museums

國立博物館，德里
National Museum, Delhi
(P.91)

印度博物館，加爾各答
India Museum, Kolkata
(P.139)

璀璨生輝的南印大廟 Temple Town in South India

　　早在蒙兀兒帝國崛起於北印之前，南印度的達羅毗荼(Dravidian)文明早已發光發熱，歷朝歷代都是建築高手，從7世紀在瑪瑪拉普蘭(Mamallapuram)的帕拉瓦式(Pallava)石雕，到10世紀左右，在坦賈武爾(Thanjavur)的柯拉(Chola)大廟，再到斯里蘭干(Srirangam)、馬都萊(Madurai)等地，今天依然是人們日常生活一部分的廟城，道道地地的南印風情，只要一踏入，便立刻被那炫麗色彩所感染。

　　這些不光是用來設神龕和給僧侶住宿的印度廟城，還有更複雜的院落圍牆，由哥普蘭(Gopuram)、曼達帕(Mandapa)、水池、廟塔構成。「哥普蘭」就是上頭蓋有階梯式金字塔的塔門，愈外層愈大，愈接近中央聖堂愈小，它們本身就是七彩奪目的建築體，更是整座廟矚目焦點，四側往上削尖的階梯斜面上，布滿各種雕像和神龕，看似雜亂無章，其實是按照創生次序而配置，由上往下分別為守護神、神和人。

　　「曼達帕」指的是有許多石柱的亭子，作為進行宗教儀式之用，後來的廟城則發展成多達數千根石獅和奔馬造型石柱所撐起的長廊，連接各個神壇。

眾神國度瘋節慶 Incredible Religious Festivals

愛熱鬧的印度人，幾千年來創造出各式各樣的節日慶典，從南到北，從小鄉村到大城市，終年不輟。

印度的三大慶典，以荷利節(Holi)拉開序幕，在這個類似中國春節的日子裡，人們相互在對方身上塗抹、潑灑色彩繽紛的顏料，帶來祝福與好運，入夜後並將紙紮的荷利節丟入火中焚燒，象徵摧毀邪惡。

每年10月舉辦的達瑟拉節(Dussera)是印度最熱鬧的節慶，全國放上10天連假，史詩《羅摩衍那》中的故事情節搬上舞台演出，節慶最後一天焚燒魔王羅婆那像和煙火秀，將慶典帶往最高潮。達瑟拉節後三週舉行的燈節類似中國的元宵節，祭祀帶來財富與幸福的吉祥天女(Lakshmi)，民眾常點鞭炮增加氣氛。

除此三大慶典外，印度教的節慶和祭祀儀式也是印度人生活中最重要的大事，在三百多萬個神祇中，以濕婆(Shiva)、毗濕奴(Vishnu)、大梵天(Brahma)為主，每個神祇都有屬於自己的慶典，其中像是黑天神誕生日(Krishna Janmashtami)及象神誕生日(Ganesh Chaturthi)等，都是非常重要的宗教節慶。

©印度旅遊局

最佳蒙兀兒建築
The Best Mughal Architecture

紅堡，德里
Red Fort, Delhi (P.84)

胡馬雍大帝陵墓，德里
Humayun's Tomb, Delhi (P.92)

©印度旅遊局

瑜伽與阿育吠陀
Yoga & Ayurveda

瑜伽發源於五千多年前的北印度，印度聖哲巴坦加利(Patanjali)在約兩千年前寫下《瑜伽聖經》(Yoga Sutras)，把瑜伽定義為「個人心智活動的自律態度」，透過他筆下的八大功法，即可循序達到開悟境界。近年來在世界各地掀起瑜伽風潮，印度學習地點多不勝數，環境、師資也超越其他國家。

北印度的里希克虛位於喜瑪拉雅山的山腳下，素有「世界瑜伽首都」之稱，1960年代，英國披頭四合唱團到此追隨印度師父學習瑜伽，因而帶動西方年輕人到印度學瑜伽的風潮。

極北的達蘭薩拉山城，因流亡的達賴喇嘛和海拔2,000公尺的純淨風光，吸引許多外國旅客到此追求身心靈放鬆。此外，果亞離開海灘幾公里的椰樹丘陵地段，或是靠近孟買的普那，也都是當地熱門的瑜伽研習地點。

至於起源於南印度的「阿育吠陀」(意指草藥養生)，是古印度人取法自然的一種養生科學，它認為人應與自然合一，而健康不單指身體健康，還包括心智、靈魂兩方面，三者達到平衡和諧的狀態才稱得上健康。

草藥養生治療首重找到病因，移除病因才有可能恢復身心靈的正常運作。印度專業藥草醫師運用許多技巧，檢視人體體質之後，才安排完整的養生SPA療程。

阿格拉堡，阿格拉
Agra Fort, Agra (P.103)

泰姬瑪哈陵，阿格拉
Taj Mahal, Agra (P.106)

帝國之柱陵墓，阿格拉
Itimad-ud-Daulah's
Tomb, Agra (P.110)

政教中心宗堡建築 Dzong

「宗」(Dzong)是不丹王國最具代表性的建築，幾乎每一個行政區(Dzongkhags)都至少有一座「宗」，以雄偉的堡壘形式盤據在城鎮中心，守護著八方，這就是結合政務、宗教和防禦功能的「政教中心」。

不丹各地的「宗堡」各有千秋，有的虎踞山頭；有的背山面水；有的坐落谷地中心，氣勢磅礴的建築與周遭自然山水相互呼應，成了每一地最美的風景。其中又以普納卡宗最為特別，其不凡之處，就在於它位於兩條河流交會的河灘地上。

不少宗堡都有一座附屬建築「塔宗」(Ta Dzong)，位置比主建築還高，是具有瞭望功能的守望塔，有時又可以充當彈藥庫或地窖使用；如果是位於河畔的宗堡，入口處會有一條懸臂橋架在這天然的護城河之上。

依照不丹傳統建築工法，建築宗堡時既沒設計圖，也不會用到任何一根釘子。堡壘內大致分成兩區，一為包含寺廟和僧團居住的「教區」，一為行政官員辦公的「政區」。主要中庭廣場稱為「多切」(Dochey)，通常是政區和教區各一座，而整座宗堡中央最高的塔狀建築物稱做「烏策」(Utse)，是「中央大殿」的意思，裡面通常有佛殿。

最佳不丹宗堡
The Best Dzong in Bhutan

札西秋宗，廷布
Trashi Chhoe Dzong,
Thimphu(P.278)

帕羅宗，帕羅
Paro Dzong, Paro(P.294)

不丹山間健行
Mountain Trekking in Bhutan

由於不丹平均海拔都在兩千至三千公尺之間，在山間走起來有點辛苦，但絕對值得。

簡單路線少則數小時，困難的路線多則數天，還需馬匹幫忙馱重物，這些都是車輛抵達不了的地方，完完全全遠離人間、遠離現代化，是非常難得的體驗。

其中佛比卡谷地(Phobjikha Valley)景色優美，坡度平緩，是不丹最適合健行的地方，其中又以甘塘自然健行路線(Gangtay Nature Trail)最受歡迎。當你沿著山谷邊坡緩緩前行，時而穿越松林；時而跨過草原及杜鵑灌叢，有時與當地人迎面相遇，便獲得熱情邀約進入農家作客；有時與專心吃草的肥牛擦身而過，叮叮噹噹的清脆牛鈴聲頗有療癒舒心之效。

普納卡宗，普納卡
Punakha Dzong,
Punakha(P.302)

賈卡爾宗，賈卡爾
Jakar Dzong,
Jakar(P.310)

崇薩宗，崇薩
Trongsa Dzong,
Trongsa(P.312)

西印度宗教石窟群 Caves in Western India

印度西南部的奧蘭卡巴因為鄰近有兩座世界級的的石窟而聞名，一是阿姜陀石窟(Ajanta Caves)，一是艾羅拉石窟(Ellora Caves)，而在孟買附近，則有一座象島石窟(Elephanta Caves)。阿姜陀石窟屬於佛教石窟，30座石窟分散在馬蹄形峽谷中，開鑿約始於西元前200年到西元650年間，為印度重要佛教石窟代表之一，該石窟於西元8世紀時荒廢，直到1819年時因英國士兵狩獵而意外發現。該石窟類別區分為兩種，一為支提(Chaitya)，泛指佛殿、塔廟、祠堂等印度佛教建築，另一種是毘訶羅(Vihara)，為出家僧人集體居住靜修的僧院、學園、僧房，除石窟建築外，壁畫也是它最迷人的特色之一。

艾羅拉石窟的開鑿年代比阿姜陀石窟晚，34座石窟區分為佛教、印度教、耆那教三種。該石窟以精緻的雕刻著稱，雖分屬三大教派，在風格上卻同受印度教藝術影響，其中的凱拉薩神廟是全世界最大的巨石雕刻神廟，更是艾羅拉石窟聲名遠播的原因。

至於距離孟買外海約10公里的象島石窟，是座鑿空山岩而建的中世紀印度教石窟。石窟的雕刻風格偏向笈多古典主義，在石窟門廊兩側與窟內的天然岩壁上共有9幅巨型浮雕，石窟內有大量以濕婆神為主的浮雕和塑像，描述與這位破壞神相關的神話故事，因此，整體來說，這裡也算是一座濕婆神廟。

最佳印度神廟
The Best Hindu Temples

毗濕瓦那特寺，瓦拉那西
Vishwanath Temple, Varanasi(P.127)

卡莉女神廟，加爾各答
Kalighat Temple, Kolkata (P.142)

18

絕壁上的虎穴寺
Taktsang Goemba(Tiger's Nest Monastery)

　　虎穴寺是不丹最具代表性的宗教性地標，凡來到不丹的旅人，無不以登上虎穴寺為終極目標。甚至有人說，來不丹而不登虎穴寺，就不算來過不丹。

　　虎穴寺名稱的由來，乃是相傳8世紀時，蓮花生大士騎著一頭飛虎來到這陡峭山巔，在洞穴裡打禪入定3年3月3天3時，從此降服了當地的惡魔，並讓帕羅人改信佛教。

　　此洞穴被視為聖地，不少後繼者也陸續來此打坐；1646年，不丹雷龍國首位世俗領袖夏尊(Shabdrung)曾到此造訪；直到1692年，第四任領袖Gyalse Tenzin Rabgay開始在洞穴四周起造寺廟；後來幾度擴建也遭遇祝融，尤其1998年的大火使得全寺及珍貴佛像幾乎焚燬，政府耗資13億不丹幣，才在2005年讓整座寺廟以全新之姿重新面對世人。

　　儘管要見到這深山仙境得耗費體力，然而沿途鳥語花香，茂密高大的松林一路相伴，間或有淙淙流水推動轉經輪水車，發出清脆的噹噹聲響。當爬到山巔，虎穴寺就嵌在黃銅色的絕壁上，上方的岩石形如蓮花大士的臉，下方的松林如樹海，一碧萬頃。這般仙境，不論是陽光普照，還是雲霧繚繞，都各有意境。

| 梵天寺，普希卡 Brahman Temple, Pushkar(P.175) | 斯里蘭甘納薩斯瓦米寺，崔奇 Sri Ranganathaswamy Temple, Trichy(P.269) | 斯里米納克錫寺，馬都萊 Sri Meenakshi Temple, Madurai(P.272) |

喀拉拉迴水潟湖 Backwaters in Kerala

「迴水」(Backwaters)就是一般人所熟知的潟湖地形。在這片濕地上，喀拉拉人依水而生，或開鑿運河運送貨物；或划著小舟灑網捕魚；或引水灌溉種植稻米。不論搭乘的是獨木舟、一般遊船，還是豪華船屋，順著水道融入迴水美景和當地村民生活，正是體驗水上之旅的精華所在。

一般最受歡迎的迴水潟湖之旅，多半從北邊座落凡巴納湖(Vembanad Lake)畔的阿拉普薩，或南邊位於阿拉伯海和阿許塔穆迪湖(Ashtamudi Lake)之間的科蘭出發。沒有親身來一趟潟湖水上之旅，就不算來過喀拉拉，這是一種非常迷人的經驗，而造訪這個唯美水鄉最好時機，則是從每年10月到翌年3月之間。

最佳市集
The Best Bazaars

月光市集，德里
Chandni Chowk, Delhi
(P.87)

新市集，加爾各答
New Market, Kolkata
(P.138)

沙漠駱駝行旅 Camel Safari

　　北印度熱門旅遊地區拉賈斯坦邦的齋沙默爾，提供騎駱駝沙漠探險遊行程，從半天到一週都有，行程內容主要是騎著駱駝在沙漠中行進，晚上則夜宿沙漠，住宿的種類因價格有所區別；有的是附廁所的豪華式帳棚；有的是拉賈斯坦傳統式的小圓屋；有的乾脆就以沙漠為床，直接睡在沙漠上！

　　齋沙默爾附近有好幾個沙丘，遊客可以騎著駱駝行走在優美沙紋上，體驗沙漠荒涼的氛圍，也可以欣賞沙漠落日的美景，觀看夜晚沙漠中的星星和體驗一片寂靜，早上起來還可以在沙漠中喝著印度奶茶、吃著傳統早餐。透過這一段特殊的行旅，將能感受到昔日遊牧民族以天地為家的豪情。

©印度旅遊局

崔波萊市集，齋浦爾 Tripolia Bazaar, Jaipur (P.160)	沙達市集，久德浦爾 Sardar Bazaar, Jodhpur (P.181)	週末市集，廷布 Weekend Market, Thimphu(P.281)

21

混血的殖民時代建築
The Colonial-era Architecture

自大航海時代開始，印度這塊廣大的次大陸就是歐洲列強覬覦之地，葡萄牙、法國、英國先後都各自占有一片天地，葡萄牙占果亞、英國占孟買和加爾各答、法國占龐迪闕里(Pondicherry)，都留下了龐大的殖民時代建築。

哥德、文藝復興、巴洛克、洛可可等各種不同建築風格，大量運用在教堂、火車站、政府機構、郵局、公共建築，甚至連印度本身的印度神廟都受到影響。

這是時代的印記，如今孟買的維多利亞火車站、果亞的教堂群都被納入世界遺產的保護範圍，而加爾各答的維多利亞紀念堂，更是融合了義大利文藝復興風格及蒙兀兒建築元素，為那個時代留下美麗的見證。

最佳殖民式建築
The Best Colonial-era Architecture

維多利亞紀念堂，加爾各答
Victoria Memorial,
Kolkata (P.136)

維多利亞火車站，孟買
Victoria Terminus,
Mumbai (P.206)

拉賈斯坦邦宮殿與城堡
Palaces and Forts in Rajastan

　　拉賈斯坦是一塊充滿傳奇色彩的土地，雖然四周景觀荒涼，地表上布滿砂礫、灌木林和乾燥沙漠，卻蘊藏著無比豐厚的人文生活與藝術特質。

　　生性剛毅又驍勇善戰的拉賈普特人(Rajput)是當地的主要民族，以「王侯之子」自居，在印度歷史舞台扮演極重要角色。蒙兀兒帝國時期，它是最後一個屈服於伊斯蘭政權下的城邦。

　　拉賈斯坦邦原本有23個大小公國，所以境內屹立著許多精雕細琢的皇宮、古堡和寺廟。印度獨立後，這些公國聯合組成地方政府，正式命名為「拉賈斯坦」，意思就是「諸王侯之地」。如今僅有頭銜而無實權的王公貴族，將境內多處皇宮、古堡改建為高級旅館，來到這裡不但可下榻皇宮飯店，享受帝王般的待遇，還可以騎駱駝穿越沙漠，體會拉賈普特人的生活風情。

聖耶穌教堂，果亞 Basilica of Bom Jesus, Goa(P.228)	瑪坦闕里宮，科欽 Mattancherry Palace, Kochi (P.238)	政府博物館，清奈 Government Museum, Chennai (P.257)

Top Itineraries of India & Bhutan
印度‧不丹精選行程 文●墨刻編輯部

印度金三角與拉賈斯坦14天

●行程特色

　這是最傳統的北印金三角走法，也是大多數人對印度的基本印象，這條路線把一般人所認知的印度印象及主要精華都概括了，包括德里的紅堡、胡馬雍大帝陵墓，阿格拉的泰姬瑪哈陵、阿格拉堡，以及拉賈斯坦邦的眾多城堡和宮殿。印度土地太遼闊，舟車難免，這條路線能讓你在最短距離內，看盡所有精華。

●行程內容

Day 1-2	德里(Delhi)
Day 3	阿格拉(Agra)
Day 4	法特普希克里(Fatehpur Sikri)
Day 5-6	齋浦爾(Jaipur)
Day 7	普希卡(Pushkar)
Day 8-9	烏岱浦爾(Udaipur)
Day 10-11	久德浦爾(Jodhpur)
Day 12-13	齋沙默爾(Jaisalmer)
Day 14	德里(Delhi)

北印度、東印度聖地12天

●行程特色

　從德里開始，一路往東走，貫穿整個北印度，最終在加爾各答結束。德里的紅堡、胡馬雍大帝陵墓，阿格拉的泰姬瑪哈陵、阿格拉堡都是蒙兀兒帝國時期的精華，卡修拉荷有雕工精彩的性廟，瓦拉那西的恆河段是印度教徒一生必朝聖之地，菩提迦耶則是印度最響亮的佛教聖地，加爾各答則為印度第二大城，沿途能深刻感受聖地之於教徒的神聖魅力。

●行程內容

Day 1-3	德里(Delhi)
Day 4-5	阿格拉(Agra)
Day 6-7	卡修拉荷(Khajuraho)
Day 8-9	瓦拉那西(Varanasi)
Day 10	菩提迦耶(Bodhgaya)
Day 11-12	加爾各答(Kolkata)

道地南印度風情14天

● 行程特色

塔米爾納度邦(Tamil Nadu)和喀拉拉邦(Kerala)可說是南印度最具代表性的兩個邦省,前者最能代表南印度精神,除了看廟,還是看廟,龐大的寺廟建築群主宰了這裡的人文景觀;後者全境多為椰林水鄉、茶園、自然保護區,以自然風光取勝。在這裡,你可以感受到與北印度截然不同的風情。

● 行程內容

Day 1-3 　清奈(Chennai)
Day 4-5 　坦賈武爾與崔奇(Thanjavur & Trichy)
Day 6-7 　馬都萊(Madurai)
Day 8-9 　沛綠雅野生動物保護區(Periyar Wildlife Sanctuary)
Day 10-13 迴水潟湖區(Backwaters)
Day 13-14 科欽(Kochi)

西印度石窟殖民風9天

● 行程特色

這條路線涵蓋了西印度的精華,大致分成三個主軸:一是孟買,既感受這個印度第一大城的寶萊塢魅力,也看英國殖民時期留下來的精彩殖民建築;二是散落在這個區域的佛教、印度教、耆那教石窟雕刻;三則為葡萄牙殖民過的果亞,這裡有大量葡式風格的教堂,以及全印度最美的海灘。

● 行程內容

Day 1-3 　孟買(Mumbai)
Day 4-6 　艾羅拉石窟(Ellora Caves)
　　　　　阿姜陀石窟(Ajanta Caves)
Day 7-9 　果亞(Goa)

東印度、不丹山國13天

●行程特色

　從東印度第一大城加爾各答入境，感受獨特的殖民風情之後，一路向北，來到喜馬拉雅山腳下，感受山國獨特的魅力。在印度境內，大吉嶺的茶園、高山火車、遺世獨立的山中城邦已經讓人驚艷，接著經由陸路，從印度的卡林蓬(Kalimpong)來到不丹的馮厝林(Phuentsholing)，而廷布、普納卡、旺迪佛德朗、帕羅都是不丹必訪的精華。

●行程內容

Day 1-3	加爾各答(Kolkata)
Day 4-6	大吉嶺(Darjeeling)
Day 7	馮厝林(Phuentsholing)/不丹
Day 8-9	廷布(Thimphu)/不丹
Day 10-11	普納卡與旺迪佛德朗
	(Punakha & Wangdue Phodrang)/不丹
Day 12-13	帕羅(Paro)/不丹

幸福山國不丹8天

●行程特色

　由於入境不丹需收取高額的費用，待的天數愈多，所繳交的費用就愈高，7-8天可以說是最適規模。不丹大致可以分為西不丹、中不丹、東不丹，因為東不丹路遙遠、交通不便，遊客較少抵達，中不丹次之，西不丹則因為距離國際機場帕羅最近，是最熱門區域，這條行程就包含了西不丹和中不丹的精華。

●行程內容

Day 1-2	廷布(Thimphu)
Day 3-4	普納卡與旺迪佛德朗
	(Punakha & Wangdue Phodrang)
Day 4	崇薩(Trongsa)
Day 5-6	布姆塘(Bumthang)
Day 7-8	帕羅(Paro)

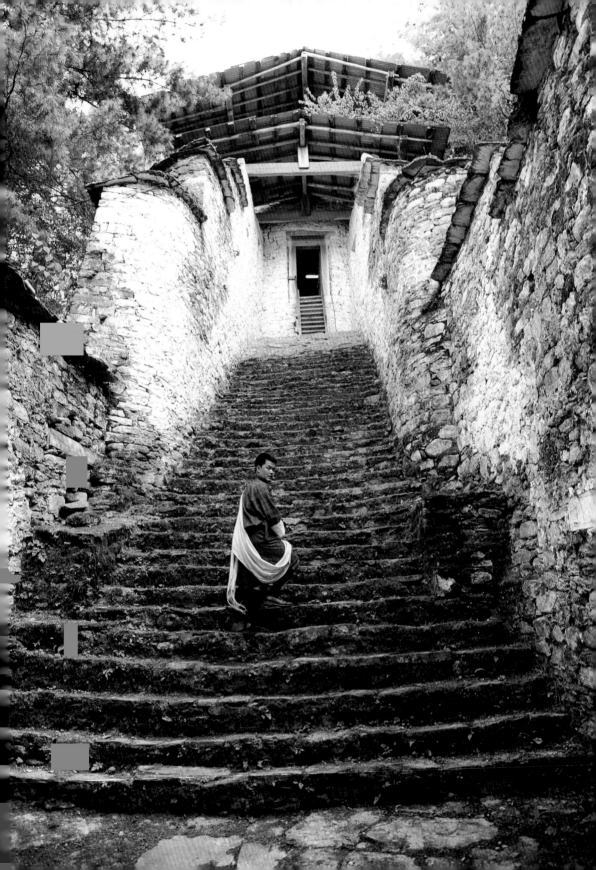

When to go
最佳旅行時刻

文●墨刻編輯部　攝影●墨刻攝影組

每年3月至5月是印度夏季，氣溫高達40℃以上，所以鄰近喜瑪拉雅山區，例如錫金、大吉嶺、喀什米爾、拉達克一帶，都成為著名避暑勝地。6月至9月是印度雨季，10月至翌年2月北部平原地帶進入冬季，氣候涼爽，是最佳旅遊季節，但是喜瑪拉雅山區已經白雪皚皚。印度南部除了山區外，常年都是溫暖乾燥的天氣。

在不丹，旺季為春秋兩季，分別是3月~5月和9月~11月，雨季為6月~8月，較不適合旅行，有時道路會中斷。冬天氣溫乾燥，但海拔較高的地區比較寒冷。

印度・不丹**氣候**和**旅行季節**

西喜馬拉雅山區
氣候乾而冷，夏季很短，喜馬拉雅山地區平均溫度低於7℃。

©印度旅遊局

東喜馬拉雅山區
夏天濕而暖，冬天乾而冷，夏季不長。

熱帶沙漠區
夏天白日溫度極高，冬天夜間溫度極低，雨量極少。

©印度旅遊局

副熱帶濕潤氣候區
夏天熱，雨量大，冬天乾燥溫和。

中國

斯坦　　●德里

尼泊爾　　不丹

　　　孟加拉

印度　　　　　緬

阿拉伯海　　　孟加拉灣

熱帶及副熱帶草原區
半乾旱地區，雨量少且不穩定。

熱帶多雨區
溫度高，夏季強降雨。

熱帶草原區
夏季乾而熱，冬季氣候溫和。

印度・不丹**旅行日曆**

	印度	不丹
1月	雨季過了一陣，除了山區較冷之外，大部分地區氣候舒爽。在德里，擴大慶祝共和國日(Republic Day)。	
2月	除了山區之外，大多數地區氣候宜人，南印度暑氣漸升。在果亞有為期4天的嘉年華會，但也可能3月舉行。	普納卡策秋(或3月)
3月	適合旅行的季節將結束，除了北部山區，幾乎全境熾熱，東北部開始下雨。荷利節(Holi)是北印度最熱鬧的節慶，幾乎蔓延全國，有時會在2月舉行。	帕羅策秋(或4月)
4月	全國暑熱逼人，除了錫金、大吉嶺之外，算是旅遊淡季。耆那教大雄Mahavir Jayanti的誕辰，廟宇會特別妝點。	
5月	一年之中最熱的月份，在雨季來臨之前，北部山區是最適合健行的月份。可能遇上佛誕日。	
6月	非常不適合前往旅遊，正值暑熱和雨季交替季節，可能暑熱難耐，也可能遇上大雨。	固結寺策秋
7月	全國都在下雨，大雨可能造成交通中斷，可能只剩北部的拉達克(Ladakh)適合旅遊。	
8月	除了拉達克之外，仍是雨季高峰。8月15日為印度獨立紀念日；Onam是喀拉拉邦最大的文化慶典。	
9月	雨季漸漸落幕，拉賈斯坦邦開始進入適合旅遊季節。8或9月為象神誕生日(Ganesh Chaturthi)。	廷布策秋(或10月)
10月	有些地方還在下雨，但大多數地方雨勢已經停止。達瑟拉節(Dussera)是印度最熱鬧的節慶，全國放上10天連假，而聖雄甘地的冥誕則為10月2日。	
11月	大部分地區天氣都很好，但南部的喀拉拉和塔米爾納度反而遭逢雨季。印度國際電影節在果亞舉行。	黑頸鶴節
12月	除了北部山區較寒冷之外，是一年中最舒適的月份，濕度也最低。此時最適合在拉賈斯坦沙漠騎駱駝。	崇薩策秋

Best Taste in India & Bhutan
印度‧不丹好味
文●墨刻編輯部 攝影●墨刻攝影組

印度

印度的飲食習慣與種族、區域、宗教信仰、階級地位等，都有密切的關係。印度料理雖有各種烹調方式，但是沒有任何代表性的印度菜餚。一般人印象中的咖哩，其實是英國人取自南印度塔米爾語(Timil)的kari(黑胡椒)，凡是以各種辛辣香料所製作的料理，都通稱為咖哩。

由於宗教信仰，印度教徒食物中不可以有牛肉，而穆斯林食物中不可以有豬肉，因此印度主要肉類以羊肉和雞肉為主。印度菜大體上可分為北印度菜與南印度菜兩大菜系。北印度菜又可細分為旁遮普菜系、孟加拉菜系等，辣味適度，主要是用咖哩與雞肉、羊肉、蝦和蔬菜烹調的菜餚和米飯、烤餅一起吃。南印度菜則以塔米爾菜系為主，味道辛辣，將羊肉、蔬菜、咖哩和米飯等放在香蕉葉子上拌食。

北印度以麵餅為主食，南印度則習慣以米食搭配麵餅，這也是因為南印度盛產稻米之故。除了不同的地區有不同的風味料理外，宗教信仰、種族等也是造就印度多元化美食的關鍵。

印度人對料理非常具有冒險精神，各式各樣的香料廣泛運用在各種料理中。除了麵餅、米飯外，各種顏色的扁豆(Daal)、蔬菜(Sabzi)和醃漬品就成為必要的配菜。

另外依照地理環境的區別，如西印度靠海則多產海鮮、瀕臨沙漠則多採用沙漠植物或羊肉。由於印度大多數人都是素食主義者，因此印度的素食料理更是大宗。

波亞尼燉飯 Biryani
波亞尼燉飯是蒙兀兒人帶入印度的米飯料理，以長米搭配羊肉、雞肉、牛肉或蔬菜做成燉飯，因此吃起來濕濕的。其中以海德拉巴波亞尼燉飯最出名，另外也有純素的波亞尼燉飯。

奶油雞 Butter Chicken
也屬於北印度的一道著名料理，採用去骨切塊的坦都里雞肉，放入奶油、番茄與香料混合的醬汁中烹煮，搭配印度烤餅一起食用，幾乎是在每家餐廳都有供應的料理。

塔利 Thali
塔利是印度的定食，印度的每個省份都有屬於自己風格的塔利，基本上塔利是一份圓盤上放著菜泥、豆泥、馬鈴薯、燉菜、酸奶、甜點等約4~6種菜色，另外還附上飯、普里、羅提或恰巴提麵餅。主要區分為北印度和南印度風格，北印度塔利是以普里、恰巴提或羅提麵餅，和味道口味重的配菜和一份甜點；而南印度塔利則是以炸餅(Papad)、米飯搭配幾道配菜。比較特別的是用餐時將炸餅捏碎搭配米飯和咖哩。

由於古加拉特省(Gujarat)是耆那教的大本營，吃純素的比例相當高，因此Gujarat Thali就是純素食的塔利。而拉賈斯坦省的塔利則採用沙漠植物和羊肉，和搭配特別的麵包，口味也很特別。

普里 Poori
這是北印度的點心，宛如手掌大的圓餅，油炸時會鼓起來，中央呈現空心狀態，可以和主菜或蔬菜泥一塊吃，在一般的塔利定食中也會出現。另外還有一種類似普里的普卡(Phulka)，是全麥麵粉做的炸餅，體型比普里小很多，常在路邊攤看到。

坦都里烤雞
Tandoor Chicken

這是北印度的一道著名宮廷料理，將整隻雞先以酸奶和香料醃漬過後，放入坦都爐窯內烤，烤完後雞肉呈現紅色狀態，吃起來帶點辣味，食用時配以綠色的醬料和洋蔥。

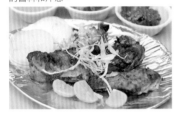

饢 Nan

類似中亞袋餅的饢，是從中亞經旁遮普省進入印度的麵餅，饢的厚度比恰巴提或羅提厚又鬆軟，這也是印度最經典的麵餅。比較特別的是饢的口味很多，除了有原味外，還有加入起士、馬鈴薯、蔬菜、椰子等各式各樣的饢，有甜、也有鹹的口味。由於正宗的饢做法是將麵餅貼在坦都烤爐壁內燒烤，所以一般的印度人家庭也都在餐廳食用比較多。

沙摩沙 Samosa

沙摩沙是三角形的咖哩炸餃，內部餡料是馬鈴薯混和豆子、茴香、辣椒等香料，吃起來比較辣一點，被視為印度人的點心。

恰巴提 Chapati

恰巴提是印度最普遍的全麥麵餅之一，嚼起來十分有勁，也有點類似蔥油餅。採用沒有發酵的麵糰，類似蔥油餅做法，餅皮更為扁平，口感也較乾。和羅提相比，恰巴提的體積較大。

都沙 Dosa

類似煎餅的點心，在南印度則被用來當作早餐的一種。都沙是以扁豆糊加發酵米、水調配而成的米糊，放置在大型鐵板上煎烤，之後再放入餡料並將餅皮對摺起鍋。煎過的餅皮酥脆，嚼起來有點類似法式薄餅。都沙種類繁多，其中最普遍的就是馬沙拉都沙，餡料是以馬鈴薯混和芥末籽、咖哩葉、洋蔥、薑黃。

奶茶 Chai

在印度，奶茶是最普遍的飲料，印度式奶茶的牛奶比水多，糖也是多得不得了，在冬天時會加入豆蔻調味，夏天時則是添加薑調味，因此，印度奶茶喝起來不但超甜，口味也重。另外，馬沙拉奶茶(Masala Chai)也是奶茶的一種，喝起來比一般的奶茶更為香濃，「Masala」在印度文中意思是「綜合的香料」，所以馬沙拉奶茶是添加了許多綜合香料，包括豆蔻、丁香、肉桂、胡椒、薑等。

拉西 Lassis

拉西是印度式優酪乳的飲料，加入酸奶、水、香料、糖或鹽調製而成的，也有甜口味的拉西，這是夏天很受歡迎的全國性冷飲，尤其是在瓦拉那西和旁遮普省的拉西最為出名。在孟買或印度西邊海邊的觀光城鎮，還會加入當季的水果如芒果、香蕉、鳳梨調製成水果拉西，宛如果汁牛奶。

羅提 Roti

麵糰以旋圈式做成輕薄脆的印度餅，再放入油鍋中油炸。做法類似帕羅塔(Paratha)，只不過帕羅塔吃起來有蔥油餅的感覺。

不丹

不丹人的餐食很簡單，沒什麼山珍海味，通常只要一大碗米飯，配上一兩塊肉、一點菜，就能飽餐一頓，能端出來給遊客吃的，多半受到中國菜和印度菜影響，所以一些北印度的菜在不丹也看得到。

餐桌上，唯獨一味卻是不能少，它既是主角，也是配角，那就是「辣椒煮起司」(Ema datse)，這道菜只有辣椒和起司兩種簡單食材，辛辣的青、紅辣椒，配上香軟濃稠的起司，加點鹽和水，十分對味，是不丹人餐餐必備，就算只有辣椒煮起司配白飯，也能過一餐。

Best Buy in India & Bhutan
印度・不丹好買
文●墨刻編輯部 攝影●墨刻攝影組

印度

©印度旅遊局

©印度旅遊局

印度是個多彩的國家，人民對色彩不但敏感且大膽，生活中也全然充滿五顏六色的創意。拜印度手工藝發達與種姓階級制度之賜，不同的地區生產出不同特色的工藝品，這些充滿民俗風味的特產，總是時時刻刻吸引遊客的目光。

在印度首都德里，可以買到來自各邦各省的特產和手工藝品，品質較產地優良，價格也未必比產地貴。

印度值得購買的特產和手工藝品，包括佛像、雕刻、宗教物品、古董、寶石、繪畫、銀飾、項鍊、戒指、手鐲、腳鍊、首飾盒、銅器、人偶、手工織布、沙麗布料、服飾、地毯、羊皮製品、傢俱、大理石製品、鑲嵌工藝品、大吉嶺紅茶等。其中具有百年以上歷史的佛像、古董和藝術品，受到出口管制，必須詢問清楚。

印度北部盛行的印花布、鏡品、絲絹、綢緞、金銀亮片、刺繡，以及瓦拉那西的絲織品、錦緞絲緞、披肩、黃銅製品，勒克瑙出產的銀鑲嵌金屬器皿，都極具特色。

阿格拉出產的大理石桌面、碗碟、器皿、首飾盒，以及鑲嵌蒙兀兒玫瑰的雪花石膏，深受泰姬瑪哈陵的鑲嵌拼花技藝影響，成為當地最具代表性的作品。印度北部流行檀木製作的傢俱、木盒、鏡框、扇子、雕像；而喀什米爾地區則取材胡桃木，上面刻劃有光滑的花葉圖案。

喀什米爾地區的地毯、披肩等，都是名揚海外的特產品。喀什米爾地毯有毛織與絲織兩種，色澤柔和淡雅，充滿蒙兀兒風格植物花卉。以喜瑪拉雅山野生小羊的毛所製成的帕須米納披肩，質感細膩，深受時裝界喜愛，但昂貴又有環保爭議。此外，喀什米爾繪畫、羊毛衣、羊皮背心、羊皮皮包、首飾盒、刀子等，以及著名的雙線繡、卡尼繡(Kani)和卡須達(Kashida)繡，都值得購買。

在印度購物，討價還價是必備的功夫。一般來說，喀什米爾出產的藝品、阿格拉製作的大理石製品，價格較高，議價空間也比較小；拉賈斯坦的印花布和鑲有金銀亮片的繡布，殺價幅度比較大。在印度各地的高級商店購物，可以按照定價的六折至八折左右買到中意的藝品；而在小型手工藝品店或露天市集，殺價幅度則是從三折至六折不等。

細密畫Minature Painting

在齋浦爾、烏岱浦爾和久德浦爾等皇宮博物館或城堡中，可以欣賞到非常漂亮的細密畫，這些小至名片大小、大不過A4紙張的精緻圖畫，濃縮了昔日王宮貴族狩獵、歡宴、節慶甚至後宮等生活情節，讓神秘的宮廷面貌數百年後依然活靈活現的躍於紙上。

細密畫起源於宗教抄本，東方以波斯最為著稱，隨著蒙兀兒王朝的壯大，這項細膩的工藝也在印度發揚光大。阿克巴大帝年幼時曾流亡伊朗，並跟隨大師學習細密畫，他在登基後設立了皇家畫室，替細密畫扎下根基，到了賈汗季皇帝時代，細密畫的發展更是達到巔峰。

細密畫是一門細緻的藝術，無論畫紙、畫筆和顏料無一不講究。純手工畫紙取材自米、棉布、絲、綢、甚至象牙，由於今日禁用象牙，因此以駱駝骨骼取代；畫筆更是畫工最佳的幫手，由於筆觸極細，因此得採用松鼠或貓等小動物的尾毛，以及小鹿或小牛的耳毛；至於顏料更來自天然的礦石，石墨、貝殼、硃砂、靛青甚至金粉等。

要完成一幅細密畫，必須經過起草、上色和潤飾三個步驟。起草事關一幅畫的成敗，因此由師傅執筆，費時的上色過程則由徒弟代勞，最後達到畫龍點睛之效的加工則又回到師傅手中。細密畫的價值和畫的尺寸沒有全然的關係，而是

和畫中筆法有多細膩有關，此外，採用某些像金粉之類昂貴的顏料也會影響售價。

不丹

不丹有所謂的「13種工藝與藝術」(Zorig Chusum)，根據這13種傳統技能所發展出來的工藝品，就成了不丹向遊客招手的紀念品，走在大街小巷，你會看到唐卡、面具雕刻、竹編籃子、銅油燈、木碗、紡織、刺繡、轉經輪、手工紙、首飾……等。

除此之外，蜂蜜、乳酪、香茅草精油、薰香，以及不丹的郵票，都是十分受遊客歡迎的特產和紀念品。

Transportation in India & Bhutan
印度・不丹交通攻略
文●墨刻編輯部　攝影●墨刻攝影組

印度國內交通

航空

印度國土幅員遼闊，如果點與點的距離太長，勢必得仰賴空中交通。旅客必須憑機票方能進入機場，國內航班安檢非常嚴格，尤其是飛往德里的班機更是如此，托運行李先過得X光機方能辦理Check-In；而隨身行李每件都必須掛小紙牌(櫃台拿)，通過安檢時需蓋章。

◎捷特航空Jet Airways

民營航空公司，國際、國內航線都有。

🌐www.jetairways.com

◎印度航空Air India

國營航空，航線遍布全印度，國際、國內航線都有。

🌐www.airindia.com

◎IndiGo

以國內航線為主的廉價航空，部分航線延伸至國際。

🌐www.goindigo.in/

◎Spice Jet

飛行於國內和部分區域的航線

🌐www.spicejet.com

鐵路

印度鐵路交通網遍布全國，在印度搭乘火車旅行不但省時且方便，同時還能體驗有趣的火車經驗。

印度火車大致分成特快車(Super Fast)、快車(Express)、普通車(Passenger)等三種，不過艙等的種類十分複雜。對於提供臥舖的車廂，其座位也分成兩排相對的上舖(UB)、中舖(MB)、下舖(LB)，以及靠走道的上舖(SU)與下舖(SL)多種選擇，選購火車票時可以要求座位。

頭等艙(First Class AC)簡稱1AC：這是最高級的艙等，票價與機票差不多，空調雙層臥舖，不過班次並不多。

頭等空調座位艙(AC Chair Car)簡稱CC：日間行駛的列車才有的艙等，像是**Taj Express**觀光列車就有，遇上用餐時間會供應餐點。

雙層空調2等艙(AC 2-Tier Sleeper)簡稱2AC、三層空調2等艙(AC 3-Tier Sleeper)簡稱3AC：這兩種艙等最受外國旅客的青睞，雖然票價是一般臥舖車的4倍左右，不過旺季時還是很難預約。這兩種艙等僅以門簾代替門，前者會發放整套床組，有時還會提供早餐服務；後者僅提供被單，而且是三層床，空間比較狹窄。這兩種艙幾乎都蠻安全的，尤其夜間行駛時有非本車廂乘客禁止入內的管制。

臥舖(Sleeper Class)，簡稱SL：這是最普遍的艙等，也是有三層的床位，不過沒有空調，只有電風扇在車頂上吹。此種車廂來往的人比較雜，要額外小心自己的行李。

二等座位艙2nd Class，簡稱II：這是最便宜的艙等，不需預約座位，因此總是擠滿了乘客，搭乘本艙等的乘客幾乎是窮人家，罕見外國人搭乘。

　　購買火車票最便利的方式就是利用印度國鐵IRCTC訂位網(www.irctc.co.in)註冊、訂票、以信用卡刷卡，不必忍受人擠人就完成購票，印度火車票開放預售，選擇網路上訂位，越早預訂越能買到票，畢竟印度人口也是很驚人的！若已抵達印度，則可自行在車站購買火車預售票，或是付點手續費委託旅行社購買。若自行購買，建議最好一早前往車站，到外國人專屬服務處購票。

　　如果以火車當作主要的交通工具，建議你不妨在車站的書報攤購買一本時刻表《Trains at a Glance》，非常實用，也可下載 Indian Railway IRCTC App 追蹤火車時刻表。此外，印度火車設有女性專用車廂，女性自助旅行者可以利用，預約時必須事先說明。車站內還有女性專用候車室、女性專用浴室等。

　　至於鎖行李的鎖鏈，則可以在火車站買到，大型行李可以鎖在座位下方，小包包可以當枕頭或抱在身上一起睡，而貼身腰包更是不可卸下。

印度國鐵IRCTC訂位網

ⓤ www.irctc.co.in

印度國鐵

ⓤ www.indianrail.gov.in

包車

　　在印度旅行，很多地方交通都不方便，所以包車是最省時的方式。有以每日里程數或是以人數計算等多種方式，費用不含司機小費，同時也不需負擔司機的食宿，可在大城市的旅行社詢問或委託處理。旅行時間若在冬季則不必租冷氣車，租車前，自己可以先規劃行程，確實談妥計費方式，並且訂下租約。

不丹航空與國內交通

航空

前往不丹有兩個選擇，一是搭乘不丹的國籍航空雷龍航空(Druk Air)，2013年12月之後，到不丹又多了一個選擇，那就是不丹航空(Bhutan Airlines)，不丹的國際機場為帕羅機場(Paro Airport)，可經由曼谷、加爾各答、德里、新加坡等地前往。

除帕羅之外，不丹還有其他3座國內機場，分別位於中不丹的Jakar、東不丹的Yongphula及南不丹的Gelephu，其中以Jakar的Bathpalathang機場使用率最高，前往布姆塘(Bumthang)地區，如果能運用一段國內航線，可以省去走回頭路的時間。

◎不丹航空Bhutan Airlines

不丹航空屬於Tashi Air集團，是不丹首家取得不丹國內外運執照的民營航空公司，2011年先有國內航線，2013年12月開始以空中巴士A320首航帕羅(Paro)經加爾各答(Kolkata)抵達曼谷(Bangkok)，成為第二家代表不丹的航空公司，後來又加入A319機型。

目前其國際班機航點包括印度德里、加爾各答、泰國曼谷、尼泊爾加德滿都，未來會陸續增加其他航點，極具競爭力。

🌐 www.bhutanairlines.bt/

◎雷龍航空Druk Air

不丹的國籍航空，其國際航點包括印度德里、加爾各答、菩提迦耶、Guwahati、泰國曼谷、尼泊爾加德滿都、孟加拉達卡、新加坡等地。

🌐 www.drukair.com.bt

陸路交通

實施舊制時，礙於不丹政府規定，旅客不可自由行動，每日行程須透過旅行社安排，從入境接機到出境送機都會有專人服務，無須擔心交通問題。

現今施行新制，旅客可自行安排行程及搭乘公共交通，初來乍到的旅客首先要知道不丹的陸路交通靠汽車，但公共運輸的路線及班次都較少，且往往都很擁擠，旅客若計畫租車，要注意不丹是個山高坡陡的國家，地形複雜，因此宜透過旅行社安排車輛及司機，以確保行車安全並節省時間成本。不丹的旅遊用車多為日韓車系，車況都不錯，在山區及崎嶇道路區域限速30公里，大型遊覽車車速更慢，儘管山路行車辛苦，但自然風光絕美，視覺享受一流。

印度・不丹百科
Encyclopedia of India & Bhutan

Brief History of India & Bhutan
印度·不丹簡史

文●墨刻編輯部　攝影●墨刻攝影組

印度

◎印度河谷文明Indus Valley Civilization，西元前2500~1500年

印度河谷文明發跡於現今巴基斯坦領土的哈拉帕(Harappa)和摩亨佐達羅(Mohenjo-Daro)的印度河流域，又稱為「哈拉帕文化」，為世界四大古文明之一。當時文化高度發展，已懂得鋪設道路和下水道，但在西元前1500年時突然消滅，可能和當時來自歐洲入侵印度的雅利安人(Aryans)有關。

◎吠陀時期The Vedic Age，西元前1500~600年

雅利安人從中亞入侵印度北部，帶入種姓制度，並將原住民達羅毗荼人(Dravidian)驅趕到南部，雅利安人從此成為印度主要民族之一，並創造出超過以往的高度發達文明，史稱「吠陀時期」。

雅利安人最早的功績就是創造出了詩歌總集四部吠陀，分別是《梨俱吠陀》(聖歌或贊美詩)、《娑摩吠陀》(獻祭時祭可用的詩歌)、《耶柔吠陀》(獻祭用語)和《阿闥婆吠陀》(咒語、符咒和驅邪歌)。這四部吠陀不僅是印度歷史上最早的文學作品，同時也是佛陀與印度教發展的重要哲學，而印度兩大史詩《羅摩衍那》和《摩訶婆羅多》也是出現在此時期。

◎孔雀王朝Mauryan Empire，西元前321~184年

旃陀羅笈多(Chandragupta Maurya)攻奪印度河流域各領地，並領兵東征摩揭陀王國，統一印度北部，是印度著名的孔雀王朝建立之始，也是印度史上第一個帝國。領土南到印度中部，東到孟加拉灣，西包括阿富汗。阿育王在位期間，孔雀王朝達到顛峰，他宣揚佛教並訂定佛教為國教，著名的阿育王石柱出自此期。

◎笈多王朝Gupta Empire，315~510年

西元4世紀初北印度處於分裂之際，小國君主笈多家族逐漸強盛。笈多王朝初期的勢力達到馬來半島和爪哇、蘇門答臘等地。旃陀羅笈多二世時期，笈多王朝的實力達到鼎盛時期。王朝統治下的北印度政治穩定，經濟繁榮，文化昌明，宗教寬容，佛教藝術與梵文文學均有高度成就。笈多王朝後期因內部分立和外族入侵的威脅日趨嚴重，因而陷入四分五裂的局面。

◎北穆斯林王國The Muslim North，750~1526年

西元7世紀時印度接觸伊斯蘭教文化，當時阿拉伯商人前往印度經商貿易，爾後伊斯蘭教勢力即不斷地自北方入侵。到了12世紀時，阿拉伯人終於在印度德里建立第一個蘇丹國「北穆斯林王國」，自此以後，北印度漸漸染上伊斯蘭教文化色彩，此政權統治範圍極廣，除南部一隅之外，整個印度半島幾乎都是穆斯林的天下。

經奴隸王朝(1206~1290年)、卡爾吉王朝(Khalji，1290~1320年)、圖格魯克王朝(Tughluq，1320~1413年)、薩依德王朝(Sayyid，1414~1451年)、洛提王朝(Lodis，1451~1526年)等數個朝代後，伊斯蘭教的色彩更為濃厚。

◎南印度教王國The Hindu South

反觀此時期的南印度一直擁有自己獨特的歷史，由於遠離北印度政治權力中心，又擁有南印度肥沃的海岸平原(尤其是塔米爾納杜邦)，於是帕拉瓦(Pallava，6~9世紀)、柯拉(Chola，848~1279年)、潘迪亞(Pandya，560~1650年)、查路克亞(Chalukyas，543~753年)、闕拉(Cheras，西元前~1124年)各個王朝便走出自己獨特的路，在南印發光發熱。

從瑪瑪拉普蘭(Mamallapuram)、坦賈武爾(Thanjavur)所留下的達羅毗荼式建築，明顯看出當時的文明發展迥異於北印度。除免受外族入侵外，南印度不但土壤肥沃，其文明發展更建立在海上貿易，長久以來，他們和羅馬、埃及人交易香料、珍珠、象牙，更甚者，是通往中國的海上絲路，因此其影響力也伸入東南亞。

◎蒙兀兒帝國The Great Mughal，1526~1857年

蒙兀兒帝國的創立者為巴伯爾，他是具有蒙古血統的突厥人，也是帖木爾(Timur)的後裔。其子胡馬雍

因戰敗後被逐出印度，但捲土重來在1555年恢復了帝國，一直到第六任帝王歐朗傑巴期間(1526~1707年)，都是蒙兀兒帝國全盛時期。當時帝國的版圖、建築、藝術、文學、繪畫、音樂等成就，都達到最高峰。印度現今許多珍貴的清真寺與伊斯蘭風格宮殿，都是在這段期間所建立的。帝國後期逐漸衰落，最後於1857年被英國軍隊擊敗並瓦解。

◎歐洲殖民時期The Colonial Era，1498~1947年

當歐洲的大航海時代開啟，葡萄牙航海家達迦瑪(Vasco da Gama)於1498年發現印度後，葡萄牙便掌控印度香料貿易的路線，隨之而來的西班牙、荷蘭、法國、英國人也陸續展開對印度的野心。後來隨著英國人成立東印度公司後，便對印度殖民250年之久，德里、孟買、果亞、科欽和加爾各答都遺留著歐洲風格的建築。

◎印度共和時期The Republic of India，1948~迄今

雖然說印度是現今最大的自由國家，對於走向獨立之路卻是坎坷又艱辛。1858年英國將印度視為自己的領土，後又成立英印帝國，雖然英國採行高壓政策鎮壓百姓，但印度人的反英情緒相當強烈，以國大黨為中心展開愛國運動，其中，印度之父甘地倡導「不合作運動」，率領印度人民反抗英國殖民統治，歷經多次抗爭後，於1947年8月14日成功讓英國政府退出印度，取得國家獨立。獨立後的印度因受到不同宗教間的紛爭，因此在第3次印巴戰爭時，東巴基斯坦獨立成為孟加拉。到了21世紀初，印度被列為金磚四國之一，2015年，為世界第八大經濟體。

不丹

◎苯教Bon，6世紀

相信「萬物有靈」的苯教在喜馬拉雅山區普遍傳播，其中包括今天不丹這個區域。

◎蓮花生大士Padmasambhava，746年

印度聖者蓮花生大士(Padmasambhava，或稱Guru Rimpoche)受布姆塘(Bumthang)國王之邀來此降魔，並將佛教引入取代原來的苯教。

◎竹巴噶舉派Drukpa Kagu，1180年

藏傳佛教噶舉派(也稱為白教)中的竹巴噶舉(Drukpa Kagu)支派，由一位西藏喇嘛倉巴傑葉西多吉(Tsangpa Gyare Yeshe Dorji)所創立，傳說他在西藏拉隆(Ralung)建寺時，聽見如龍吼般的雷聲，將之視為吉兆，因此以「雷龍」(Druk)為廟命名。

◎貝瑪林巴Pema Lingpa，1450~1524年

貝瑪林巴是不丹最偉大的上師和伏藏師，終其一生都在不丹，也是不丹最重要的佛教傳承者。

◎雷龍之國Druk Desi，1616~1907年

竹巴噶舉派的傳人夏尊‧拿旺‧拿姆噶爾(Zhabdrung Ngawang Namgyal，1594-1651年)曾夢見神明化身為烏鴉，往南飛越喜馬拉雅山，於是隨著神的指引，從西藏來到不丹，他統一了不丹各個河谷部落，創立「政教合一」制度，命名為「雷龍之國」，先後五次打敗了來自西藏的格魯派。

此後將近3個世紀的時間，傳承到第51世的吉莫‧拿姆噶爾(Jigme Namgyal)，政教合一體制日漸式微。

◎不丹王國Kingdom of Bhutan，1907年~迄今

地方領主烏顴‧旺楚克(Ugyen Wangchuk)在1885年終結數十年的內戰，成為不丹最有權力的人物，他廢除政教合一制度，並在1907年將不丹改為君主世襲的王政國家，自己也成為不丹首任國王。

1926年，烏顴過世，兒子吉莫‧旺楚克(Jigme Wangchuk)繼位，成為二世國王。

1952年，二世國王過世，由24歲的兒子吉莫‧多吉‧旺楚克(Jigme Dorji Wangchuk)繼位，並推動國家現代化。

1972年，三世國王因病猝世，由年僅17歲的吉莫‧辛吉‧旺楚克(Jigme Singye Wangchuk)繼位，他提出國民幸福指數(GNH，Gross National Happiness)取代國民生產毛額(GDP)為主要施政目標。

2006年，四世國王宣布提早退位，把王位交給26歲的吉莫‧凱薩‧拿姆噶爾‧旺楚克(Jigme Kesar Namgyel Wangchuk)。

2008年，首度舉行全國大選，直接選舉國民議會議員，在此基礎上產生首個民選政府，從君主專制轉型為君主立憲國家。

2013年，不丹舉行第二次大選，人民民主黨獲勝，首次實現執政黨輪替。

Indian World Heritages

印度世界遺產　文●墨刻編輯部　攝影●墨刻攝影組‧容雨君‧Indiatourism

印度40處有形的世界遺產不外乎兩大類，一是悠久歷史所遺留大批祖先們的智慧遺跡，一是印度次大陸地大物博所形成的豐富自然生態。走一趟印度世界遺產，便彷彿閱讀一次活生生的印度五千年歷史。

① 胡馬雍陵墓 Humayun's Tomb

登錄時間：1993

登錄時間：**文化遺產**

　　混合紅色砂岩和黑、白大理石的胡馬雍大帝陵墓，不但是德里第一座蒙兀兒陵墓，也是印度第一座具有花園的陵墓。

　　胡馬雍大帝是蒙兀兒帝國的第二任皇帝，他是巴伯爾的兒子，在1530年時繼承了父親的印度領土。胡馬雍大帝的陵墓於他身亡9年後，由波斯妻子哈吉碧崗(Haji Begum)、同時也是阿克巴大帝的親生母親，於1565年下令興建，據說她花了150萬盧比興建這座陵墓，而日後幾位蒙兀兒皇家成員也埋葬於此，除了哈吉碧崗之外，也包含沙賈汗最喜愛的兒子達拉希克(Dara Shikoh)，以及蒙兀兒最後一任皇帝巴哈杜兒二世(Bahadur Shah II)。在巴哈杜兒汗二世於1857年遭英國人俘虜以前，這裡一度成為他的避難所。

　　胡馬雍大帝陵墓是早期蒙兀兒風格的建築物，後來阿格拉的泰姬瑪哈陵就是以此為範本，加以設計而成。此陵墓可以從多方面看出具有濃厚的波斯建築元素：一是設計有3面高大的拱門，一是高聳醒目的中央圓頂，以及多彩的磁磚，而高達38公尺的雙層圓頂，更是頭一遭在印度出現。儘管如此，陵墓建築本身仍舊採用印度建築樣式，只是外觀採取簡單的色調設計，並在拱門內部的牆上嵌入波斯文。

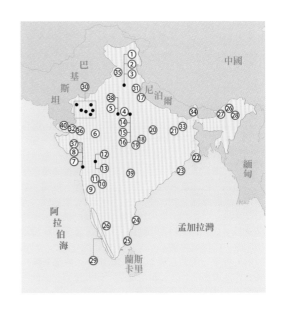

② 古德卜高塔建築群
Qutb Minar and its Monuments

登錄時間：1993

登錄時間：**文化遺產**

　　擁有全印度最高石塔的古德卜高塔建築群，最初始建於1199年，由印度首位伊斯蘭教統治者興建，它不但是印度德里蘇丹國的伊斯蘭建築，同時也是早期阿富汗建築的典範。

　　環繞塔壁的橫條浮雕飾帶，既裝飾著阿拉伯圖紋和可蘭經銘文，同時點綴著印度傳統工藝的藤蔓圖案和花彩垂飾，融合了波斯與印度的藝術風格。

③ 紅堡 Red Fort Complex

登錄時間：2007

登錄時間：**文化遺產**

　　紅堡坐落在亞穆納河西岸，是舊德里主要建築遺蹟之一。紅堡又稱為「拉爾．奎拉城堡」(Lal Qila)，是蒙兀兒帝國第五代君主沙賈汗從阿格拉遷都德里，於1639~1648年所建，樣式與阿格拉堡十分類似，都採用紅色砂岩為建材。

　　紅堡四周環繞著紅砂岩城牆與護城河，城牆高度從18~33公尺不等，長達2.41公里。拉合爾城門(Lahori Gate)是它的主要入口，位於西牆的正中央。

　　堡內建築物包括公眾大廳、私人大廳、明珠清真寺、彩色宮殿、哈斯瑪哈勒宮、皇家浴池和噴泉花園等。

印度．不丹百科…印 度世界遺產 Indian World Heritages

41

④凱歐拉迪歐國家公園
Keoladeo National Park

登錄時間：1985

登錄時間：**自然遺產**

　凱歐拉迪歐國家公園位於阿格拉西方50公里處，在拉賈斯坦邦境內，過去是印度王室獵野雁的保留區。

　每到冬天，就會有大批的水鳥從西伯利亞、阿富汗、中國及中亞地區南下。據估算，至少有364種鳥類聚集在此，包括罕見的西伯利亞鶴。

⑤疆塔爾‧曼塔爾天文台 Jantar Mantar

登錄時間：2010年

登錄時間：**文化遺產**

　印度齋浦爾的疆塔爾‧曼塔爾天文台，堪稱全世界最大的石造天文台，是傑‧辛格二世(Raja Sawai Jai Singh II)於1728~1734年所建。

　齋浦爾的疆塔爾‧曼塔爾天文台曾經於1901年整修過，目前共有 16種造型精巧的天文觀測儀，儘管在望遠鏡發明後，疆塔爾‧曼塔爾天文台逐漸失去它的功用，然而其觀測儀至今依舊相當準確。

⑥襄帕納・帕瓦迦德考古公園 Champaner-Pavagadh Archaeological Park
登錄時間：2004 登錄時間：**文化遺產**

　　這座考古公園裡集中了大量、保存完整的文化遺跡，遠從石器、銅器時代，到早期印度都城的一座山丘堡壘，再到16世紀古加拉特邦(Gujarat)的首都都城遺跡，記錄年代之長，實屬罕見。

　　考古公園裡的遺跡還包括8到14世紀的防禦工事、宮殿、宗教性建築、民居院落、農業灌溉系統等。

⑦象島石窟 Elephanta Caves
登錄時間：1987 登錄時間：**文化遺產**

　　位在孟買約10公里外海象島上的石窟，是一座位在島上最高處的印度中世紀印度教石窟，整座石窟鑿空山岩而建，雖然面積小，但在印度宗教上卻具有重要的地位。

　　石窟的雕刻風格偏向笈多古典主義，在石窟門廊兩側與窟內的天然岩壁上，共有9幅巨型浮雕，石窟內有大量以濕婆神為主的浮雕和塑像，描述著濕婆神的神話故事，因此，這裡也是一座濕婆神廟。

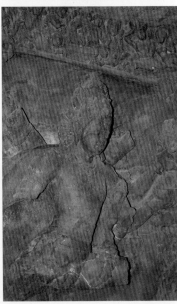

⑧維多利亞火車站

Chhatrapati Shivaji Terminus

登錄時間：2004
登錄時間：**文化遺產**

　　是全印度最能代表維多利亞哥德式風格的建築，外觀裝飾無數精細的雕刻，彷彿一座宮殿佇立在忙碌的孟買街頭。

　　這是一座殖民式建築才有的綜合性建築體，它集結了維多利亞、印度、伊斯蘭等建築元素於一身，豐富且複雜的雕飾在建築的柱子、圓頂、尖塔、飛扶壁、塔樓、彩繪玻璃窗上四處可見，其中包含有孔雀、猴子、獅子、蛇和常在哥德式建築上出現的獸類。

　　中央的圓頂高達4公尺，大門口兩側分別有獅子和老虎的石雕，代表著印度和英國相互尊重。

⑨果亞的教堂與修道院 Churches and Convents of Goa

登錄時間：1986
登錄時間：**文化遺產**

　　葡萄牙人殖民印度時期，今天的舊果亞便是當年的首都，留下的大批教堂和修道院，於1986年被列為世界遺產。

　　整體說來，這些紀念性建築從樸素的文藝復興(Renaissance)，到華麗的巴洛克(Baroque)，甚至更矯飾的葡萄牙曼奴埃爾式(Manueline)等風格都有。

⑩亨比建築群 Group of Monuments at Hampi

登錄時間：1986

登錄時間：文化遺產

　　亨比是南印度最後一個王朝維賈揚納加帝國(Vijayanagar)的最後一個首都，14世紀到16世紀之間，王室在這個亂石林立的都城立起許多達羅毗荼式(Dravidian)寺廟和宮殿。然而在1565年遭到伊斯蘭聯軍洗劫，時間長達6個月，帝國滅亡，但以後仍為重要的宗教和旅遊中心。

⑪帕塔達卡爾建築群

Group of Monuments at Pattadakal

登錄時間：1987

登錄時間：文化遺產

　　帕塔達卡爾是印度西南部卡納塔克邦(Karnataka)的一座古城。西元7~8世紀是該城最昌盛的時期，時值查路克亞王朝(Chalukya Dynasty)，大多數的寺廟是在此時期建造的。

　　其中最著名的是洛克什瓦利(Lokeshwari)和韋魯帕克沙(Virupaksha)寺廟，這些建築充分展現了「折衷」與「融合」，南印度和北印度的建築特色非常和諧地交融在同一座建築裡。

⑫艾羅拉石窟 Ellora Caves

登錄時間：1983

登錄時間：文化遺產

　　艾羅拉石窟開鑿在南北走向的新月形、長達2公里的玄武石岩壁上。艾羅拉石窟包含有12座佛教石窟、17座印度教石窟和5座耆那教石窟，從這些石窟中不僅可得知在遮盧迦王朝(Chalukya)和特拉什特拉庫塔王朝(Rashtrakuta)統治德干地區期間，印度教蓬勃發展、佛教逐漸衰落與耆那教崛起，同時也代表著當時包容各種宗教的社會狀況。

⑬阿姜陀石窟 Ajanta Caves

登錄時間：1983

登錄時間：**文化遺產**

　阿姜陀石窟屬於佛教石窟，30座石窟分散在馬蹄形峽谷中，開鑿約始於西元前200年到西元650年間。

　阿姜陀石窟類別區分為兩種，一是支提(Chaitya)，為印度佛教建築的一種形式，泛指佛殿、塔廟、祠堂。另一種是毘訶羅(Vihara)，指出家僧人集體居住靜修的僧院、學園、僧房，毘訶羅通常是一個大廳周遭區分為多個小廳，大廳中央則豎立有大型的佛像。

⑭阿格拉堡 Agra Fort

登錄時間：1983

登錄時間：**文化遺產**

　阿格拉堡原本是洛提王朝(Lodis)的碉堡，1565年被阿克巴大帝(Akbar the Great)攻克後，將蒙兀兒帝國的政府機關自德里遷往阿格拉，自此這裡才逐漸轉變成皇宮。

　阿格拉堡周圍環繞著護城河以及長約2.5公里、高約21公尺的城牆。大致來說，阿格拉堡內的建築混合了印度教和伊斯蘭教的元素，像是堡內明明象徵伊斯蘭教的圖案，卻反而以龍、大象和鳥等動物取代伊斯蘭教的書法字體。

⑮泰姬瑪哈陵 Taj Mahal

登錄時間：1983

登錄時間：文化遺產

　　泰姬瑪哈陵位於亞穆納河畔，是蒙兀兒第五代皇帝沙賈汗(Shah Jahan)為愛妻艾珠曼德(Arjumand)所興建的陵墓。沙賈汗暱稱艾珠曼德暱為「慕塔芝·瑪哈」(Mumtaz Mahal)，意思是「宮殿中最心愛的人」，泰姬瑪哈陵的名稱則源自於「慕塔芝·瑪哈」，擁有「宮殿之冠」的含義。

　　泰姬瑪哈陵於1631年開始興建，共動用了約兩萬名印度和中亞等地工匠，費時23年才建造完成，其樣式融合印度、波斯、中亞伊斯蘭教等風格。

⑯法特普希克里城 Fatehpur Sikri

登錄時間：1986

登錄時間：文化遺產

　　又稱為「勝利之城」的法特普希克里城，是阿克巴大帝於1571年~1585年間精心規劃的新都。

　　法特普希克里城擁有6公里的城牆、7座城門，以及城內皇宮、公眾大廳、土耳其蘇丹宮、社交天井、流動涼水池、後宮、陵墓和清真寺。由於當時動用了來自印度各地的工匠與建築人員，因此在伊斯蘭建築元素中，可以看出印度教與耆那教的裝置藝術的獨特建築。

⑰南達戴維與花之谷國家公園
Nanda Devi and Valley of Flowers National Parks

登錄時間：1988

登錄時間：**自然遺產**

　　花之谷國家公園位於西部喜馬拉雅山區，以高山野花和優美的自然景致享有盛名，此外，這裡也棲息著珍貴的亞洲黑熊、雪豹、棕熊。

　　相對來說，南達戴維國家公園則是崎嶇不平的荒野，這兩種不同的地貌，長達一個世紀以來，都受到植物學家和登山客的高度讚賞。

⑱桑奇佛塔建築
Buddhist Monuments at Sanchi

登錄時間：1989

登錄時間：**文化遺產**

　　桑奇的主要遺蹟包括最為壯麗高聳的大塔、樸實無華的二塔，以及發現藏有佛陀兩位大弟子舍利和目犍連舍利的三塔，附近尚有許多石造寺院及一根斷成兩截的阿育王石柱，大小遺蹟共51處。大多數的遊人一入桑奇，目光必定立即被大塔四方的雄偉塔門所吸引，其上一幅幅栩栩如生、活潑靈動的佛教雕刻，正是桑奇之所以成為當今最受矚目佛教文明寶藏的主因。

⑲毗姆貝克塔岩石庇護所
Rock Shelters of Bhimbetka

登錄時間：2003

登錄時間：**文化遺產**

　　毗姆貝克塔岩石庇護所位於印度中央高原南緣的凡迪揚山(Vindhyan Mountains)山腳下，這裡裸露著許多巨大厚重的沙岩，岩石之上則是茂密的森林，其中五處自然形成的岩石洞穴裡有許多壁畫，時代可以追溯到中石器時代，今天遺址鄰近21個村落所呈現的文化風貌，與壁畫中所繪的畫面十分接近。

⑳卡修拉荷寺廟群
Khajuraho Group of Monuments

登錄時間：1986

登錄時間：**文化遺產**

　　卡修拉荷在10世紀~13世紀時是昌德拉(Chandella)王朝的首都。在卡修拉荷的全盛時期，當時印度教寺廟多達八十幾座；到了13世紀伊斯蘭教勢力入侵，14世紀時印度完全被穆斯林統治。由於伊斯蘭教否定偶像崇拜，所以這裡的印度教寺廟全部遭受摧毀，從此卡修拉荷被世人遺忘長達5世紀之久。

　　卡修拉荷寺廟上的性愛雕刻其實無關色情，純粹是一種藝術或宗教形式罷了。儘管世人對於這些雕刻的主題和動機提出許多不同見解，但是沒有人可以否認，卡修拉荷的寺廟雕刻，無論形狀、線條、姿態和表情，都是精采絕倫的藝術創作。

㉑菩提迦耶的摩訶菩提佛寺

Mahabodhi Temple Complex at Bodh Gaya

登錄時間：2002

登錄時間：**文化遺產**

　　凡是來到菩提迦耶的人，第一眼總會被高聳雄偉的摩訶菩提寺所震懾，不論走到哪裡，它總是無法忽視的地標。佛陀成正覺之後的兩百五十多年，也就是西元前三世紀，阿育王在菩提樹下安放了一塊金剛座，並建造一座正覺塔，後來幾經錫蘭王、緬甸王的重修、整建，以及穆斯林、祝融、洪水的毀壞，塔寺毀了又蓋、蓋了又毀，直到1870年代，考古挖掘才讓它重見天日。

㉓科納克的太陽神廟

Sun Temple at Konarak

登錄時間：1984

登錄時間：**文化遺產**

　　科納克的太陽神廟是印度諸多巨型建築奇蹟之一，位於印度東部的奧立沙邦(Orissa)，是為了敬奉太陽神蘇利耶(Surya)的神廟，整座廟宇本身就是一輛戰車，以12對輪子載著太陽神橫越天空。

　　神廟於13世紀由Narasimhadeva國王所建，以其華麗的雕刻著稱，神與鬼、國王與平民、大象與馬，以及數十對各種情色姿勢的夫妻，都栩栩如生地雕刻在浮雕上，也是印度最著名的婆羅門聖殿。

㉒桑德邦國家公園

Sundarbans National Park

登錄時間：1987

登錄時間：**自然遺產**

　　桑德邦是位於印度與孟加拉之間的一處國家公園，涵蓋水域和陸地面積約一萬平方公里，其中印度境內的面積超過一半。

　　國家公園建於1973年，以保護恆河三角洲的紅樹林種植區及當地野生動物為主要任務。這裡生長著全世界面積最大的紅樹林，此外，許多瀕臨絕種的物種也特別受到保護，例如老虎、水棲哺乳動物、野鳥和爬蟲。

㉔瑪瑪拉普蘭建築群

Group of Monuments at Mahabalipuram

登錄時間：1984

登錄時間：**文化遺產**

　　瑪瑪拉普蘭曾經是一座港口城市，由 7世紀的帕拉瓦(Pallava)國王Narasimha Varman Ｉ(630年~668年)所建，整座遺址就坐落在孟加拉灣的海岸邊，呈橢圓形分佈。岩石雕刻的洞穴聖堂、巨石構成的神壇、戰車型式的神殿，以及巨大的露天石雕，都是帕拉瓦藝術風格的代表。

㉕科拉王朝大廟建築
Great Living Chola Temples

登錄時間：1987, 2004
登錄時間：**文化遺產**

9世紀~13世紀，科拉王朝(Chola Empire)最強盛的期間曾經統治大半個印度半島，創造出許多科拉式建築，尤其是供人們居住生活的大廟。

今天被列為世界遺產的主要有三處，一是坦賈武爾(Thanjavur)的布里哈迪錫瓦拉寺(Brihadishwara Temple)，一是甘蓋孔達科里斯瓦拉姆(Gangaikondacholisvaram)的布里哈迪斯瓦拉寺(Brihadisvara Temple)，還有一處是達拉蘇拉姆(Darasuram)的艾拉瓦得斯瓦拉寺(Airavatesvara Temple)，其中又以坦賈武爾的大廟最著名。這些寺廟都十足展現了科拉王朝在建築、雕刻和鑄造銅器的高超工藝技術。

㉖印度的高山鐵道
Mountain Railways of India

登錄時間：1999
登錄時間：**文化遺產**

印度高山鐵道被列入世界遺產有兩處，一是大吉嶺喜馬拉雅(Darjeeling Himalayan)鐵道，一處是塔米爾納杜邦尼爾格里(Nilgiri)高山鐵道。

其中塔米爾納杜的鐵道從海拔326公尺上升到2,203公尺，至今仍在運作中，代表一個世紀前的鐵道技術，在英國殖民時代，對印度人口的移動和社會經濟都有極大意義。大吉嶺的高山蒸氣小火車從1881年營運至今，在青藏鐵路開通前，它是世界上海拔最高的鐵路，窄軌、體型較小的蒸氣小火車依照著百年前的機制與模樣運行，鐵軌沿著山坡呈Z字型興建，在群山中綿延百里。

㉗瑪那斯野生動物保護區
Manas Wildlife Sanctuary

登錄時間：1985
登錄時間：**自然遺產**

瑪那斯野生動物保護區位於喜馬拉雅山腳下、阿薩姆邦境內的緩丘上，這片林木茂密的丘陵，到處是沖積草原及熱帶雨林，保護區裡棲息著各種瀕危動物，包括孟加拉虎、亞洲象、印度犀牛、侏儒豬等。

㉘喀茲蘭加國家公園
Kaziranga National Park

登錄時間：1985
登錄時間：**自然遺產**

喀茲蘭加國家公園位於阿薩姆省的心臟地帶，也是東印度地區僅有少數未被人類驚擾的地方，整個國家公園占地430平方公里，位於布拉瑪普得拉河(Brahmaputra)畔，擁有大片草原、沼澤及森林，棲息著世界上族群數量最多的印度獨角犀牛、老虎、豹、大象、熊、亞洲野牛、長臂猿等哺乳動物，以及三百多種野鳥。

㉙西高止山脈
Western Ghats

登錄時間：2012
登錄時間：**自然遺產**

位於印度德干高原西部邊緣的西高止山脈，由北往南延伸約1,600公里，海拔平均1,200公尺，它是阿拉伯灣沿岸平原與德干高原的地理分界。

西高止山脈擁有蔥鬱的常綠林、壯麗的瀑布和湍急的河流，其山地森林生態系統不僅發揮了調節熱帶氣候的作用，也孕育了十分豐富而獨特的物種。

㉚拉賈斯坦山丘堡壘 Hill Forts of Rajasthan

登錄時間：2013
登錄時間：**文化遺產**

拉賈斯坦邦原本有23個大小公國，所以境內屹立著許多精雕細琢的皇宮、古堡和寺廟。印度獨立後，這些公國聯合組成地方政府，正式命名為「拉賈斯坦」，意思就是「諸王侯之地」。

目前被納入世界遺產的堡壘有6座，分別位於Chittorgarh、Kumbhalgarh、Sawai Madhopur、Jhalawar、齋浦爾(Jaipur)和齋沙默爾(Jaisalmer)，大致呈圓周狀綿延20公里。

㉛大喜馬拉雅國家公園保護區
Great Himalayan National Park Conservation Area

登錄時間：2014
登錄時間：**自然遺產**

　　這座國家公園位於喜馬拉雅山西側，以高山草原和河邊森林為主，這些高山溪流主要來自高山冰河和融雪，而且供應了無數下游河川的主要水源。

　　而這片面積廣大的國家公園是喜馬拉雅山脈生物多樣性的重要熱點，光森林型態就多達25種，而所棲息的動物不少正遭受瀕臨絕種的威脅。

㉜帕坦的皇后梯井
Rani-ki-Vav (the Queen's Stepwell) at Patan, Gujarat

登錄時間：2014
登錄時間：**文化遺產**

　　這座皇后梯井位於古加拉特邦(Gujarat)沙拉斯瓦提河(Saraswati River)河畔，原本是為了紀念11世紀一位國王，在印度，梯井是一種儲存地下水源的獨特型式，從西元前3000年就有了。

　　帕坦的這座梯井是瑪魯古加拉(Maru-Gurjara)建築型式的代表，表現出當時高超的工匠技術，其複雜度、細節和比例，都掌握得十分完美。

�33比哈爾邦的那爛陀馬哈維哈拉考古遺址

Archaeological Site of Nalanda Mahavihara (Nalanda University) at Nalanda, Bihar

登錄時間：2016年

登錄時間：**文化遺產**

那爛陀馬哈維哈拉考古遺址涵蓋了佛寺、佛塔、精舍，其中，那爛陀大學(Nalanda)在佛教史上赫赫有名，於西元7世紀時，不僅是世界最早的大學之一，更是世界的佛教修學中心，全盛時期，教師達兩千人，來自亞洲各地的學生逾萬，藏書有九百餘萬卷。玄奘便曾在此待過五年，他既是學生，也是老師。可惜到了十二世紀，伊斯蘭教入侵大肆破壞之後，那爛陀曾經在歷史綻放的光芒，如今只剩磚瓦遺跡供人憑弔。這處遺址見證了佛教寺院和宗教教育的繁榮發展。

�34干城章嘉國家公園

Khangchendzonga National Park

登錄時間：2016年

登錄時間：**綜合遺產**

「干城章嘉」的字面意思是「五座巨大的白雪寶藏」，此名就是由它擁有五座峰頂而來。干城章嘉國家公園位於印度東北方的錫金(Sikkim)，是喜馬拉雅山脈的心臟地帶，錫金人自古便視干城章嘉為神山，國家公園裡的地形複雜，有平原、谷地、湖泊、冰河、原始森林覆蓋的高山，以及海拔8,586公尺的世界第三、印度最高峰干城章嘉峰(Mount Khangchendzonga)。

�35柯比意的建築作品——對現代主義運動的卓越貢獻

The Architectural Work of Le Corbusier, an Outstanding Contribution to the Modern Movement

登錄時間：2016年

登錄時間：**文化遺產**

柯比意是20世紀最偉大的建築師之一，是功能主義建築的泰斗，被譽為現代建築的開拓者。柯比意有17座建築作品納入世界遺產，散佈於比利時、法國、德國、瑞士、印度、日本、阿根廷等7國，其中印度入選的是位於昌迪加爾(Chandigarh)的議會大廈(Complexe du Capitole)。這些建築充分展現新的建築語言，與過去的建築產生斷點，也反映出20世紀的現代主義運動以發明新的技術回應社會的需求。

㊱艾哈邁達巴德歷史城區
Historic City of Ahmadabad

登錄時間：2017年 登錄時間：**文化遺產**

　　艾哈邁達巴德古城，是蘇丹艾哈邁德·沙阿一世(Sultan Ahmad Shah I)於1411年沿著薩巴爾馬蒂河(Sabarmati River)所建，1487年，孫子馬哈穆德·貝加達（Mahmud Begada）展開擴建工程，築起周長約10公里的高牆及12道城門、189座稜堡、六千多個城垛，其中最具代表性的建築有跋陀羅城塞(Bhadra citadel)、古墓、清真寺、印度教寺廟、耆那教寺院、公共水井等。

㊲孟買的維多利亞和裝飾藝術建築群
Victorian and Art Deco Ensemble of Mumbai

登錄時間：2018年
登錄時間：**文化遺產**

　　孟買在19世紀下半葉曾實施城市規劃，環繞著Oval Maidan的建築群就是改造的成果。規劃分為兩階段，第一階段為19世紀80年代建造了一批維多利亞新哥德式風格的建築，第二階段為20世紀初進行Backbay填海計劃，打造了裝飾藝術住宅及商業場所。

　　維多利亞式的設計融合了適應當地氣候的印度元素，如陽台，而裝飾藝術風格的住宅和電影院也有明顯的印度設計，創造了獨特的「Indo-Deco」風格。這兩階段的建築，詮釋了孟買在19世紀至20世紀所經歷的現代化變程。

㊳拉賈斯坦邦齋浦爾市 Jaipur City, Rajasthan

登錄時間：2019年

登錄時間：文化遺產

　　齋浦爾為拉賈斯坦邦首府，由傑‧辛格二世(Sawai Jai Singh II)於1727年建立，齋浦爾建在平原上，與該地區其他位於丘陵地帶的城市不同，並根據吠陀建築的規劃建造，街道以連續的柱廊為特色，在中心相交，形成了稱為Chaupar的大型公共廣場，沿著主要街道建造的市場、商店、住宅和寺廟都有統一的外觀。這座城市的規劃體現了古代印度教和早期莫蒙兀兒王朝，以及西方文化的思想交流。這座城市旨在成為商業之都，至今仍保持著活絡的商業活動、手工藝。

㊴特倫甘納邦的卡卡提亞王朝盧德什瓦拉(拉瑪帕)寺廟

Kakatiya Rudreshwara (Ramappa) Temple, Telangana

登錄時間：2021年　登錄時間：文化遺產

　　盧德什瓦拉俗稱拉瑪帕寺廟，位於特倫甘納邦海德拉巴市東北方約兩百公里處的Palampet村。這座高牆圍繞的濕婆寺廟，由卡卡提亞時期的統治者Rudradeva和Recharla Rudra所建，始建於1123年，工程持續了約四十年，建築的橫樑和立柱採用雕飾的花崗岩和粗玄岩，並搭配獨特的金字塔形狀的階梯塔「Vimana」，塔身採輕質多孔磚建成，減輕了屋頂結構的重量。寺廟裡的雕塑具有很高的藝術性，展現了當地的傳統舞蹈和卡卡提亞文化。

㊵多拉維拉──哈拉帕古城

Dholavira: a Harappan City

登錄時間：2021年

登錄時間：文化遺產

　　多拉維拉古城是哈拉帕文明的南部中心，位於古吉拉特邦(Gujarat)乾旱的Khadir島上，約建於西元前3000年~1500年，由一座要塞和一處墓地組成，兩條季節性的溪流提供了珍貴的水資源，戒備森嚴的城堡和儀式場地、街道、屋宅，顯示了嚴謹的社會秩序，水源管理展示了多拉維拉人運用聰明才智生存，並邁入繁榮。考古發掘發現了銅、貝、石、半寶石首飾、赤陶、黃金、象牙等文物，並發現了與其他哈拉帕城市及美索不達米亞、阿曼半島進行貿易的證據。

Religions & the Gods
百萬神祇的國度 文●墨刻編輯部 攝影●墨刻攝影組

儘管在印度有高達82%的人口信奉印度教，但這並非14億人口的全貌，還要加上伊斯蘭教、錫克教、佛教、耆那教、基督教、祆教……才能把印度這塊次大陸拼起來。在印度，宗教不僅影響人民的日常生活，也規範印度人的行為、思想、婚姻、社交和社會階級地位。

萬物皆神祇的
印度教Hinduism

印度教約形成於西元前9世紀，尊崇吠陀經典、奉行種姓制度。其前身為西元前1500年前隨雅利安人傳入的婆羅門教，後來吸收了佛教、耆那教某些教義和各種民間信仰，在偉大哲學家商羯羅的改造下，成為印度最流行的宗教。

這個如今在全球擁有大約十億信徒的世界第三大宗教，其教義對於教徒的生老病死、思想、行為、階級都有嚴格規範，因此，與其說它是一門宗教，倒不如說是一種信仰和生活方式。

印度教以濕婆(Shiva)、毗濕奴(Vishnu)、大梵天(Brahma)三大神祇為主，其中前兩者還擁有無數化身，除膜拜諸神祇、英雄和鬼神外，自然萬物例如太陽、月亮、星星、河

流、湖泊、動物、植物、花朵等，也都是祭祀對象，也因此在印度教中供膜拜的神祇多達三百多萬個。

信奉唯一真主的
伊斯蘭教Islam

主張同胞愛，因此反對種姓制度、摒棄偶像崇拜的伊斯蘭教，於西元7世紀左右隨著前來經商的阿拉伯人傳入印度。這個在教義上迥異印度教的宗教，勢力逐漸坐大，西元12世紀末期時，穆斯林在德里建立第一個伊斯蘭教政權，到了1506年巴伯爾建立了蒙兀兒帝國，更使得伊斯蘭教文化在印度發揚光大。

伊斯蘭教於西元7世紀初發源於阿拉伯地區，以《古蘭經》和聖訓為教義，該一神宗教信奉唯一真主阿拉，信徒必須遵從五功：證信、禮拜、齋戒、天課和朝覲。儘管隨著蒙兀兒王朝灰飛煙滅，伊斯蘭教在印度的影響力逐漸減弱，然而當地仍有12%的人口信奉該教，除阿傑梅爾(Ajmer)等伊斯蘭教聖城外，北印度許多大城保留了多座歷史悠久的宏偉清真寺。

遠播亞洲開花的
佛教Buddism

創立於西元前6世紀的佛教，其創始人印度王子悉達多(Siddhartha，即日後的釋迦摩尼)憑著佛性和自我修鍊的功夫，在菩提樹下悟道成佛後，揭示了世間苦難的根源，將涅槃看成是佛法修行的最高境界。

佛陀死後，弟子將其言行整理成經、律、論《三藏》，達摩祖師接續其悲志願行，走遍恆河谷地繼續傳法。西元前3世紀時，印度出現了佛教最大的擁護者阿育王，在他統治的孔雀王朝時期，佛教成為國教而盛極一時，也是在此時期，佛教分傳南北，形成後來的小乘與大乘佛教兩派。後來，佛教雖然分成好幾個宗派，但都以佛陀為宗師，雖然它在印度幾乎式微，但在日後成為亞洲地區第一大宗教。

主張一神論的
錫克教Sikhism

錫克教在15世紀時，由旁遮普地區的納那克(Nanak)所創立，他自幼受到伊斯蘭教與印度教薰陶，所以融合兩教思想、開始闡揚統一論。錫克教主張一神論，反對種姓制度和偶像崇拜。

錫克教徒全部以「辛格」(Singh)為姓氏，外觀打扮與印度教徒明顯不同，錫克教徒身材較為高大，男性一律蓄鬍，手上戴著一只鐵製手鐲，象徵不可違背的教條。錫克教男性從小到大都不剪頭髮，頭上盤繫有特定樣式的頭巾。

不信奉神祇的
耆那教Jainism

耆那教也是源自古印度的本土宗教之一，目前在印度的信徒遠遠少於印度教徒、穆斯林和佛教徒。相傳西元前6世紀由剎帝利階級出身的筏馱摩那(Mahavira)所創立，耆那教也屬於反印度教的異端宗教，否定種姓制度與一神論，將詐欺、貪婪、偷竊、暴力、色慾視為人生大罪，同時把去除殺生的念頭和行為看成無上的美德。

該教認為宇宙由原子構成，因此不信奉神祇，而是膜拜24位「祖師」(Tirthankar)，所有祖師均為人類，透過修行與禪定而達到覺悟的狀態，也就是所謂的「聖者」(Jina)，也因此耆那教中自然也不存在種姓制度的觀念。該教第一位祖師為阿迪那特(Adinath)，至於最後一位祖師則是創教的筏馱摩那。

殖民帶入的
基督教Christian

自大航海時代開始，印度這塊遼闊的土地就是歐洲列強覬覦之地，葡萄牙、法國、英國先後都各自占有一片土地，葡萄牙的果亞、英國的孟買和加爾各答、法國的龐迪闕里(Pondicherry)，都留下為數不少的教堂，也改變不少印度人的信仰，其中又以果亞最為全面而徹底，在長達450年的殖民歷史中，可明顯看出在印度文明裡揉合了拉丁色彩。

印度教**主神**

整體而言，印度教裡一共膜拜三百多萬個神祇，其中最重要的是濕婆、毗濕奴、大梵天，而濕婆和毗濕奴都有許多化身，每一個化身都是信徒膜拜的對象。對於一位非印度教徒來說，想要在短時間內分辨清楚所有的神祇，是一項不可能的任務，不過只要認識以下諸位大神，包你能在印度大廟中暢行無阻。

大梵天Brahma

又稱為「創造神」的大梵天代表天地萬物的創造者，由於當祂創造世界後便離開了世間，因此在印度廟宇中不常看到祂的神像。大梵天有時會坐在蓮花上自毗濕奴的肚臍眼中攀升，有時以4個戴著皇冠的頭面向4個不同的方向展現於世人。

象神Ganesh

象神甘尼許是濕婆神和帕爾瓦娣的兒子，據說濕婆神沉迷修行，於是帕爾瓦娣便用黏土捏出一個小男孩，孰不知濕婆神某日回家看見陌生男孩大怒，一把砍了他的頭，在帕爾瓦娣的解釋下，濕婆神方知錯殺自己兒子，而祂得以救回兒子性命的方式，就是移植出門途中遇到的第一個生物的頭。

這隻可愛的象神不但是印度眾神中最討喜的造型，也是最常被人祭拜的神祇，祂是和善、仁慈、勇敢的「智慧神」，也代表財富。象神在天界是大門的守護者，所以經常坐在四瓣蓮花所化的壇城上。祂有32個化身，時而3頭、4頭，時而4手、6手、8手、多手。

吉祥天女Lakshmi

傳說吉祥天女誕生於天神與阿修羅翻攪的乳海，這位身著紅色沙麗、端坐於蓮花上的美麗女子，是毗濕奴的妻子，祂兩隻手臂分別手持蓮花與金幣，放置於腿上的錢罐源源不絕地傾倒出金幣，象徵財富，是印度三大慶典節中的主角，無論商人或一般人總祈求祂賜與榮華富貴與吉祥平安。

濕婆神Shiva

雖然是毀滅神，同時也扮演創造的角色，濕婆神是印度神廟中最常供奉的神祇，擁有1008個名字，同時也擁有許多化身，包括動物神Pashupati、舞神Tandava及象徵生育能力的靈甘(Linga)。濕婆神是一位苦行之神，祂最常出現的扮相為脖子上纏繞著蛇、手上握著三叉戟，額頭開著足以燒毀世間一切的第三隻眼，頭頂接容恆河水的髮髻，並且騎著公牛座騎難迪(Nandi)。

毗濕奴Vishnu

毗濕奴主掌保護，是宇宙的守護神，象徵智慧，通常以4隻手的面貌展現，其手握蓮花(花瓣象徵展開的宇宙)、海螺(象徵現存生命的活力)、鐵柄和鎚矛(象徵戰神)。在祂22個化身中，包括羅摩王子(Rama)、黑天神(Krishna)、佛陀及眼鏡蛇阿難陀等，至於祂的名號更多達上千個，其中較常出現的為納拉揚(Nārāyan)、哈里(Hare)及瑪達瓦(Madhava)。金翅鳥迦魯達(Garuda)是祂的坐騎。

帕爾瓦娣Parvati

帕爾瓦娣是濕婆神的妻子，是印度教萬物之母，據說是濕婆神第一任妻子薩蒂死後投胎轉世成的雪山神女，同時代表創造和毀滅的力量，兼具女性柔美與威猛強悍的特質。在印度，祂是印度教、佛教、耆那教所共同崇敬的神祇。帕爾瓦娣女神也有許多化身，最有名的是以溫柔相出現的帕爾瓦娣、以恐怖相出現的女戰神杜兒噶(Durga)和凶猛的卡莉女神(Kali)。

種姓制度 Caste System

種姓制度是印度教社會的基本結構，印度人相信這輩子過好應過的生活，並且盡完應盡的義務，如此一來就可以幫助自己在下輩子晉升到較高的社會階級，這樣的生活哲學，也讓印度人抱持著「樂觀」、「知足」與「認命」的生活態度。

種姓制度來自早期雅利安人創造的《吠陀經》，將社會劃分為婆羅門(Brahmana)、剎帝利(Chhetri)、吠舍(Vaisya)、首陀羅(Sudra)等主要四大階級。傳說中，大梵天在創造世界時，婆羅門自祂嘴裡蹦出、剎帝利來自祂的手臂、吠舍則來自祂的屁股，首陀羅則自大梵天的腳轉變而來。而沒有被列入這四大階級的人，便屬於最低賤的階級Dalits，他們通常是掃街、倒垃圾的賤民，另外還有以職業為區分的Jati階級。

種姓制度是代代相傳的，印度人從一出生開始，就有與生俱來的社會地位、語言、信仰和行為規範。根據法典，各個階級都有不同的教育內容、人生義務、社交範圍和法律制度。種姓制度中以婆羅門地位最高，多半是僧侶和統治者階級；剎帝利是武士和藝匠階級，吠舍是指商人或從事農耕畜牧的人，首陀羅是指出身卑微、靠勞力為生者。

種姓制度中的婆羅門、剎帝利、吠舍等三大階級，被認為是純潔階級，這三大階級以外的男性、婦女、賤民都是不潔的。在印度，不同種姓階級的人不能通婚、不能交換食物、不能自由選擇職業。

儘管種姓階級制度在今日的印度已日漸淡化，然而傳統的印度人仍相當重視。而拜政治所賜，各個階級的權利與生活也成為政黨的訴求政策，政府也在國會、大學或政府機關保留給屬於Dalits階級的民眾，讓印度人只要能夠受教育、力爭上游，同樣可以獲得肯定和尊嚴。

猴神哈努曼
Hanuman

猴神哈努曼與中國的孫悟空有點相似，在史詩《羅摩衍那》中，描寫羅摩王子為了救回愛妻悉多而大戰魔王羅婆那，千鈞一髮之際因為神猴相助而取得最後勝利。從此以後，猴子就被納入諸神當中，成為印度人膜拜的神祇，而達瑟拉節焚燒魔王像的活動也由此演變而來。哈努曼象徵智慧和勇氣，有時會出現4張臉和8隻手且全身塗滿橘色的模樣。

妙音天女 Sarawati

一身潔淨白衣端坐於蓮花上，4手分持七弦的維納琴(Veena)、念珠和經典的妙音天女，又稱為「辯才天女」，祂是大梵天的妻子，掌管音樂、藝術及學術，據說是印度沙拉瓦提河(Sarawati)的神格化身，此河長年水聲潺潺猶如樂音。妙音天女是唯一佛教與印度教中共同存在的神祇，由於賜予各類智慧與才藝，因此許多從事語言或藝文相關活動人士多供奉祂。孔雀和天鵝是妙音天女的坐騎。

黑天神 Krishna & 羅妲 Radha

黑天神是毗濕奴的化身之一，經常以玩笛子的胖男娃或小男孩的模樣出現，傳說祂的青春時期經常伴隨著放牧牛群的少女，因此有時在祂身旁也會描繪牛隻。黑天神另一個常見的面貌是俊美的王子，身穿黃色絲質長褲、頭戴孔雀羽毛冠飾，擁有無數愛人，身旁最常陪伴著的是祂最重要的配偶、同時也是牧牛女的羅妲，羅妲也是吉祥天女的另一個化身。當祂倆同時現身時，也就代表了愛情。

杜兒噶女神 Durga

又稱為「難近母」的杜兒噶女神，是帕爾瓦娣的另一個化身，這位戰鬥女神在世界面臨毀滅之時，誕生自眾神口中噴出的盛怒火焰。名稱代表「無敵」的杜兒噶女神日以繼夜與魔王和所有邪惡勢力爭戰，廝殺情況激烈就連海洋都因此翻騰、群山因此撼動，最終借助各神賦予的武器和自身的力量，救人們脫離苦難。女神擁有8或10隻手臂，手持弓箭、刀、三叉戟等武器，以及蓮花和法器，擁有三隻眼，以老虎為坐騎。

Buddhist Holy Sites

印度佛教聖地

文●墨刻編輯部 攝影●墨刻攝影組

西元前六世紀，佛陀在八十年的人間歲月裡，從出家、苦行、悟道、講道、說法，到最後圓寂、升天，在北印度、尼泊爾的恆河流域一帶，祂留下許多傳送佛法的足跡。

一千多年後，堪稱中國最偉大的「旅行家」玄奘法師，耗時十八年西行取經，並在這個古代稱為「天竺」的國度度過了十二個寒暑。這期間，他循著佛陀誕生地、成等正覺、初轉法輪、大般涅槃……等與佛陀生平走過的土地，實地尋訪考察，並把所見所聞，詳實地記錄在《大唐西域記》裡，成為日後人們追尋佛陀足跡的重要文獻依據。

玄奘當年來到天竺國時，佛教在這塊土地上已是強弩之末，他見證了西元前三世紀時阿育王所留下的最後一道光芒，也看到佛教遭受印度教的挑戰，形勢日益險峻。往後幾個世紀，伊斯蘭教入侵、戰火頻仍，更對佛教痛下最後一擊。恆河流域一代，雄偉的阿育王石柱、佛塔四散傾頹，佛陀聖跡、慈悲傳說，從此隱沒在荒煙蔓草之間。

然而佛教終究已經從這裡擴散出去了，向南經由錫蘭、暹邏、緬甸，擴及整個東南亞，向北則是西藏、絲路、中亞，而中國、東北亞，開枝散葉的八方信眾，就像當年的玄奘一樣，總要回到發源地尋根溯源。

根據佛陀生前曾提出四個地點，作為祂入滅之後供弟子常思之處：藍毗尼(Lumbini，佛陀出生地)、菩提迦耶(Bodhgaya，佛陀悟道地)、鹿野苑(Sarnath，初轉法輪處)、拘尸那羅(Kushinagar，佛陀入滅地)；再加上迦毗羅衛(Kapilavastu，佛陀出家地)、王舍城(Rajgir，弘法之地)、那爛陀(Nalanda，佛學大城)、舍衛城(Sravasti，佛說《金剛經》、為母說《地藏經》之地)、憍賞彌(Kausambi，法盡之地)、僧迦施(Sankisa，佛陀從天上回到人間的地點)、巴特那(Patna，孔雀王朝阿育王統治中心)、吠舍離(Vaishali，最早成立比丘尼僧團之地)，構成了所謂的恆河八大聖地，甚至有十二大聖地之說。

幾十個世紀以來，多少人循著佛陀足跡，撫觸聖地的一草一木，實地印證玄奘西域記裡栩栩如生的描繪；或徒步，或行車顛簸在窮鄉僻壤之間，完成一生至少一次的佛陀朝聖之旅。

菩提迦耶(Bodhgaya)，
佛陀悟道地

菩提迦耶之於佛教朝聖者，就好比麥加聖地之於伊斯蘭教那般地位崇高，這裡就是佛陀在菩提樹下悟道的地方。

釋迦族王子悉達多29歲時離開妻兒出家，來到離家五百公里外的摩揭陀國與名師參學，在苦行林一待就是六年，然而苦行並不足以讓他悟出真理。日復一日的打坐、苦思、冥想，直到某一夜，他在大樹下進入三昧的禪定境界，徹底悟出生命的意義以及每一世的因果輪迴，成為一位至聖覺者。

梵語的「佛陀」(Buddha)、「牟尼」，意思就是「覺者、解脫者」；釋迦牟尼也就是「釋迦族的聖者」之意。

凡是來到菩提迦耶的人，第一眼總會被高聳雄偉的摩訶菩提寺(Mahabodhi Temple)所震懾，而不論走到哪裡，它總是無法忽視的地標。佛陀成正覺之後的兩百五十多年，也就是西元前三世紀，阿育王在菩提樹下安放了一塊金剛座並建造一座正覺塔，後來幾經錫蘭王、緬甸王的重修、整建，以及穆斯林、祝融、洪水的毀壞，塔寺毀了又蓋，蓋了又毀，直到1870年代，考古挖掘才讓它重見天日。

遠看摩訶菩提寺，似乎只有一座高聳的正覺塔，其實整座院寺腹地龐大，布局繁複。這其中包括七週聖地、佛陀足印、阿育王石欄楯、菩提樹、金剛座、龍王池、阿育王石柱，以及大大小小的佛塔、聖殿和各式各樣的鐘、浮雕和佛像，而矚目焦點便是菩提樹和七週聖地。當年玄奘曾跪在菩提樹下，熱淚盈眶，感嘆未能生在佛陀時代。

今天所看的菩提樹，已非當年佛陀打坐悟道的原樹，這樹和摩訶菩提寺一樣命運多舛，不斷與外道、伊斯蘭教對抗，遭到焚燬與砍伐，最後則是從斯里蘭卡帶回菩提子，成為現在的滿庭蔭樹，據說這菩提子也是當初佛陀時代有人攜往斯里蘭卡開枝散葉所繁衍的後代。

而今的摩訶菩提寺就好比是一座多采多姿的小社區，來自四面八方的信眾，各自占據一個角落修行功課，並以自己的文化對佛祖表達崇敬，尋找心靈的答案。

你可以看到泰國僧人領著信眾，在金剛座前誦經並繞行正覺塔七周；也可看到苦修的藏人鋪著一方草席，不斷面向正覺塔行三跪九叩大禮；還有台灣朝聖團前來作一百零八遍的大禮拜，行一日一夜的八關齋戒；此外，斯里蘭卡、緬甸、日本等信眾，以及川流不息的世界各地遊客，總是把整個摩訶菩提寺擠得熱鬧非凡，每個小角落，每天都有故事在不斷上演。

王舍城(Rajgir)，
弘法之國

在菩提迦耶北方約90公里處，從一片平坦農田突然隆起五條山脈，這就是知名的靈鷲山(Gridhakuta Hill)。

在佛陀時代，山城曾是摩揭陀國(Magadha)首都，又稱「王舍城」(Rajgir)，在當年的恆河十六國中，算是最強盛、最具文化氣息的國度，國王頻婆娑羅王禮遇賢人，他皈依佛陀並結為莫逆。佛陀在此弘法，吸引不少修行者和僧團前來，成為當時北印度重要的宗教重鎮。

此地有兩個重要佛陀聖蹟，一是竹林精舍(Venuvana Vihara)，一為靈鷲山洞窟。王舍城其實與菩提迦耶相距不遠，然而每年季風雨季過後，經常路毀橋斷，車程硬是拉長了三、四倍，一路上塵土漫天，到處是窮人、垃圾，已沒有當年富庶景象。

竹林因為是聖蹟緣故，刻意被闢為一座綠意盎然的園林，並擁有一方大水池，恰與外頭形成兩個世界。

佛陀曾在竹林度過六個雨季，祂的弟子特地闢建精舍成為佛陀弘法的道場。現在環繞水池四周的佛像都是後來各地信眾加上的，例如日本人蓋了一尊佛像，其手勢便是「授課」的意思；而一座渾身貼滿金箔的歡喜佛，則是泰國信徒的傑作。

位於王舍城郊區的靈鷲山，佛陀也在此駐達五年，佛入滅之後，其弟子五百羅漢便在靈鷲山的七葉窟作佛教史上第一次經典集結。

靈鷲山因為山上一塊突出的岩石長得像鷲頭而得名，而登靈鷲山是一趟熱汗淋漓的辛苦腳程，沿途全無綠樹可遮蔭。歷史上，中國的法顯和玄奘兩位名僧也都曾來此登頂，玄奘更留下「泉石清奇，林樹森鬱」的字句，沿途有幾座佛陀弟子修行的洞窟，也都是後人根據《大唐西域記》的描述考證出來的。登山階梯的盡頭是一座四方形磚造的「說法台」，目前供奉了一座小佛像，讓信徒膜拜。

那爛陀(Nalanda)，
世界佛學中心

位於王舍城北方約12公里，座落著佛教史上赫赫有名的那爛陀大學(Nalanda)，它雖然在佛陀生前尚未誕生，但在七世紀時，不僅是世界最早的大學之一，更是世界的佛教修學中心，全盛時期時，教師達兩千人，來自亞洲各地的學生更逾萬人，藏書則有九百餘萬卷。玄奘便曾在此待過五年，他既是學生，也是老師。

只可惜到了十二世紀，伊斯蘭教入侵大肆破壞之後，那爛陀曾經在歷史綻放的光芒，如今只剩磚瓦遺跡供人憑弔。

那爛陀遺跡公園主要分成東西兩區，僧院主要分佈在東區，依告示牌顯示，這些遺跡包括了宿舍、浴室、廚房、圖書館、貯水池等。西區則以佛塔、寺廟為主，最壯觀的是分為三層的舍利佛塔，爬上平台，可以環視整座遺跡全景，而舍利塔四周則林立著許多紀念塔。

遺跡公園附近還有一座那爛陀博物館、那爛陀佛法修學中心(Nava Nalanda Mahavihara)，以及玄奘紀念館。

鹿野苑(Sarnath)，
初轉法輪之地

這是佛陀初轉法輪之地，佛陀在此剃度五位弟子，佛教從此以佛、法、僧三寶開始在恆河流域轉動。而佛教不論南傳或北傳，常常可以見到一個法輪兩旁各跪了一隻鹿，就是指佛教是從鹿野苑向外傳送出去。

為了紀念這個初轉法輪聖地，佛陀入滅後的三個世紀，武功強盛的阿育王不僅大大提升了鹿野苑地位，更豎立起一根柱頭雕著四頭石獅的阿育王石柱，同時廣建佛塔和寺院來傳承法脈，後來經過貴霜、笈多等王朝的擴建，規模愈來愈龐大。

玄奘當年來到鹿野苑時，這般形容阿育王石柱：「高七十餘尺，石含玉潤，鑒照映徹……」而對鹿野苑地標達美克塔(Dhamekh Stupa)的描述更是驚人：「高兩百餘尺，上以黃金隱起……磚作層龕，龕匝四周，節級數百，皆有隱起黃金佛像。」

只是和其他佛教聖地的命運一樣，12世紀伊斯蘭大軍毀滅性的洗劫，加上後代印度人拆其磚瓦建房舍，如今鹿野苑也只能算是遺址了。

即便如此，遺址裡有三大建築仍能推斷出當年的盛況，一是法王塔(Dharmarajika Stupa)，光是底座直徑便達13.5公尺；其二是斷成數節的阿育王石柱，柱身上以巴利文刻的阿育王敕文仍清楚可見；其三就是今天鹿野苑的地標達美克塔，儘管遭受過慘烈的破壞，它那高33公尺、基座直徑達28公尺的龐大身軀，成為所有來此的信徒必定圍繞朝拜的對象，而其表面精美的笈多王朝時代浮雕，仍然清晰可辨。

阿育王石柱的石獅柱頭，就收藏在鹿野苑博物館裡，四頭石獅威風八面地朝著四個方向怒吼，石獅下的基座則刻有牛、馬、獅、象四種動物，這石獅標誌已成為今天印度的國徽及鈔票上最重要的圖騰。

拘尸那羅(Kushinagar)，
佛滅之地

佛陀的人間旅程是在拘尸那羅畫下終點的，當時佛陀已高齡80，弘法也悠悠過了45載，在這裡他度化了最後一位弟子須跋陀羅，並對圍繞在他身邊的比丘們留下最後遺言：「弟子們啊，一切皆無常，當精進進修，莫放逸。」然後微閉雙眼，嘴角微揚，慈祥地離世。

今天在拘尸那羅的臥佛殿(Mahaparinirvana Temple)裡，橫躺著一尊岩石雕刻的臥佛，面容慈祥、姿態莊嚴，頭向北方，足南南方，栩栩如生，彷彿佛陀猶在人間，凡前來瞻仰者，莫不含淚動容。佛像全長6公尺，為5世紀之作品，相傳12世紀時為了躲避穆斯林的破壞，曾藏到地底，直到19世紀才重見天日。

臥佛的材質為黑色岩石，因前來禮佛的信眾不斷為其貼上金箔，才成了今日的黃金佛身。臥佛下方的台座，則雕刻著阿難尊者、須跋陀羅等送佛陀最後一程的信眾。

凡是能夠來到佛陀入滅聖地，對著臥佛足履跪拜磕頭的人，是一生難得的福報，雖眼看佛陀離世場景、耳聽佛陀圓寂故事，心中難免哀淒，然而離去時，通常是充滿法喜與滿足。

臥佛殿正後方的大涅盤塔(Mahaparinirvana Stupa)為米白色覆鐘式佛塔，除此之外，周邊還有馬塔庫聖殿(Mathakuar Shrine)、安迦羅塔(Angara Chaitya)等相關景點。

藍毗尼(Lumbini)，
佛陀誕生地

　　佛陀的出生地藍毗尼坐落在喜馬拉雅山脈山腳下，目前在尼泊爾境內，規劃成一座園區，並納入世界遺產之林。

　　園區裡有三個重點，一是佛陀母親摩耶夫人廟(Mayadevi Temple)，二是阿育王石柱，三則為水池和菩提樹。相傳摩耶夫人因夜夢白象由右側腋下進入，感而受孕，遂生佛陀，園中布局，似乎是盡量在還原當年的種種傳說故事。

　　摩耶夫人廟供奉著一塊模糊不清、由黑岩雕刻的摩耶夫人產子像，隱約可以看出摩耶夫人高舉右手、扶著樹枝的姿態。摩耶夫人廟後方的樹是她當年產子的地點，水池則是佛陀出生後淨身的水池，儘管這些都已非當年的樹與水池。倒是廟另一側豎立的阿育王石柱，銘文上說，阿育王登基後的第21年，親自在佛陀降生地參拜並立柱。

　　聖人出世總有聖蹟異象，例如悉達多王子一出生便行走七步，步步生蓮，一手指天，一手指地，並說：「天上天下，唯我獨尊。」雖為穿鑿之說，卻總能滿足後人對聖者崇拜的心理，並為聖地帶來更多傳奇色彩。

舍衛城(Sravasti)，
佛說《金剛經》、為母說《地藏經》之地

　　這裡是佛陀一生待得最久的地方，共達24載，其地位與王舍城相當，蓋有一座「祇園精舍」，佛陀在此說《金剛經》、《阿彌陀經》、《地藏經》，只可惜所留聖蹟不多。

　　目前祇園精舍遺址裡留有許多僧院遺跡，這些用紅磚堆砌的建築基座，多半是貴霜王朝到笈多王朝時代的建築，包括拘賞波俱提精舍(Kosambakuti)、犍陀俱提精舍(Gandhakuti)等僧院殘蹟，矚目焦點則是阿難菩提樹(Ananda Bodhi Tree)，根據典籍，這棵樹與佛陀在世時說法的傳說有關，當地人都相信這棵菩提樹從佛陀時代存活至今，不過據考證，應該和菩提迦耶那棵菩提樹一樣，是後來從斯里蘭卡繁衍而來的。

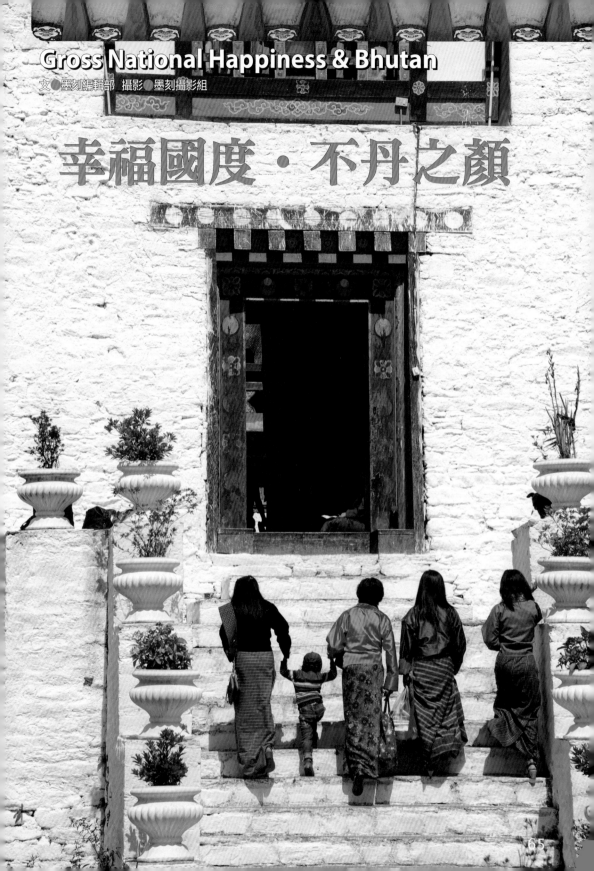

Gross National Happiness & Bhutan

文●墨刻編輯部　攝影●墨刻攝影組

幸福國度・不丹之顏

「與我們一同飛行到快樂之地！」(Fly with us to the land of Happiness)

還沒踏上不丹土地之前，不丹航空就以這句Slogan向旅人招手。「幸福國度」已經成了不丹在世界立足的鮮明標誌，然而來到不丹之前，你無法想像那一張張無邪的快樂笑臉，究竟有多療癒。

當世界上愈來愈多的國家不再只一味追求經濟上的國民生產總額(GNP)，同時也開始關注「國民幸福指數」(GNH，Gross National Happiness)，並列出評比指標。殊不知，不丹的前任國王吉莫・辛吉・旺楚克(Jigme Singye Wangchuk)早在四十多年前，就已經把GNP作為他的首要施政目標，並諄諄告訴他的人民，只追求物慾並不會使人快樂。他認為除了在經濟上謀求成長之外，同時也要追求精神和情感層面的大幸福。

根植於佛教信仰，不丹人原本就樂天知足，再加上國王的鼓吹，「國家快樂力比國民生產總額重要」早已是不丹人根深柢固的價值觀，實踐在生活上，則是重視文化遺產、健康、教育、好的治理、環保、生態多樣性、個人福祉……

不丹人溫暖而開朗，很容易就能看到他們的笑容，從晨光中走路上學的學童，到日正當中田間辛勤工作的農人；或射箭場上的射箭選手；或菜市場裡的菜販；或站在家門前的老人與婦女，不需要會講宗喀語，你很快就被他們的笑臉所感染。那是在千年佛法沐浴下，所自然流露的純淨與善良。

虔誠的佛教信仰

從下了飛機，沿著帕羅谷地走，河岸邊、山腰上，處處是古剎、佛塔、經幡、轉經輪，一抵達首都廷布，遠遠就看到一尊金光閃閃的釋迦牟尼大佛鎮守在谷地入口，看護著來來往往的車輛與人群。

來到不丹，除了看廟，還是看廟，信佛、拜佛、念佛，已經是不丹人生活中不可分割的一部分。

千年以來，藏傳佛教的教義是不丹人看待大地萬物的哲學基礎，慈悲心、施予、分享、累積功德、尊重大自然，不論是狗、牛、雪豹，還是國獸羚牛，都能在這裡找到天堂，不丹法律明訂森林覆蓋率要達到60%，實際上則已超過70%，大片蓊鬱的森林，庇護著無數生靈。

儘管不丹境內還有約25%的尼泊爾人信奉印度教，除了南部少數分離主義者，大多數佛教徒和印度教徒彼此關係良好，印度教的節慶也被納入國定假日。

67

都市與鄉村生活

在1960年代之前，不丹幾乎沒有城市與鄉村的分別，直到廷布升格為首都之後，部分民眾為了求學、工作，才漸漸往首都圈移動，逐漸演變成廷布這人口十萬的「大城」，而國際機場所在地帕羅及西南部邊境的馮厝林(Phuentsholing)，也因是空中和陸路門戶的關係，各自形成一座堪具規模的小鎮。

目前居住在城市的人口約占35％，其餘約65％的大多數不丹人還是生活在農村裡，過著自給自足的生活。

不丹全境幾乎都是山區，每一條河川切穿山脈形成一座谷地，聚落依著谷地而生，農民便在坡度極陡的山坡開墾梯田，他們通常擁有冬、夏雙屋，依季節移居，夏種稻、麥、蕎麥，冬種馬鈴薯，地勢較低的普納卡(Punakha)與旺迪佛德朗(Wangdue Phodrang)水稻一年可兩種。除了稻、麥，還有蕎麥、玉米等多樣性作物輪種，以維持自然地力，不施化肥、灑農藥。

2013年，不丹政府宣布，不丹是全球第一個百分之一百有機耕種的國家。

醫療、教育與生命之輪

在1960年代不丹還沒引進西方教育體系之前，不丹人如果要受教育就只能把小孩送到寺院，如今不丹的教育預算佔了國家總預算將近兩成，小學生的就學率高達97%，從幼稚園到十年級都是義務教育，就學、教科書免費，偏遠地區連文具都提供。

學校教授不丹的歷史、地理、不丹傳統和英文，並以禮佛祈禱、唱國歌展開一天的上學生活。

民眾的醫療也是免費的，超過90%的人民可以輕易取得乾淨的飲用水，政府大舉提高醫療預算後，在20年之間，不丹人平均壽命也大幅提升了20歲。

當你走進寺廟，常常會在壁畫上看到一幅「生命之輪」(Bhavacakra，Wheel of Life)的畫，幾乎每個不丹導遊都能為你解說這幅畫的因果道理，那也是不丹人的生死觀，圖中包括了三毒、生死與中陰、六道輪迴的景況及十二因緣流轉的運作。

國服：幗與旗拉

為了保留傳統文化，民眾上班、上學都必須穿着國服，男性是連身及膝短袍，稱為「幗」(Gol)；女性穿連身長裙和薄外套，長度及足踝，稱為「旗拉」(Kira)。遇到正式場合或進入宗堡時，再纏上一條披肩。國王更是以身作則，即使在打高爾夫球或打籃球時，也穿著筆挺帥氣的幗。

傳統上，男生會在腰間繫著一把小刀，稱為「Dozum」，長靴及膝，不過，這副裝扮只在節慶時穿，平時則大多著長襪配短筒皮鞋。

一般而言，幗的花色很多，但避免紅色和黃色，因為那是僧侶穿的。

旗拉的質料則是從棉到絲質都有，配色比男生的幗豐富許多。

不丹傳統建築與民居

除了宏偉的宗堡、到處林立的寺廟和佛塔，不論在城鎮或鄉間，到處都可見白牆與木製窗櫺的傳統民居，所有建築都得依照傳統形式搭建，不論醫院、銀行、學校、旅館或是住家，都必須依循傳統的風格。

在西不丹，一般民居是兩層樓，並且有大型的通風閣樓作為貯藏空間，一樓是穀倉，起居室在二樓。

當房子蓋好之後，不論是白牆還是木窗櫺，都會畫上圖案作為裝飾，最特別是會在自家大門兩旁牆壁上畫上巨大陽具，或在屋簷四角掛上雕刻的木陽具，以驅走惡魔。

這習俗是來自不丹史上傳奇的瘋狂智者竹巴昆列(Drukpa Kunley，1455年~1529年)，據說他曾以其陽具降服了惡魔，後來不丹家家戶戶都視他為守護神。此外，住家都會在屋頂正中央插上幡旗。

除了陽具，其他驅魔的圖騰還包括嘴喙中咬著一條蛇的「金翅鳥」(Jachung)，以及老虎、龍等神獸，而在寺廟，你一定會一次又一次看到寺廟外牆上東西南北四尊守護神的壁畫，這四大天王分別是：

紅色西大王(Chenmizang)：
手持佛塔和一條蛇，祂是蛇之神。

白色東大王(Yukhorsung)：
手上撥弄著琴，祂是樂之神。

金色的北大王(Namthose)：
手上拿著貓鼬和勝利標誌，祂是財富之神。

藍色的南大王(Phagchepo)：
右手持著寶劍。

傳統競技：射箭與射飛鏢

「射箭」(Datse)是不丹的國術，但是不丹的弓箭手在奧運會很少得到名次，有此一說，不丹射手喜歡在射箭的同時喝酒，但奧運明訂賽前不得飲用任何酒類飲品。射箭場的距離為140公尺，據說不丹的弓箭手在飲酒之後射300公尺的距離也沒有問題。

另一種「射飛鏢」(Khuru)也是男性常見的比賽，射程20公尺。比賽規則和射箭大同小異，分成兩隊，當兩隊箭靶互換時，還可看到參賽者邊唱不丹傳統歌謠，邊跳勝利之舞。

不丹13種傳統工藝

　　不丹有13種最能代表這個喜馬拉雅山王國獨特精神與身份的工藝和藝術，稱為「Zorig Chusum」，分別是木工(Shingzo，宗、廟、家居的木工和家具)、石工(Masonry，宗、廟、佛塔的建築以及石磨和杵臼)、雕刻(Parzo，木板和石板平面雕刻)、繪畫(Lhazo，唐卡捲軸畫、寺廟與宗的壁畫及民居的外牆)、雕塑(Jinzo，佛像及面具雕刻)、鑄造(Lugzo，樂器及佛像的銅器鑄造)、鐵工(Garzo，

斧、刀、鐵鍊、劍)、金銀工(Trozo，金銀銅飾品)、竹編(Tshazo，食器、籃子、箱子、弓與箭)、織布(Thagzo，國服的布料)、刺繡(Tshemzo，從衣服到唐卡的刺繡)、木材車床(Shagzo，木碗、木盤)和造紙(Dezo，手抄紙)。

　　為了傳承這13種傳統技藝，廷布的國家工藝暨藝術技能學院以及布姆塘(Bumthang)的亞特拉(Yathra)紡織中心都扮演了極重要角色，這些工藝品不但是不丹人平日生活所需，也是遊客最青睞的伴手禮。

分區導覽
Area Guide

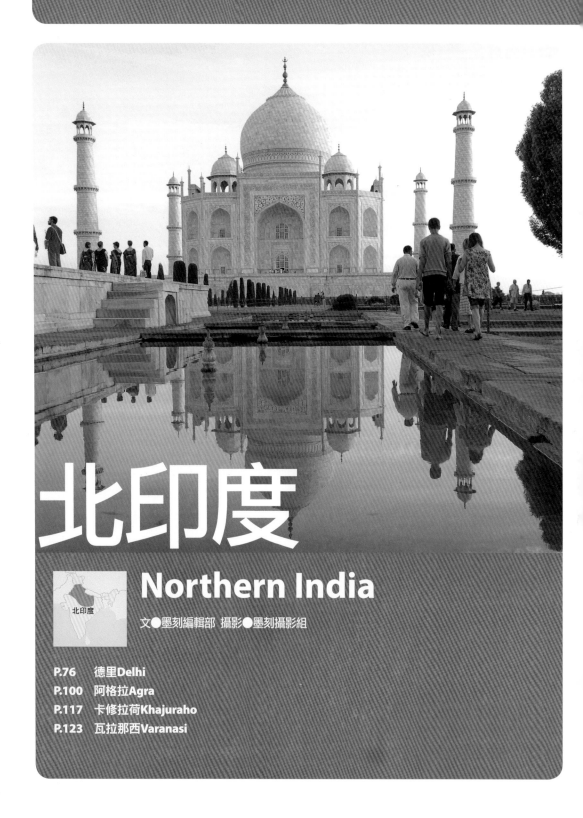

北印度

Northern India

文●墨刻編輯部　攝影●墨刻攝影組

北印度

北印度以發源自喜馬拉雅山的亞穆納河和恆河兩大流域為核心，尤其德里和阿格拉兩大城市，是歷朝歷代的古都，留下包括泰姬瑪哈陵、阿格拉堡、紅堡在內的大量不朽建築。

往東南走，卡修拉荷則有10~13世紀印度教全盛時期的廟宇，又以情慾雕刻的性廟最為有名；而位於恆河中游的瓦拉那西，更是印度教徒一生必訪的聖地。

自古以來，這裡就是印度的政治、經濟、文化中心，也是精華所在。

北印度之最 Top Highlights of Northern India

恆河 Ganges River
對於印度教徒而言，一生之中至少要到恆河沐浴、淨身一次，而死後如果能夠在恆河畔舉行火葬並將骨灰撒入河中，靈魂就得以解脫、輪迴轉世。(P.126)

阿格拉堡 Agra Fort
從1526年巴伯爾大帝建國開始，阿格拉就成為蒙兀兒帝國首都，歷經三位君王統治，阿格拉更為繁榮。在蒙兀兒帝國的歷史上，阿格拉堡扮演著舉足輕重的地位。(P.103)

紅堡 Red Fort
紅堡為蒙兀兒帝國第五代君主賈汗(Shah Jahan)從阿格拉遷都德里時所建，與阿格拉堡十分相似，採用紅色砂岩為建材。(P.84)

胡馬雍大帝陵墓 Humayun's Tomb
混合紅色砂岩和黑、白大理石的胡馬雍大帝陵墓，不但是德里第一座蒙兀兒皇陵，也是印度第一座具有花園的陵墓。(P.92)

泰姬瑪哈陵 Taj Mahal
被譽為世界七大奇觀之一的泰姬瑪哈陵，不論從建築的角度來看，還是背後那段感人的愛情故事，都讓泰姬瑪哈陵成為旅人一生中必訪之地。(P.106)

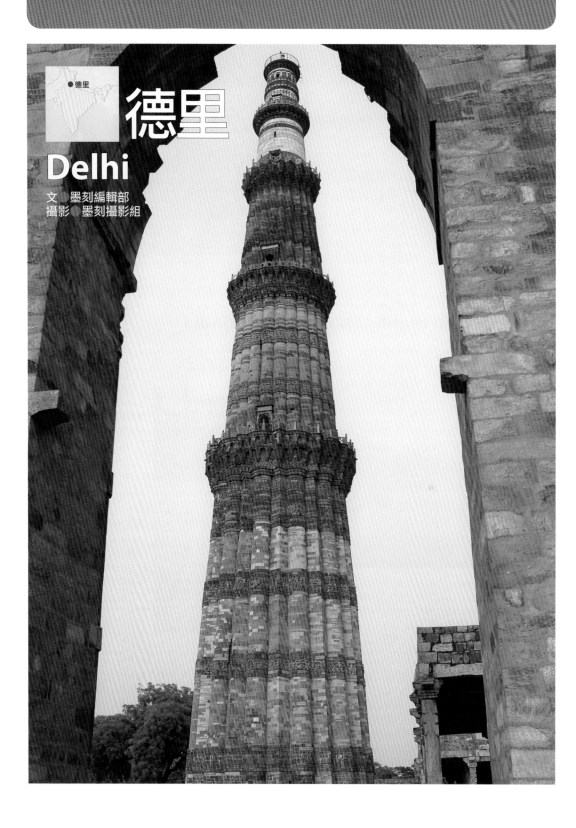

德里
Delhi

文●墨刻編輯部
攝影●墨刻攝影組

德里位於亞穆納河(Yamuna)流域，是印度首都和政治、經濟、文化中心。從史詩《摩訶婆羅多》中的神話王城、伊斯蘭人統治的七朝古都，到英國殖民時期設計規劃的首都，德里一路歷經多次興衰，兼容並蓄了印度教、伊斯蘭教、錫克教等宗教影響，以及東西方文化的交融，形成了今日這個既古且新、繁榮熱鬧卻又雜亂無章的城市景觀。

德里分為新德里和舊德里兩區，舊德里地區屹立著許多清真寺、陵墓、堡壘、城牆和城門等古蹟，狹窄的街道內擠滿了各式交通工具，洋溢著既熱鬧又混亂的場景。舊德里區中稱為「老城」的地方，是17世紀時蒙兀兒皇帝賈汗(Shah Jahan)所興建的，昔日的城牆蔓延了7公里，擁有14座城門，除紅堡外，更將迦瑪清真寺緊緊圈在其中，再連同紅堡前方的月光市集(Chandni Chowk)，就是這位皇帝統治之下的城廓範圍。幾百年來歷史流轉，頹圮的城牆如今只剩下5座，然而當初賈汗的都城大道「月光市集」至今依舊扮演著重要的角色，這條連貫舊德里的主要幹道，鎮日車水馬龍，三輪車、電動車、汽車、牛車和貨物推車充斥，和兩旁商家活絡的氣氛、各大宗教寺廟的信徒朝拜，展現了德里人最真實的生活！

新德里則呈現截然不同的面貌，大樹林立的寬敞街道、宏偉的殖民時代建築、時髦現代的氣氛，和舊德里形成強烈的對比。1911年時，印度的英國殖民地政府決定將政治中心從加爾各答遷到德里，著手設計興建新首都，隨著印度獨立後，新德里面臨人口膨脹、建地不夠使用的問題，因此印度政府決心擴展城市，有了現在的規模。

新德里道路寬敞、兩旁綠樹成蔭，因此被稱為花園城市，市內的現代建築除了總理官邸、國會大廈、印度門、康諾特廣場、博物館及許多政府機關外，還包括銀行、航空公司、飯店、餐廳和購物中心等，而由雙圓環組成的康諾特廣場，可說是中央新德里，甚至全德里最

熱鬧的商業中心，銀行、旅行社、名牌服飾店齊聚，就連異國餐廳、電影院等娛樂設施也一應具全。

位於德里近郊的南德里，逐漸遠離了印度首都的煩雜與喧囂。12世紀時，首批入主印度的穆斯林王國，在這片他們征服的土地創立了最初的幾座城市，其中最著名的要屬古德卜高塔建築群(Qutb Minar Complex)，蒙兀兒帝國第二位皇帝胡馬雍的陵墓也位於南德里，此外，南德里還有伊斯蘭聖人陵墓(Darga Hazrat Nizamuddin)及信仰世界宗教的巴哈伊靈曦堂(Bahai Temple)。

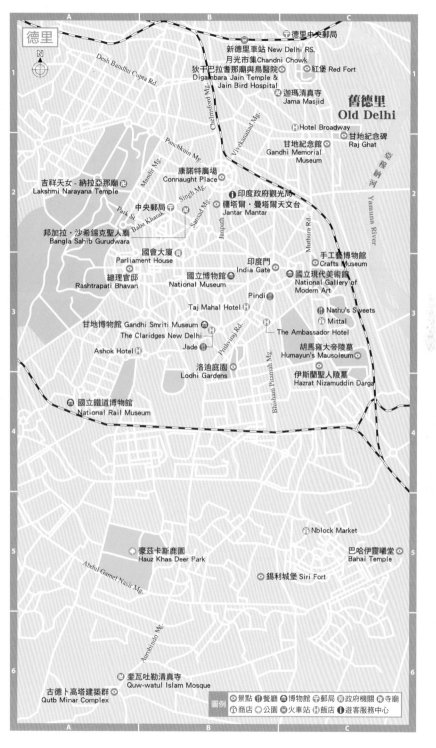

德里

舊德里 Old Delhi

德里中央郵局

新德里車站 New Delhi RS.
月光市集 Chandni Chowk
狄干巴拉耆那廟與鳥醫院
Digambara Jain Temple &
Jain Bird Hospital

紅堡 Red Fort

迦瑪清真寺
Jama Masjid

Hotel Broadway

甘地紀念碑
Raj Ghat

甘地紀念館
Gandhi Memorial
Museum

亞穆納河 Yamuna River

吉祥天女 - 納拉亞那廟
Lakshmi Narayana Temple

康諾特廣場
Connaught Place

印度政府觀光局

疆塔爾・曼塔爾天文台
Jantar Mantar

中央郵局

邦加拉・沙希錫克聖人廟
Bangla Sahib Gurudwara

國會大廈
Parliament House

印度門
India Gate

手工藝博物館
Crafts Museum

總理官邸
Rashtrapati Bhavan

國立博物館
National Museum

國立現代美術館
National Gallery of
Modern Art

Pindi

Taj Mahal Hotel

Nathu's Sweets

Mittal

甘地博物館 Gandhi Smriti Museum
The Claridges New Delhi

The Ambassador Hotel

Jade

胡馬雍大帝陵墓
Humayun's Mausoleum

Ashok Hotel

洛迪庭園
Lodhi Gardens

伊斯蘭聖人陵墓
Hazrat Nizamuddin Darga

國立鐵道博物館
National Rail Museum

Nblock Market

豪茲卡斯鹿園
Hauz Khas Deer Park

巴哈伊靈曦堂
Bahai Temple

錫利城堡 Siri Fort

奎瓦吐勒清真寺
Quw-watul Islam Mosque

古德卜高塔建築群
Qutb Minar Complex

圖例　⊙景點　🍴餐廳　🏛博物館　✉郵局　🏛政府機關　卍寺廟
🛍商店　🌳公園　🚉火車站　🏨飯店　ℹ遊客服務中心

78

INFO

基本資訊

人口：約2,570萬
區域號碼：011
面積：1,484平方公里

如何前往一航空

德里的印度甘地國際機場(Indira Gandhi International Airport)，位於距離市中心西南方15公里處，是國際航班前往北印度最重要的抵達站，以及北印度各邦往來間最主要的接駁站，第一、第二、第三航廈之間每20分鐘有一班免費的接駁巴士往返，第三航廈內附設銀行與匯兌中心、租車、電信、餐廳、咖啡廳、醫療護理等設施。

航空公司建議旅客，國際航班在起飛前3小時、國內航班在起飛前1小時抵達機場，含手提在內的所有行李，都必須通過安全檢查，並別上標籤。

印度甘地國際機場
www.newdelhiairport.in

◎機場至市區交通

機場接送Pre-Arranged Pick-ups

事先預定旅館，甚至透過旅館事先安排接送服務是最方便的，不過花費也最多。費用包括接送司機的停車費、進入機場大廳的費用、接送費及小費。

捷運機場快線Airport Express Line

捷運機場快線是捷運中的橘色線，旅客可在T1航廈、T3航廈搭車通達新德里火車總站，單程票價皆Rs50~Rs60。

機場巴士 Airport Bus

機場巴士24小時運營，每30分鐘會有一班，巴士停靠在Centaur飯店對面(距離機場約兩公里)，通達康諾特廣場、邦際巴士總站(ISBT)。

計程車 Taxi

從機場前往德里最方便的方式是搭乘計程車，不過，因為印度計程車司機惡名昭彰，不是超收車資，就是在里程表上動手腳，甚至強迫客人前往可收取介紹費的旅館。在機場搭計程車可選擇下載Uber APP或印度本土普遍使用的Ola APP，遊客還可利用APP預估到目的地的合理車資及時間。另有無線電計程車Mega Cabs和Meru Cabs，這兩家老牌的計程車業者是依里程數跳錶來計費。在非交通巔峰時間，機場

到德里市區約30分鐘的車程，不然可能會花到一小時的時間。

Mega Cabs
☎ +91-9971393027
Meru Cabs
☎ +91-8970489704

如何前往－鐵路

德里的主要火車站有三個，一個是位在康諾特廣場北方1公里處的新德里火車站(New Delhi Railway Station)；一個是位在紅堡以西、康諾特廣場北方9公里處的舊德里火車站(Old Delhi Railway Station)；還有一座是位於Sunder Nagar南邊的Hazrat Nizamuddin Railway Station。雖然大多數的長途火車都是停在新德里火車站，不過出發前還是確認一下。

對外國旅客來說，要購買火車票最便利的方式就是利用印度國鐵IRCTC訂位網(www.irctc.co.in)註冊、訂票、以信用卡刷卡，不必忍受大排長龍人擠人就完成購票，另一個選擇就是前往新德里火車站的國際遊客中心(International Tourist Bureau)請求協助購票。

印度國鐵IRCTC訂位網
🌐 www.irctc.co.in
印度國鐵
🌐 www.indianrail.gov.in

如何前往－巴士

往來於德里和北部、西部各邦的巴士，大都停靠在舊德里火車站北方的喀什米爾門(Kashmere Gate)邦際巴士總站(ISBT，Inter State Bus Terminal)，鄰近有捷運站Kashmere Gate站，十分便利。

如果是往來於德里和東部各邦以及北部的Uttar Pradesh邦、Uttarakhand邦的巴士，則必須前往位於東部近郊的Anand Vihar ISBT，可搭乘捷運藍線(Metro Blue)到達。如果是前往德里南部的地區，則是從靠近Nizamuddin火車站的Sarai Kale Khan ISBT巴士站出發。

市區交通

◎捷運Metro

德里捷運系統服務的範圍囊括德里及其衛星城市加濟阿德(Ghaziabad)、法里達巴德(Faridabad)、古爾岡(Gurgaon)、諾伊達(Noida)和巴哈杜爾加爾(Bahadurgarh)等地區，是印度最龐雜、最繁忙的捷運系統，每天運營超過2,700班次，由9種不同顏色編碼的線路組成，共設有286站，軌道包括了標準軌距和寬軌，站體則有地下、地上和高架車站，總長度達348公里。相較於過去，搭捷運遊德里愈來愈便利，快速便利，尤其是前往康諾特廣場、月光市集以及火車站等處。搭乘捷運可購買代幣及旅遊卡，德里當局於2023年升級自動售票機，積極推行QR Cord紙質車票，以利乘客進出車站更便利、迅捷，當各捷運售票系統全面導入QR Cord車票後，將逐步淘汰代幣。

◎機動三輪車

機動三輪車是印度最常見的交通工具之一，為避免車資糾紛，出發前可以先利用Google Map查詢公里數，以起步價約Rs30，之後每一公里約Rs11計算，可預估到目的地的的合理車資，一定要堅持司機使用里程表，不要問他們收費多少，因為他們一開口往往就是比實際費用多好幾倍。

另要注意的是，司機不一定會講英文，所以上車前最好確認司機明白你要前往的地點，或者是給他看景點的圖片。

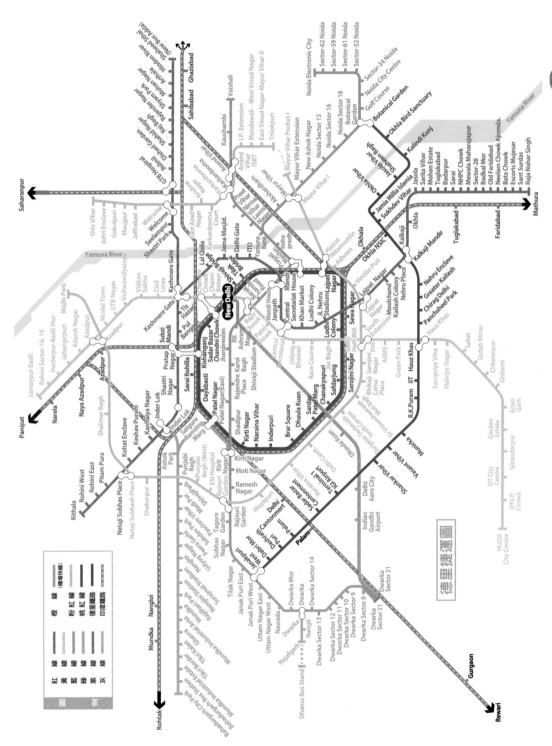

德里捷運圖

81

◎包車

許多旅行社和中級以上飯店都提供包車的服務，如果你懶得和三輪車司機討價還價，或是停留天數不多，這也是不錯的選擇，通常一天限制為8小時，里程80公里，多出來要額外付費，費用依行程內容及車種而異，一天約Rs3,000~Rs4,500。

此外，某些計程車公司也提供包車服務，除了短程之外，也有前往阿格拉、齋浦爾等多天數的套裝行程，費用視遊覽地點、天數、選擇的車種而異。

Ranjit BrosTaxi Service

🌐www.ranjitbrostaxi.com

Kumar Tourism Taxi Service

🌐www.kumarindiatours.com

◎巴士

有了捷運，一般遊客大概幾乎不會用到巴士，不過有冷氣的巴士非常舒適，而且有些路線很實用，例如機場巴士。

旅遊諮詢

德里市區有很多旅行社的招牌都寫著Tourist Information Centre的字，千萬別被這些營利的旅行社所矇騙，尤其是在康諾特廣場的旅遊服務中心旁，林立著多家名稱類似的旅行社，必須特別小心。在德里，唯一真正的官方旅遊機構是印度旅遊局－德里。

◎印度旅遊局－德里India Tourism Delhi

📍88 Janpath, New Delhi

📞011 23320005，011 23320008

🌐tourism.gov.in/about-us/indian-tourism-offices

城市概略City Outline

德里位在亞穆納河的西岸，東西寬約10公里，南北長達30公里，機場位於市中心西南方15公里。若從機

場進入市區，會先經過南德里，然後是新德里，舊德里則位於城市北端，亞穆納河沿著城市東緣貫流而過。

市區大致以康諾特廣場的中央綠色帶和環狀道路為中心，以北是舊德里，以南是新德里，新德里火車站就位於康諾特廣場的北邊一公里，而康諾特廣場周遭林立著銀行、飯店、觀光局、郵局、旅行社，以及各式各樣的餐廳和商店，因此，一般遊客多半會以此為起點，展開他們的德里之旅。

德里行程建議Itineraries in Delhi

◎如果你有3天

德里面積將近1500平方公里，足足比台北大上五倍，身為全印度的第三大城和首都，密密麻麻的人口讓每個街頭巷弄都是風光，在這樣一座城市裡，至少

得待上三天，才能領略它的菁華。

第一天從紅堡展開拜訪舊德里的行程，這座古堡坐落在亞穆納河西岸，是舊德里主要建築遺蹟之一，細細觀賞大約需要兩個小時的時間。而月光市集從紅堡的拉合爾城門一路往西邊的法泰普里清真寺延伸，裡頭坐落著其他大大小小的市集。除了商店景觀之外，月光市場上還聳立著多座宗教建築，在走逛月光市集的同時，找個地方休息吃點東西，然後找輛三輪車帶你穿梭附近的小巷，感受一下當地特有的風情，並在迦瑪清真寺下車，這是全印度最大的清真寺，在穆斯林虔誠的祈禱氣氛下，德里的喧囂都被拋到腦後。

第二天探索新城繁華，包括印度門、國立博物館、康諾特廣場、疆帕特大道、疆塔爾・曼塔爾天文台、邦加拉・沙希錫克聖人廟都是參觀重點。

第三天把距離拉長，前往南德里訪勝，包括胡馬雍大帝陵墓、伊斯蘭聖人陵墓、巴哈伊靈曦堂，都是南邊近郊的主要景點，若還有時間，還可前往更遠的古德卜高塔建築群，欣賞德里最早期的伊斯蘭建築。

舊德里Old Delhi

MAP ▶ P.78C1

紅堡

MOOK Choice

Red Fort

蒙兀兒時代的紅色砂岩城堡

🚇捷運Chandni Chowk站 ⏰週二至週日9:30~16:30 💲現場購門票Rs600、線上訂門票Rs550、博物館Rs320，訂票網站asi.payumoney.com

紅堡的名稱來自Lal(紅色)、Qila(城堡)，坐落

拉合爾門與塔樓Lahore Gate & Tower

紅堡主要入口，位於西牆的正中央，面向著蒙兀兒王朝第二大城拉合爾(Lahore，今日巴基斯坦境內)，入內後經過一個長形拱廊的有頂市集(Chatta Chowk)，這裡過去專門販售銀器、珠寶和金飾給皇室貴族，而今則是販賣各式各樣紀念品的商店。

八角形的塔樓位於拉合爾城門的後方，高達33公尺，除有宣示帝國權勢之外，更具備了防禦功能，建築式樣融合了印度與伊斯蘭風格。

在亞穆納河西岸，2007年被列為世界遺產。蒙兀兒帝國第五代君主賈汗(Shah Jahan)從阿格拉遷都德里，於1639–1648年建造了這座與阿格拉堡十分相似的城堡，採用紅色砂岩為建材。不過賈汗卻未能在此執政，因為他的私生子奧朗傑伯(Aurangzeb)將其逼退，並軟禁於阿格拉堡內。

紅堡四周環繞著紅砂岩城牆與護城河，城牆高度從18~33公尺不等，總長達2.41公里。

公眾大廳Diwan-i-Am

昔日帝王聆聽朝臣諫言的地方，聚集於此的民眾可以直接向皇帝申訴並獲得公開的答覆。過去這一道道的拱廊裝飾著大量的鍍金灰泥雕刻，牆上高掛織毯，地上則鋪著絲質的地毯，而今僅留紅砂岩結構及位於中央的寶座供後人追憶。大理石寶座出自歐洲設計師之手，四周裝飾著12片珠寶嵌板，過去一度落入大英博物館手中，直到1909年，才在印度總督Lord Curzon的奔走下，重回紅堡的懷抱。

瑪塔茲宮Mumtaz Mahal

位於建築群的最南邊，昔日同樣屬於宮廷女眷的活動區域，極有可能是公主的居所，如今轉換為考古博物館(Museum of Archaeology)，裡面展示了蒙兀兒時代繪畫、武器、地毯與織品等。

明珠清真寺Moti Masjid

這座清真寺由奧朗傑伯皇帝興建於1659年，是他和後宮女眷的私人禮拜場所，外牆由桶狀板環繞而成，高高的圍牆遮蔽了中庭，猶如堡壘般，只在東牆開了一道大門。建築本身採用大量紅砂岩，內部則以純白大理石打造，其中祈禱廳的地板則以一塊塊的黑色大理石勾勒出禮拜毯的位置。

私人大廳Diwan-i-Khas

以白色大理石建造的私人大廳，專供君王招待或接見私人貴賓，它是紅堡中最美麗的建築，由一道道的大理石拱廊組成。除背面外，其他三面全以拱廊為結構，正面九道、側面三道。拱廊上昔日裝飾著琥珀、玉石與黃金，在今日北面和南面的牆上，依舊可以看見一段波斯文字，上面寫著：「如果在世界上有天堂的話，那麼就是這裡。」據說出自賈汗的首相之手。

大廳中央原有一個鑲滿各種寶石的美麗孔雀御座，歷經7年才打造完成，不過1739年時，被波斯皇帝納迪爾(Nadir Shah)當成戰利品帶回波斯。

哈斯宮殿Khas Mahal

這裡是蒙兀兒皇帝真正的私人宮殿，分為祭拜堂、臥室和起居室3個區域，室內以精美而細緻的白色大理石帷幕裝飾。該建築突出於東牆的八角塔，每天皇帝都會在此出現，探視下方河岸邊聚集的民眾。1911年，當德里成為英國殖民地的新首都時，喬治五世國王和瑪利皇后就曾坐在這裡接見德里民眾。

彩色宮殿Rang Mahal

彩色宮殿名稱取自宮殿內多彩的設計，不過現今宮殿已無法重現當年的風華，只剩下幾塊嵌入的斑駁寶石。這裡原是后妃居住處，四周圍繞著鍍金的角塔，宮殿正中央的地上雕刻一朵美麗的白色大理石蓮花，銜接著自八角塔延伸過來的水道，充分表現出伊斯蘭建築特色。

彩色宮殿以拱柱區分成六處，北面和南面稱為「鏡廳」(Shish Mahal)，從牆壁到天花板全貼滿了一片片鏡子，除了可反射戶外的光線，更投映室內裝飾的花草繪畫圖案。

迦瑪清真寺

MOOK Choice

Jama Masjid

全印度最大的清真寺

🚇捷運Chawri Bazaar站 🕐非穆斯林8:00~日落前30分，宣禮塔9:00~17:30 💲參觀清真寺免費，攜照相機或攝影機Rs300，登塔Rs100（注意上述費用會調整）❗需脫鞋入內，忌穿無袖上衣、短褲與短裙。女性遊客即使穿了長褲、長袖上衣，也會被要求穿上寺方準備的長袍。

迦瑪清真寺是全印度最大的清真寺，寺內中庭可容納兩萬至兩萬五千位教徒朝拜，於1644-1658年間，由蒙兀兒帝國賈汗(Shah Jahan)皇帝下令興建，也是他在位時最後一座建築，當時徵召的工人多達五千名。

清真寺四周被紅色砂岩的拱廊包圍，包含3座大門、4個方形塔樓、2個壁龕、2座高達40公尺的尖塔，和3座洋蔥式圓頂，其中中央高達60公尺。而位於清真寺中庭的長方形水池，是穆斯林朝拜前淨身的地方。

迦瑪清真寺由紅色砂岩和白色大理石構成，主要入口有3個，位於清真寺北邊、南邊和東邊。

東面的大門原是君王方能進出的專用門，現在僅在週五或伊斯蘭教節慶時才開放給穆斯林進出；一般的遊客僅能從北面和南面的大門進入。

遊客可以爬120級階梯登上南面的宣禮塔，從高處俯瞰整個舊德里市區。

甘地紀念碑

Raj Ghat

甘地火化地

🚇捷運Gelhi Gate站 🏠Mahatma Gandhi Marg (Ring Rd.)，位於紅堡南邊、鄰近亞穆納河畔 🕐6:30~18:00 💲免費 ❗進入甘地紀念碑前必須脫鞋

甘地紀念碑是許多人前來緬懷印度國父甘地的地方。1948年1月30日甘地被刺殺後，根據印度教習俗，他的遺體被搬運到德里亞穆納河畔焚化，而焚化地點就成為今天這片美麗的公園，同時也是紀念甘地的陵墓。

在一片草坪的中央，立著一塊黑色的大理石碑，旁邊點著不滅的火柱，並擺放著鮮花，草坪的四周圍繞著由砂岩建造的圍牆，牆上刻著翻譯成各國語言的甘地名言。

離開甘地紀念碑，可順遊位於對街的甘地紀念館(Gandhi Darshan)，館內陳列著許多甘地的照片、服裝和私人物品，其中還包括他遭暗殺時所穿、沾著血跡的衣服，週末還會放映甘地的影片。

舊德里Old Delhi

MAP ▶ P.78B1

月光市集

Chandni Chowk

德里最大市集

MOOK
Choice

🚇捷運Chandni Chowk站

從紅堡前方筆直延伸開來的月光市集，曾是蒙兀兒帝國時期的都城大道，據說一度裝飾著一連串漂亮的噴泉；而賈汗時代，水道兩岸植滿成列的樹木，皎潔月光映照在水面上，月光市場因

寺廟群聚好順遊

除了商店之外，寺廟也是月光市集的特色，坐落著清真寺、印度廟、錫克廟與耆那廟，顯現了當地多元的宗教文化，其中，法泰普里清真寺(Fatehpuri Mosque)是賈汗時代為他的妻子們興建的，而興建於1526年的狄干巴拉耆那廟(Digambara Jain Temple)是德里最古老的耆那廟，又名Lal Mandir，獻給耆那教的第24位、同時也是最後一位祖師(Tirthankara)尊者大雄(Mahavira)筏馱摩那(Vardhamāna)。

而得名，和今日人聲鼎沸、交通紛亂的情景，不可同日而語。然而1739年與波斯皇帝納迪爾(Nadir Shah)主導的一場戰役中，德里不但被洗劫一空，居民也少了三萬多人。

這條開闢於1650年的大道，至今仍扮演著德里主要市集的角色，大盤商和零售店塞滿了月光市集附近的街道巷弄，乾果市集、香料市集、金銀飾市集、紙品市集……彼此緊緊相依，繁忙的景象常讓人車寸步難行，不絕於耳的喇叭聲響徹雲霄，所有德里最生活化的場景，就在這條長約1.5公里的道路上一一上演。

中央新德里Central New Delhi

MAP ▶ P.78B2

康諾特廣場與疆帕特大街

MOOK Choice

Connaught Place & Janpath

中央地標和觀光大街

🚇捷運Rajiv Chowk站

　　康諾特廣場坐落於中央新德里北邊，設計師Robert Tor Russell以高聳的建築立面和古典的廊柱，迥異於舊德里的市集樣貌，廣場以英王喬治五世的父舅康諾特公爵為名，最初設計時為馬蹄狀，如今則是一個完整的圓形，並以7條放射狀路線劃分為12區，內圈以A–F、外環則以G–N各編成6區。

　　廣場中央是2、3線捷運交會的Rajiv Chowk站，周遭林立著銀行、航空公司、飯店、電影院、觀光局、郵局、旅行社、書店、巴士，以及各式各樣的餐廳、商店。

疆帕特大街

　　疆帕特大街是德里主要的觀光大街，這條從康諾特廣場延伸到帝國飯店前的路段，每日充滿著來自世界各國的遊客。

　　這裡販賣著各式各樣的印度工藝品、服飾、布燈籠、手工織布、抱枕套和琳瑯滿目的紀念品。在這裡購物，切記貨比三家不吃虧的原則。

中央新德里 Central New Delhi

MAP ▶ P.78B2

MOOK Choice

疆塔爾・曼塔爾天文台
Jantar Mantar
傑・辛格二世的第一座天文台

🚇捷運Rajiv Chowk站 🏠Sansad Marg, Connaught Place
🕐9:00~18:00 💲現場購票Rs300，線上訂票Rs250，訂票網站asi.payumoney.com

　疆塔爾・曼塔爾天文台是齋浦爾的傑・辛格二世(Jai Singh II)大君所設計的五座天文台中的第一座，興建於1725年，紅白兩色的高大建築顯得相當醒目。

　在這些用來測量時間、觀測太陽及月亮等星球移動的設備中，Samrat Yantra是一座高21.7公尺、底部長35.33公尺、厚達3.1公尺的巨大三角型、39.68公尺長的斜邊直指北極、地軸，三角形的每一邊刻有分別象徵小時、分鐘與秒數的計算度量。半圓形凹狀的Jayaprakash Yatra可觀測星體運行；至於用來標示世界各地許多城市

正午時間的Mishra Yantra，則是其中唯一一座並非出自傑・辛格二世發明的觀測台。

中央新德里 Central New Delhi

MAP ▶ P.78B3

國王大道
Rajpath
國慶閱兵行進之地

🚇捷運Khan Market站 🕐總統官邸和國會大廈平日不會對外開放，只有每年2~3月間，總統官邸內的蒙兀兒庭園會對外開放。

　國王大道是一條長約三公里的大道，每年1月26日印度國慶閱兵都在這條道路舉行，大道兩端一邊是印度門(India Gate)，一邊是印度政府機構，包括總統官邸(Rashtrapati Bhavan)和國會大廈(Sansad Bhavan)。

　總統官邸完成於1929年，由英國建築師設計，原是英國殖民時期的總督住所，外觀融合蒙兀兒風格和西方設計，擁有巨大的銅製圓頂，裡面有340個房間和占地廣闊的蒙兀兒庭園。

　國會大廈位於總統官邸北邊，外觀是一座柱廊式的圓形建築，前方有噴泉水池，旁側有兩排行政大樓，分別是印度總理辦公室和國防部。

　由紅砂岩建造的印度門，高約42公尺，用來紀念第一次世界大戰死亡的九萬名印度與英國軍人，以及死於印度與阿富汗戰爭中的士兵，牆壁上刻有13,500名陣亡將士的姓名。

MAP ▶ P.78C3

手工藝博物館

National Crafts Museum

印度傳統手工藝大櫥窗

📍 捷運Pragati Maidan，從印度門步行前往約10分鐘 🏠Bhairon Marg ☎011 23371641 🕙週二至週日10:00~18:00 💰Rs300

這座猶如村莊的博物館，裡頭展示了印度的民間藝術和手工藝品。

手工藝博物館主要分為三個部分，包括戶外展覽區、室內展覽廳以及手工藝展示。戶外展覽區中有一整片展示拉賈斯坦邦建築石雕的牆面；而展現印度各邦建築特色的村莊聚落，更是戶外展覽區中的重頭戲，一條條的小徑與通道，通往各式各樣的傳統泥土屋，依各邦造型不同，也裝飾著大異其趣的壁畫，其中還包含一道拉賈斯坦邦特色豪宅建築Haveli的大門。

室內展覽廳位於一座裝飾華麗的建築裡，門口有陶馬與神像守護著，共畫分為雕刻、民間藝術、宗教儀式、宮廷工藝與織品共4個展覽廳，各式各樣的神像、令人眼花撩亂的掛毯、誇張的首飾……都收藏其中。此外，這裡更是全印度少數幾能能將各地著名工藝品一網打盡的地方，除了販售的攤位之外，現場表演的手工藝匠，讓人能近距離觀察手工藝品誕生。

MAP ▶ P.78B2

邦加拉・沙希錫克聖人廟

Gurudwara Bangla Sahib

錫克與印度教徒的聖地

📍 捷運Patel Chowk站 🏠位於Ashoka Road路底，靠近中央郵局。 ❗前往聖人廟除必須包住全身外(長袖上衣、長褲或長裙)，無論男女都必須覆蓋頭髮，在附近的商店中有販售布帽。進入前必須脫鞋，並寄放於專人服務的鞋櫃中，爬上階梯前先以水龍頭的水洗淨手腳。

這座宏偉的錫克廟，從很遠的地方便能望見它雪白建築上方的金色洋蔥頂。

邦加拉・沙希錫克聖人廟與第八位錫克聖人Guru Har Krishan有關，在1783年興建為錫克廟以前，這裡原是屬於一位印度統治者Raja Jai Singh的宮殿，1664年時，Guru Har Krishan居住於此，當時的德里蔓延著天花和霍亂疫情，這位聖人援助患者並廣施自家水井中的泉水，不料他也受到感染並在此過世。後來Raja Jai Singh在水井上蓋了一座小型貯水池，這座水池裡的水成為錫克教徒眼中的聖水，經常可見信徒在此清淨手足，也有父母幫襁褓中的嬰兒進行洗禮。

除了錫克教徒外，這裡也是印度教徒的朝聖地之一，每年Guru Har Krishan的冥誕及Raja Jai Singh大君的逝世紀念日，都有盛大的慶祝活動。

中央新德里Central New Delhi

MAP ▶ P.78B3

國立博物館

National Museum

收藏印度五千年歷史

🚇 捷運Central Secretariat站 📍11 Janpath 📞011 23019272 🕐週二至週日10:00~18:00，週一及國定假日休館 💲門票Rs650 🌐www.nationalmuseumindia.gov.in

　　德里的國立博物館是印度五千年歷史的最佳見證。

　　館藏二十多萬件的國立博物館，沿著新德里中央的圓形廣場而建，一共有三層樓，以一樓的展品最為精采，展出物品包含印度出土文物、銅器、陶器、木雕、錢幣、織品、珠寶和印度教眾神的石雕品。其他樓層則展出印度航海時期的古戰艦、傳統的樂器等。

　　在這些古物中，以來自絲路沿線所挖掘出來的寶藏最為引人注目，特別是中亞以及印度河谷的哈拉帕文明(Harappa)出土的考古文物，對全世界來說，堪稱相關古文物的佼佼者。

南德里South Delhi

MAP ▶ P.78C5

巴哈伊靈曦堂

Bahá'í House of Worship

巴哈伊教信仰中心

🚇 捷運Kalkaji Mandir站 📍Kalkaji 📞011 26444029 🕐4~9月9:00~18:00，10~3月9:00~17:00，週一休 🌐www.bahaihouseofworship.in ❗通往巴哈伊靈曦堂的步道下方有鞋子寄放處，入祈禱大廳必須脫鞋且不可拍照。逢祈禱時間，祈禱大廳可能會暫時關閉。

　　這座外型宛如一朵蓮花的白色大理石寺廟，是巴哈伊教(Bahai)分布全球的其中一處信仰中心，於1986年

完工，其蓮花造型象徵著所有宗教的純潔與平等。過去幾十年間，巴哈伊教在全球各地如美國、德國法蘭克福、澳洲雪梨、非洲烏干達，和以色列等地興建廟宇。

　　巴哈伊教原是伊斯蘭教什葉派的一支，但因教義發展脫離了伊斯蘭教的觀點而自行一派。巴哈伊教不崇拜《可蘭經》、沒有神職人員和廟堂，只是在每洲建造一座紀念性廟宇，並以巴孛、巴哈歐拉以及阿博都巴哈三位先知為中心人物。

　　所有的巴哈伊寺廟都有9面牆，代表最大數，位於印度的靈曦堂高約34公尺，整座建築由27片花瓣組成，直徑達70公尺，四周共圍繞著9座水池。遊客可自由前往巴哈伊靈曦堂參觀，須保持肅靜。

南德里South Delhi

MAP ▶ P.78C3

MOOK
Choice

胡馬雍大帝陵墓

Humayun's Tomb

德里第一座蒙兀兒皇陵

🚇捷運JLN Stadium站、Jor Bagh站 🏠位於Lodi Road和Mathura Road的交叉口，德里前往阿格拉的方向。 🕐日出到日落 💲現場購門票Rs600、線上訂門票Rs550，訂票網站asi.payumoney.com

混合紅色砂岩和黑、白大理石的胡馬雍大帝陵墓，不但是德里第一座蒙兀兒皇陵，也是印度第一座具有花園的陵墓，於1993年被列入世界遺產的名單。

胡馬雍大帝是蒙兀兒帝國的第二任皇帝(1508年~1556年)，他是巴伯爾的兒子，在1530年繼承了父親的印度領地，當時征服了古吉拉特邦(Gujarat)，但被比哈爾的統治者瑟爾(Sher Shah)擊敗，不得不逃往伊朗。在波斯國王泰瑪斯普一世(Tahmasp I)的幫助下，他招募到一支

波斯軍隊，於1555年打敗了瑟爾的繼承人札吉達爾，占領了德里。翌年，胡馬雍大帝意外死於紅堡，其子阿克巴便繼承王位。

胡馬雍大帝身亡9年後，由波斯妻子哈吉・碧崗(Haji Begum，阿克巴大帝的親生母親)，於1565年下令興建這座陵墓，而日後幾位蒙兀兒皇家成員也埋葬於此。除了哈吉・碧崗之外，也包含賈汗最喜愛的兒子達拉・希克(Dara Shikoh)，以及蒙兀兒最後一任皇帝巴哈杜兒二世(Bahadur Shah II)。

胡馬雍大帝陵墓呈現早期蒙兀兒建築風格，後來阿格拉的泰姬瑪哈陵就是以此為範本。此陵墓可以從多方面看出具有濃厚的波斯建築元素：一是設計有3面高大的拱門，一是高聳醒目的中央圓頂，以及多彩的磁磚，高達38公尺的雙層圓頂，更是頭一遭在印度出現。儘管如此，陵墓建築本身仍舊採用印度建築樣式，只是外觀採取簡單的色調設計，並在拱門內部的牆上嵌入波斯文。

遊客進入胡馬雍大帝陵墓後，首先會穿越有水

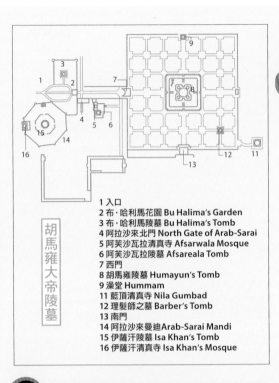

胡馬雍大帝陵墓

1 入口
2 布·哈利馬花園 Bu Halima's Garden
3 布·哈利馬陵墓 Bu Halima's Tomb
4 阿拉沙來北門 North Gate of Arab-Sarai
5 阿芙沙瓦拉清真寺 Afsarwala Mosque
6 阿芙沙瓦拉拉陵墓 Afsareala Tomb
7 西門
8 胡馬雍陵墓 Humayun's Tomb
9 澡堂 Hummam
11 藍頂清真寺 Nila Gumbad
12 理髮師之墓 Barber's Tomb
13 南門
14 阿拉沙來曼迪 Arab-Sarai Mandi
15 伊薩汗陵墓 Isa Khan's Tomb
16 伊薩汗清真寺 Isa Khan's Mosque

道的前庭花園，過了西門後才正式踏進陵墓的幾何花園，水道將花園區分成格子狀，而陵墓就坐落在花園的正中央。

陵墓由四方形的柱基支撐，柱基設計有紅砂岩的拱門和一間間的房間。可以由四面其中一個階梯登上陵墓，陵墓主體為八角形，外觀仍舊以多個大小不一的拱門作為裝飾，而拱門上雕工精細的格子窗(Jalis)，日後也成為蒙兀兒建築的主要元素。寬廣的陵墓內部中央僅放置著一座白色大理石棺，石棺底下還有一片四方形的黑白交錯大理石。

不可錯過的伊薩汗陵墓

胡馬雍大帝陵墓周邊還有不少古蹟和陵墓，像是胡馬雍的理髮師墳墓，以及因貼滿藍色瓷磚著稱的「藍色圓頂」(Nila Gumbad)等，而其中又以伊薩汗陵墓(Isa Khan Tomb Enclosure)最具看頭。

伊薩汗是16世紀時的阿富汗貴族，他幫助蘇里王朝(Suri Dynasty)的瑟爾抵抗蒙兀兒帝國，1547年時，他便開始為自己興建這座圍繞著八角形庭園的八角形陵墓，後來這裡成為整個伊薩汗家族的長眠處。這座陵墓和位於南德里的洛迪庭園(Lodhi Gardens)裡的蘇里王朝古蹟結構相似，並記載著陵墓主體精緻建築風格的演進，儘管和胡馬雍大帝陵墓不甚相同，不過不少裝飾細節後來也同樣出現在胡馬雍大帝陵墓上。

MOOK Choice

古德卜高塔建築群

Qutb Minar Complex

德里最早的伊斯蘭建築

🎧搭捷運至Qutab Minar站,再步行或轉乘機動三輪車前往,路程約一公里 🕐日出到日落 💲現場購門票Rs600、線上訂門票Rs550,訂票網站asi.payumoney.com

古德卜高塔建築遺跡裡有全印度最高的石塔,始建於12世紀的梅勞利(Mehrauli)蘇丹,他僱請當時最好的工匠,在石柱上雕刻令人讚嘆的文字和花紋,以記錄伊斯蘭政權統治印度的勝利。它不但是印度德里蘇丹國最早的伊斯蘭建築,同時也是早期阿富汗建築的典範。

後繼者不斷在該建築群陸續增建,除高塔之外,還有陵墓、清真寺、伊斯蘭學校,以及其他紀念性建築。

古德卜高塔
Qutb Minar

古德卜高塔為德里蘇丹國的創立者古德卜烏德(Qutb-ud-din)所建,是一座紀念阿富汗伊斯蘭教征服印度教拉吉普特王國的勝利之塔。古德卜將王國建立在拉吉普特王朝的舊址上,於1206年成為印度第一個以伊斯蘭教立國的王國。塔上的銘文宣稱要讓真主的影子投射到東方和西方,古德卜去世時,高塔僅建了第一層,後來由繼任者接續完成。

整座古德卜高塔共分五層,塔高72.5尺,塔基直徑約14.3公尺,塔頂直徑約2.5公尺。雖然說古德卜高塔是印度伊斯蘭藝術的最早範例,不過,修建此塔的是印度當地的工匠。環繞塔壁的橫條浮雕飾帶,既裝飾著阿拉伯圖紋和《可蘭經》銘文,同時點綴著印度傳統工藝的藤蔓圖案和花彩垂飾,融合了波斯與印度的藝術風格。

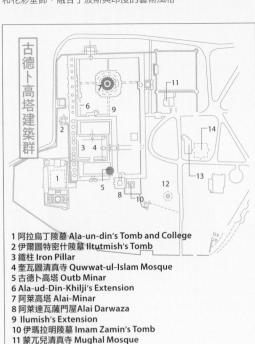

古德卜高塔建築群

1 阿拉烏丁陵墓 Ala-un-din's Tomb and College
2 伊爾圖特密什陵墓 Iltutmish's Tomb
3 鐵柱 Iron Pillar
4 奎瓦圖清真寺 Quwwat-ul-Islam Mosque
5 古德卜高塔 Outb Minar
6 Ala-ud-Din-Khilji's Extension
7 阿萊高塔 Alai-Minar
8 阿萊達瓦薩門屋 Alai Darwaza
9 Ilumish's Extension
10 伊瑪拉明陵墓 Imam Zamin's Tomb
11 蒙兀兒清真寺 Mughal Mosque
12 圓塔 Major Smith's Cupola
13 P.W.D. Rest House
14 Garbgaj

奎瓦圖清真寺
Quwwat-ul Islam
Masjid

奎瓦圖清真寺位於古德卜高塔旁邊,是印度最古老的清真寺,由古德卜烏德汀於1193年下令興建,並於1197年完工。

清真寺建築群包括中庭、鐵柱、迴廊和祈禱室。由於清真寺是建立在印度教寺廟之上,因此,環繞四周的石柱柱廊都雕刻有精細的神像和圖騰,充分融合了伊斯蘭和前伊斯蘭的風格,而一些建築殘餘碎片,仍能辨識出原本的建築為印度教和耆那教寺院。

鐵柱Iron Pillar

奎瓦圖清真寺中庭高約七公尺的鐵柱，遠比清真寺歷史還要久遠，可追溯至4世紀，上頭記載著鐵柱來自他處廟宇，用來紀念笈多王朝(Gupta)的Chandragupta Vikramaditya國王。在鐵柱的頂端有一個洞，可能是毘濕奴的坐騎Garuda，至於這支鐵柱如何鑄造而成，至今依舊成謎，只知道鐵柱純度高達百分之百，即使以今日的科技都未必能生產如此高純度的鐵，此外，該鐵柱歷經千年風霜卻毫無生鏽的痕跡。

伊爾圖特密什陵墓Tomb of Iltutmish

離主建築有些距離，伊爾圖特密什是奴隸王朝第三任德里蘇丹王。陵墓的圓頂早已毀壞，且外觀沒有特別的裝飾，內部則刻有幾何圖形和傳統印度教的圖案，例如車輪、蓮花和鑽石。

阿萊達瓦薩門屋Alai Darwaza Gatehouse

位在奎瓦圖清真寺南方的紅砂石建築，建於1311年，也是清真寺的南面入口，緊鄰入口便是阿萊達瓦薩門屋，樣式融合印度與伊斯蘭教風格，擁有尖形拱門、圓形屋頂和幾何學圖案裝飾。

阿萊高塔Alai Minar

位在清真寺北邊的阿萊高塔，是一座未落成的喚拜塔，當年古德卜沉浸在征服印度教拉吉普特王國的榮耀時，還想興建一座比古德卜高塔高兩倍的喚拜塔；然而當他過世時，這座高塔僅興建了約25公尺，卻無人願意接手完成這項誇張的工程，自此就荒廢在那。

中央新德里Central New Delhi

MAP ▶ P.78B3 **Jade**

捷運Race Course站 12 Dr APJ Abdul Kalam Road, New Delhi 011 39555000 12:30~14:45、19:00~22:45 www.claridges.com

Jade位於The Claridges New Delhi飯店內，這間中餐廳是由遊歷中國大江南北的主廚所掌廚，集結了各地的美食菁華，並融合各地菜系，創造出新口味的中式料理。打開菜單，拋開你對「宮保雞丁」等菜色的既定印象，讓味蕾感受嶄新的氣味刺激。

中央新德里Central New Delhi

MAP ▶ P.88A3 **Spice Route**

捷運Rajiv Chowk站 Janpath Lane, Connaught Place, New Delhi 011 23341234 每日12:30~14:30、19:30~23:30 www.theimperialindia.com

這間位於帝國飯店(The Imperial New Dilhi)內的餐廳，曾被《Condé Nast Traveler》旅遊雜誌選為全球10大餐廳。

Spice Route供應的是亞洲料理，包含有南印度、斯里蘭卡、泰國、越南、印尼、馬來西亞的菜餚，當然這些國家的美食都是以善用香料聞名，從香茅、胡椒、檸檬葉、荳蔻、咖哩葉、南薑、胡荽，到丁香等各式香料，都紛紛展現在每道料理中。

中央新德里Central New Delhi

MAP ▶ P.78C3 **Nathu's Sweets**

捷運Khan Market站 2, Sunder Nagar Market, New Delhi 011 24352435、011-24312431 9:00~22:00 www.nathusweets.com

這間創立於1936年的甜點店，因為生產高品質的北印度和孟加拉甜點而深受歡迎，傳承至今已有三代，並且在德里各地設有多家分店。它位於Sunder Nagar Market的分店除糕餅舖外另附設餐廳，提供美味的北印度料理，包括Thali、Dal及各式各樣的Nan、湯品，此外，還有中式飯麵料理及義式披薩，而該店提供的食物均為素食。

中央新德里Central New Delhi

| MAP ▶ P.78B3 | **Pindi** |

🚇捷運Khan Market站 🏠16 Pandara Road Market, New Delhi ☎91-98187-39131 🕐12:00~深夜1:00

在Pandara Road Market上聚集了多家餐廳,而Pindi在當地擁有不錯的評價。這間餐廳以印度和蒙兀兒美食著稱,多樣化的菜單滿足所有人的需求,除了常見的雞肉與羊肉之外,也提供魚類料理,此外,還有一長串的中式料理可以選擇。特別推薦坦都里烤雞(Tandoori Chicken)及香料雞(Chicken Masala),這裡的Nan也相當美味。

中央新德里Central New Delhi

| MAP ▶ P.88A1 | **Wenger's** |

🚇捷運Rajiv Chowk站 🏠A-16, Inner Circle, Connaught Place, New Delhi ☎011 23324373 🕐10:45~19:00

Wenger's是德里最大也最有名的糕餅店,從1926年就開始營業,各式各樣傳統或創新的印度甜點擺滿冂字型的玻璃櫃,素以新鮮美味著稱,如果你是甜點愛好者,千萬別忘了登門拜訪。除了甜點外,Wenger's也販售咖啡,對於外帶者來說,確實是不錯的下午茶選擇。

中央新德里Central New Delhi

| MAP ▶ P.88A1 | **Keventer's** |

🚇捷運Rajiv Chowk站 🏠A-17, Inner Circle, Connaught Place, New Delhi 🕐10:30~23:00

和Wenger's同樣位於康諾特廣場內環A區的Keventer's,是德里最著名的奶昔店,不過幾坪大的店面,門口總排滿長長的人龍。

該店創立於1917年,販售加味奶昔、冰淇淋奶昔及冰淇淋,口味包括咖啡、芒果、鳳梨、巧克力、草莓等,以透明玻璃牛奶瓶盛裝。除奶昔外,Keventer's也提供漢堡、三明治等小點心。

中央新德里Central New Delhi

| MAP ▶ P.78B3 | **The Claridges New Delhi** |

🚇捷運Race Course站 🏠12 Dr APJ Abdul Kalam Road, New Delhi ☎011 39555000 🌐www.claridges.com

位於新德里的政府機關與高級住宅聚集區、鄰近甘地博物館(Gandhi Smriti Museum),這間歷史悠久的五星級飯店,打從1950年代開始就是當地的地標。

每間客房與套房均採用現代且舒適的設施,卻毫不減損它優雅古典的氣氛,飯店內多間餐廳提供印度、中式、地中海和各類國際料理,此外,還有一家迷人的酒吧和提供異國糕點的麵包坊。除游泳池外,The Claridges還有一座綠意盎然的庭園,讓人得以遠離德里的喧囂。

中央新德里Central New Delhi

MAP ▶ P.78C3 | **Mittal**

🚇捷運Khan Market站 🏠12 Sunder Nagar Market, New Delhi ☎011 24358588 🕐10:00~18:00，週日休 🌐 www.mittalteas.com

創立於1954年的Mittal，本店位於Sunder Nagar Market，小小的店面裡各式各樣的茶葉塞滿貨架。

溫文儒雅的老闆一談起茶便眉飛色舞，店內超過一百種茶葉，除了單純的大吉嶺和阿薩姆紅茶外，還有添加了荔枝、芒果、草莓、肉桂等水果口味的香味茶，此外，Mittal店內的大吉嶺紅茶幾乎都是有機茶，價格卻沒有因此抬高。如果喜歡喝茶，不妨試試該店和茶園獨家合作、販售的Royal Muscatel，這種茶每年只能生產150公斤，因此無論品質或價格都是店內的首選之一。

中央新德里Central New Delhi

MAP ▶ P.78B2 | **CIE(Cottage Industries Exposition Ltd)**

🚇捷運Barakhambha Road站 🏠D.C.M. Building, 16 Barakhamba Road, New Delhi ☎011 49559110 🌐 www.cieworld.com

這是一間專門販售印度各地高品質手工藝品的購物中心，面積廣闊的賣場中，展示著地毯、鑲嵌藝品、珠寶、喀什米爾圍巾與毛衣、印度改良傳統服飾、茶葉以及香氛產品等。服務人員態度親切，在這裡有專人介紹並表演手工地毯的編織方式與相關知識，店內還有匯兌中心，此外，也接受信用卡。

●阿格拉

阿格拉
Agra
文●墨刻編輯部　攝影●墨刻攝影組

擁有3座世界遺產的阿格拉，是印度最受遊客青睞的觀光城市，它位於德里南方240公里處，與德里交通往來方便，非常容易抵達。

阿格拉從1526年巴伯爾大帝建國開始，就成為蒙兀兒帝國首都，尤其在阿克巴大帝、賈汗季王與賈汗三位蒙兀兒帝國君王統治期間，阿格拉更成為繁榮的國都。1857年，東印度公司推翻了蒙兀兒政權；1858-1947年間，印度淪為英國的殖民地，從此阿格拉就不再具有政治重要地位。

阿格拉城內街道狹窄，保有中古世紀風貌，

主要旅遊點包括泰姬瑪哈陵、阿格拉堡，以及近郊的法特普希克里等地，其中泰姬瑪哈陵的聲名為現代阿格拉帶來無盡的財富，傳承自泰姬瑪哈陵的大理石拼花鑲嵌技術，更成為阿格拉傳統手工藝主流。

阿格拉著名的景點幾乎都位於亞穆納河畔，與阿格拉堡隔河對望的泰姬瑪哈陵是印度的象徵，在當時，或許就連賈汗也想不到，他對皇后的愛意居然能成為舉世聞名的地標。

至於位於亞穆納河另一側的迷你泰姬瑪哈陵，則是賈汗季最愛的皇后努爾‧賈汗，同時

也是阿克巴大帝和賈汗季大帝任內最顯赫的朝臣貝格(Beg)家族的陵墓，雖然面積比起泰姬瑪哈陵小得多，然而繁複的鑲嵌裝飾毫不遜色，可見該家族權傾一時的風光。

許多人前往阿格拉只停留一天的時間，或是從德里出發、展開阿格拉一日遊，如此一來只能以蜻蜓點水的方式，匆匆欣賞這座蒙兀兒帝國最重要的首都。事實上，在阿格拉的郊區還有兩大值得拜訪的景點，一是阿克巴大帝陵墓；另一是法特普希克里。

INFO

基本資訊
人口：175萬
區域號碼：0562
面積：4,027平方公里

如何前往
◎航空
阿格拉機場(Agra's Kheria Airport)距離市區約6公里遠，遊客使用這個機場的機會並不多，營運飛往此地的國內航空公司，淡季時可能也會取消部分航線，因此，建議欲採用此機場的遊客先向航空公司確認。從這裡前往市區最好先安排旅館車子接送，或是碰運氣看看有沒有計程車排班。
◎鐵路
德里和阿格拉之間的快速火車(Express Train)行

駛時間約2小時，是專為當日來回的遊客所設計的。阿格拉擁有超過6個火車站，不過最常為遊客使用的只有兩個，分別是為位於阿格拉堡旁邊的阿格拉堡火車站(Agra Fort Railway Station)，以及位於阿格拉西南方的阿格拉Cantonment火車站 (Agra Cantonment Railway Station，暱稱為Cantt)。

阿格拉堡火車站主要行駛往來於拉賈斯坦邦的火車，少數也停靠阿格拉Cantonment火車站；阿格拉Cantonment火車站是阿格拉最繁忙的火車站，距離泰姬瑪哈陵比較遠，卻鄰近沙達市集(Sadar Bazaar)，因此，無論是住宿或用餐都相當方便。從德里以及大部分南印度發車的火車都停靠於此，可搭人力車、機動三輪車或計程車前往市區。
印度國鐵IRCTC訂位網
ⓦwww.irctc.co.in
印度國鐵
ⓦwww.indianrail.gov.in
◎巴士
德里和阿格拉之間部分路段的高速公路於2012年開通之後，兩地交通時間縮短為4.5小時。阿格拉長途巴士站Idgah Bus Station位在阿格拉Cantonment火車站附近，從德里或拉賈斯坦邦出發的巴士大都停靠於此，由此可搭人力車或計程車前往市區；也有少部分來自其他地方的巴士，會停靠在阿格拉堡外的阿格拉堡巴士站(Agra Fort Bus Stand)。此外，有些德里出發的巴士會直接停在阿格拉堡城門外，甚至不需要搭乘人力車即可抵達。

市區交通
阿格拉的景點不多，主要為阿格拉堡、泰姬瑪哈陵、迷你泰姬瑪哈陵，以及位於郊區的阿克巴大帝陵墓，然而這些景點相當分散，基本上很難以步行的方式前往，因此，人力車和機動三輪車成為最佳的往來

交通工具。至於想前往更遠的法特普希克里,則搭乘計程車或包車會是最好且舒適的選擇。

◎人力車和機動三輪車Rickshaw & Auto-Rickshaw

阿格拉市內交通繁忙且路況不算太好,因此往往會花費許多時間在交通上。不趕時間的人可以搭乘人力車,這項環保的交通工具是欣賞當地風土人情的絕佳方式;至於希望能以更省時且經濟實惠方式往來阿格拉的人,可以選擇阿格拉特有、以天然瓦斯為燃料的三輪車,不過,上車前一定要議價。

◎計程車和包車 Taxi & Care Hire

法特普希克里距離阿格拉約40公里,因此,搭乘計程車或包車前往會比較輕鬆,除了計程車招呼站外,一般旅館大多也能提供包車服務。

旅遊諮詢

◎印度旅遊局－北方邦India Tourism Uttar Pradesh(Agra)

⌂191, The Mall
☎0562 2226378
🌐tourism.gov.in/about-us/indian-tourism-offices

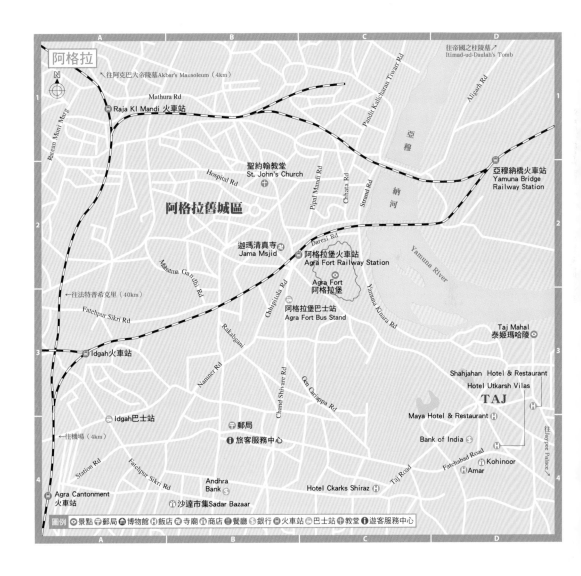

Where to Explore in Agra
賞遊阿格拉

亞穆納河沿岸Around Yamuna River

MAP ▶ P.102C2

阿格拉堡

MOOK Choice

Agra Fort

蒙兀兒帝國的皇宮

位於泰姬瑪哈陵西北方約2公里處　日出到日落　現場購門票Rs600(ASI收取Rs550入場費＋ADA收取Rs50通行費，但逢週五ADA不徵收Rs50通行費)、線上訂門票Rs550，訂票網站asi.payumoney.com

　　從1526年巴伯爾大帝建國開始，阿格拉就成為蒙兀兒帝國首都，尤其在阿克巴大帝、賈汗季與賈汗三位君王統治期間，阿格拉更為繁榮。因此阿格拉堡在蒙兀兒帝國的歷史上，扮演著舉足輕重的地位。

　　阿格拉堡原本是洛提王朝(Lodis)的碉堡，1565年被阿克巴大帝攻克後，他將蒙兀兒帝國的政府所在地自德里遷往阿格拉，自此這裡才逐漸轉變成皇宮。

　　阿格拉堡周圍環繞著護城河及長約2.5公里、高約21公尺的城牆，阿克巴採用紅砂岩修建阿格拉堡，並加入大理石和錯綜複雜的裝飾元素，一直到他的孫子賈汗執政時，阿格拉堡才有現今的規模。

　　賈汗偏愛白色大理石材的建築，並鑲嵌黃金或多彩的寶石裝飾，他將阿格拉堡早期的建築拆除，重新興建以大理石為主的宮殿。大致來說，阿格拉堡內的建築混合了印度教和伊斯蘭教的元素，像是堡內以龍、大象和鳥等動物，取代伊斯蘭教的書法字體。

　　和泰姬瑪哈陵一樣，阿格拉堡也瀕亞穆納河河畔，因此，在這裡就能欣賞到泰姬瑪哈陵的風采。然而諷刺的是，賈汗年老時被兒子奧朗傑伯(Aurangzeb)軟禁於阿格拉堡的塔樓中，僅能遠距離窺視泰姬瑪哈陵來思念愛妻。1857年，蒙兀兒帝國與英屬東印度公司雙方在此交戰，蒙兀兒帝國戰敗，自此印度便淪為英國的殖民地。

　　阿格拉堡有兩個城門，其中阿馬·辛格門(Amar Singh Gate)是今日的主要入口。目前阿格拉堡內的建築物都已列入古蹟保護，部分並未對外開放。

公眾大廳Diwan-i-Am

公眾大廳位於阿格拉堡堡內西側，由賈汗皇帝建造，原本是座木造建築，後來改建成大理石結構。這裡是昔日帝王聆聽臣民諫言的地方，中央有一個寶座，鑲嵌著美麗的孔雀裝飾，公眾大廳旁邊是寶石清真寺和宮廷仕女市集(Lady's Bazar)。

瑪奇宅邸Macchi Bhavan

又稱為「魚宮」的瑪奇宅邸裡設計有水道，原本是提供君王釣魚的地方，不過現今房間裡的馬賽克壁畫已經遺失，皇家浴池的大批磚牆也被人偷走，只能看見中央乾枯的池子，以及圍繞四周空蕩蕩的房間。

寶石清真寺Nagina Masjid

整體以大理石打造的寶石清真寺，由賈汗皇帝於1635年下令興建，主要供後宮后妃祈禱使用。清真寺朝三面開放，空間區隔為三個部分，位於中央的主殿遠大於兩邊側翼，以三角形向上堆疊。三座洋蔥頂展現高低落差，上方還裝飾著蓮花花瓣。

私人大廳Diwan-i-khas

私人大廳是昔日帝王接見高官、外國使節和貴賓的地方，大廳建造於1636~1637年間，裡面擁有兩個房間和三道拱門。大廳裡原有一個賈汗季皇帝的黑色大理石寶座，和一個鑲嵌著美麗孔雀裝飾的寶座，後者現今流落於伊朗。大廳前方露台上有一座仿黑色大理石寶座，供民眾拍照留念。

哈斯宮殿Khas Mahal

前臨安古利巴格花園、後倚亞穆納河，哈斯宮殿是賈汗皇帝為兩為心愛的女兒所建。整體建築以大理石為材質，中央大廳兩旁分別聳立著一座通往側房的對稱迴廊，迴廊金色的屋頂在陽光照射下顯得異常醒目。這裡是賈汗的私人宮殿，四周有著繁複的裝飾，一般認為牆壁上的壁龕應曾放置蒙兀兒皇帝們的畫像，而天花板上的鐵環可能為了懸掛吊燈所設計。

安古利巴格花園Anguri Bagh

「安古利巴格」是「葡萄園」的意思，不過，據說名稱由來和庭園裡種植的葡萄藤無關，反而是因為磚造的蜂巢狀花圍中，昔日遍植玫瑰，每當玫瑰盛開的季節，猶如成串的葡萄般花團錦簇。花園中央有一座鋪設大理石的噴水池，這裡是後宮女子擁有絕對私密的活動空間。

什希宮殿Shish Mahal

什希宮殿因為牆壁上鑲嵌有鏡片、寶石等裝飾，又稱為「鏡宮」。它是賈汗皇帝的夏宮，擁有兩座以水道相互連接的水池，以降低阿格拉炎熱的天氣並帶來涼意。整棟建築修築著厚實的牆壁，由於對外開放的空間並不大，因此室內空間略顯陰暗，必須借助裝飾四周的鏡片與寶石的反光照明。

八角塔Musamman Burj

八角塔面對東方，以紅砂岩興建而成，在阿克巴和賈汗季任內，被當作這兩位皇帝的早晨禮拜堂，後來賈汗以大理石重建。賈汗晚年被兒子奧朗傑伯囚禁在阿格拉堡時，就是從這座八角塔遠眺泰姬瑪哈陵，聽說他臨終前已經無法起身走到窗邊，仍藉著一顆寶石上的倒影，憑弔慕塔芝·瑪哈皇后的陵墓。

1 阿馬·辛格門 Amar Singh Pol
2 德里門 Delhi Pol
3 象門 Hathi Pol
4 賈汗季宮 Jehangir's Palace
5 公眾大廳 Diwan-i-Am
6 瑪奇宅邸 Macchi Bhavan
7 私人大廳 Diwan-i-Khas
8 什希宮和八角塔 Shish Mahal & Musamman Burj
9 哈斯宮 Khas Mahal
10 寶石清真寺 Nagina Masjid
11 明珠清真寺 Moti Mosque
12 安古利巴格花園 Anguri Bagh
13 露臺
14 Barhican
15 亞穆納河 Yamuna River
16 水門

賈汗季宮Jehangir's Palace

這裡是阿克巴大帝為他的兒子賈汗季所興建的皇宮，樣式原本融合印度和波斯建築特色，後來被賈汗改成蒙兀兒風格。賈汗季宮是阿格拉堡內最大的私人住所，採用紅色砂岩結構，牆壁上鑲嵌著白色大理石圖案。賈季汗宮前放置著一個巨大的石雕浴缸，據說賈汗季的皇后曾在此泡玫瑰花瓣浴。

亞穆納河沿岸Around Yamuna River

MAP ▶ P.102D3

泰姬瑪哈陵

Taj Mahal

一生必訪之地

🛺 可搭乘人力車或機動三輪車前往　🕐 週六至週四日出~日落

MOOK Choice

💲 現場購門票Rs1,100、線上訂門票Rs1,050，參觀陵墓另加付Rs200，訂票網站asi.payumoney.com　❗ 進入泰姬瑪哈陵參觀，會先經過嚴格的安檢，除參觀必須使用的照相機和旅遊指南外，其他物品盡量少帶。進入主體必須脫下鞋襪，或者套上鞋套，主體旁設有鞋櫃可寄放鞋子。參觀泰姬瑪哈陵的最佳時段，是清晨日出之際和黃昏日落時分。清晨遊客比較少，參觀比較舒服；然而拍攝泰姬瑪哈陵，最好是在下午15:00以後到黃昏落日之前，因為下午光線正好斜照在白色陵墓主體，色調優美柔和。

印度詩人泰戈爾(Tagore)曾經形容泰姬瑪哈陵是「永恆之臉上的一滴淚珠」(A teardrop on the face of eternity)，這座白色的大理石陵墓，每天隨不同的光線改變著顏色，宛如進入一場夢境。

被譽為世界七大奇觀之一的泰姬瑪哈陵，是遊客到印度必訪的景點，不論從建築的角度來看，還是背後那段感人的愛情故事，都讓泰姬瑪哈陵成為旅人一生中必訪之地。

泰姬瑪哈陵位於亞穆納河畔，是蒙兀兒第五代皇帝賈汗(Shah Jahan)為愛妻艾珠曼德(Arjumand)所興建的陵墓。賈汗暱稱艾珠曼德為「慕塔芝‧瑪哈」(Mumtaz Mahal)，意思是「宮殿中最心愛的人」，而泰姬瑪哈陵的名稱即源自於「慕塔芝‧瑪哈」，擁有「宮殿之冠」的含義。

慕塔芝‧瑪哈皇后與賈汗結縭19年，經常陪伴君王南征北討，總共生下14名兒女。1630年，慕塔芝‧瑪哈於第14次生產時難產而死，臨終前要求賈汗終身不得再娶，並為她建造一座人人都可瞻仰的美麗陵墓。

泰姬瑪哈陵於1631年開始興建，共動用了印度和中亞等地工匠約兩萬名，費時23年才建造完成，其樣式融合印度、波斯、中亞伊斯蘭教等風格。

根據歷史記載，泰姬瑪哈陵的建築原料來自亞洲和印度全國，白色大理石來自拉賈斯坦邦，碧玉則來自旁遮普邦，玉和水晶來自中國，土耳其玉來自西藏，琉璃來自阿富汗，藍寶石來自斯里蘭卡，並使用超過一千隻的大象搬運建材。整體來說，大約有28種寶石被鑲嵌入白色大理石中。

儘管賈汗在位期間，大肆耗費民脂民膏為愛后興建陵墓，但是他的藝術聲名卻因為泰姬瑪哈陵，獲得後世極高的評價。

不過，隨著日益嚴重的空氣污染和酸雨，讓這座尊貴的陵墓面臨損毀的危機，因此在1994年時，印度政府下令在泰姬瑪哈陵周遭一萬平方公里禁止工業發展。

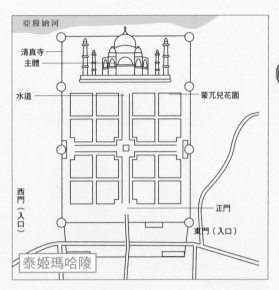

泰姬瑪哈陵的建築布局與結構

泰姬瑪哈陵占地範圍很廣，包括前庭、正門、蒙兀兒花園、水道、噴水池、陵墓主體和左右兩座清真寺。泰姬瑪哈陵的建築概念，來自平衡、對稱，並且與數字「4」有關。在伊斯蘭教信仰中，「4」是非常神聖的數字，所以4座小圓塔、4支尖塔和四角形庭園，都是平和與神聖的象徵。

正門

泰姬瑪哈陵的正門是一座紅砂岩建築，裝飾有白色邊框和圖案，是典型伊斯蘭式樣。正門的頂端，前後各有11個白色小圓頂，每個圓頂象徵一年，代表泰姬瑪哈陵建造的時間。

蒙兀兒式花園

泰姬瑪哈陵的主體正前方是一座蒙兀兒式花園，中央有水道噴泉，將花園區隔成四方形，然後再以兩行並排的樹木，將長方形水道劃分為四等分。這是波斯式花園最主要的特色。

尖塔

泰姬瑪哈陵主體的四方角落，各豎立著一座尖塔，每座尖塔高達42公尺，造型模仿伊斯蘭教清真寺的喚拜塔。

主體

泰姬瑪哈陵的主體建築是一個不規則的八角形，基部由正方形和長方形組合而成，主體中央的半球形圓頂高達55公尺，周圍裝飾著四座小圓頂。這座陵墓主體雖為白色大理石結構，以各類色彩繽紛的寶石、水晶和翡翠孔雀石，鑲嵌拼綴出美麗的花紋和圖案。

主體正面門扉裝飾著優美的可蘭經文，這些出自伊斯蘭經典的文字，利用人類視覺差異的錯覺，將上面的字體設計得比下面大，如此一來，由下往上看，反而給人平衡的感覺。

清真寺

泰姬瑪哈陵的主體兩側各有一座清真寺，由紅砂岩建造而成，中央有白色大、小圓頂，前有長方形水池。這兩座清真寺的作用，主要是用來維持整體建築的對稱與平衡效果。

泰姬瑪哈陵的裝飾元素

泰姬瑪哈陵之所以備受後人讚揚，全因為它達到了蒙兀兒藝術成就的最高峰。除了採用傳統的伊斯蘭對稱概念外，鑲嵌藝術、浮雕和《可蘭經》經文，都是其中的重要功臣。

鑲嵌藝術

蒙兀兒人是百分百的自然主義崇尚者，他們認為花是天堂的象徵，所以，在泰姬瑪哈陵的設計中大量採用花的圖案，象徵這座偉大建築的自然特性。鬱金香、百合、水仙、罌粟花都是阿拉伯花飾的代表，再將各種顏色的寶石鑲嵌於圖案中，造就出一種名為「硬石鑲嵌」(Pietra Dura) 的獨特工藝技巧，該技藝由賈汗季引入印度，並在阿格拉發揚光大。

格子窗

陵墓內部中央圍護著一道精雕細琢的八角形大理石屏風，其雕刻圖案以花卉和幾何圖形為主，透過光線不僅能欣賞到特殊的設計，同時光線還會投射在雪白的大理石棺上，形成馬賽克般的光影。

浮雕

花卉、葉子和花瓶是浮雕的主要元素，通常都用來裝飾較低處的牆壁，當硬石鑲嵌工藝技巧混合浮雕設計時，可以增加大理石和紅砂岩的顏色亮度。花束圖案通常會被雕刻在具有雙層邊欄的格子中，邊欄內的設計以硬石鑲嵌為主；在泰姬瑪哈陵中大量運用花束的浮雕，除了可看出精湛的工藝技術，同時也象徵著泰姬即為天堂。

書法

在泰姬瑪哈陵的建築中，出自《可蘭經》的書法文字幾乎隨處可見，這些經文雕刻在黑色的大理石上，用來裝飾平淡的建築外觀，通常鑲嵌在拱門的四周。

帝國之柱陵墓
Itimad-ud-Daulah's Tomb

迷你泰姬瑪哈陵

🚶 從阿格拉堡搭乘人力車前往，步行前往約10分鐘 🧭 亞穆拉河的左岸，距離泰姬瑪哈陵約4公里。 🕐 日出到日落 💲 現場購門票Rs300、線上訂門票Rs250，ADA加收Rs10通行費，但逢週五ADA不徵收通行費，訂票網站asi.payumoney.com ❗ 陵墓需脫鞋入內。

又稱為「迷你泰姬瑪哈陵」的帝國之柱陵墓，位在亞穆拉納河的左岸，它是阿克巴大帝和賈汗季皇帝任內重要的大臣米爾薩‧季亞斯‧貝格(Mirza Ghiyas Beg)的陵墓，因為對蒙兀兒帝國貢獻良多，使得他獲得了「帝國之柱」(Itimad-ud-Daulah)的封號。

貝格是賈汗季最寵愛的皇后努爾賈汗(Nur Jahan)的父親，他過世之後，這位權傾一時的皇后於1622~1628年間修建了這座陵墓，儘管規模不大，卻成為泰姬瑪哈陵的藍圖。

陵墓外觀為白色，採用大量的棕色和黃色波斯大理石，是當時印度第一座用到波斯大理石的建築，而這也是賈汗皇帝在位時期的建築特色。陵墓採用錯綜複雜的鑲嵌技術，圓頂、八角形的喚拜塔、以單片大理石雕成細緻紋路的格子窗，以及幾乎對稱比例的設計，如此精雕細琢的模樣，

贏得了「珠寶盒」的暱稱。

陵墓內部中央是貝格和妻子的墳墓，其他房間則是家族親戚的墓碑。內部可以看到許多精美的鑲嵌馬賽克大理石，並且具有幾何學的圖案，在四周的牆壁上也可以發現刻畫有花瓶、樹木、水果和酒瓶等圖案的大理石鑲嵌，散發出濃厚的波斯氣息。

蒙兀兒王朝中最知名的女性

泰姬瑪哈陵讓慕塔芝‧瑪哈聲名大噪，然而蒙兀兒王朝中最知名的女性，其實是賈汗季的第二十位妻子，同時也是慕塔芝‧瑪哈的姑姑「努爾賈汗」。

努爾賈汗原名茉荷茹妮莎(Mehrunnisa)，她的父親貝格原是一位波斯貴族，隨著家道中落而舉家遷往印度，茉荷茹妮莎便誕生於途中。因緣際會，貝格獲得阿克巴大帝的賞識，官途扶搖直上，而他這位聰慧美麗的女兒，更是和賈汗季一見鍾情，但當時她已許配給另一位同樣來自波斯的將軍。

這對歷經波折的有情人一直等到十幾年之後，才得以再續前緣，賈汗季不但迎娶她為皇后、賜給她帝國內最富裕的土地，同時也冊封她為「努爾賈汗」，意思是「世界之

光」。她和賈汗季同時掌管著帝國玉璽，即使總是格子窗後聽取朝政，卻和皇帝一同掌管著帝國的命運。

亞穆納河沿岸Around Yamuna River

MAP ▶ P.102B2

迦瑪清真寺與市集
Jama Masjid & Market

賈汗為愛女所建的清真寺

🔘 位於阿格拉堡對面、靠近火車站　❗ 清真寺需脫鞋入內，忌穿無袖上衣、短褲與短裙。

迦瑪清真寺是賈汗於1648年時為他最心愛的女兒Jahanara所建，造型簡單，除了紅砂岩的主結構外，僅以少量的白色大理石裝飾，並將屋頂和牆壁漆上藍色。一座擁有五道拱頂的大門通往中庭，清真寺的上方頂著三座巨大的圓頂。

清真寺的四周散布著一處龐大的市集，人潮洶湧，是當地居人生活的重心，各式各樣的攤販與商家，販售著色彩繽紛的紗麗布料、廉價首飾及衣服，甜點店和小餐廳不時傳來食物的味道與油炸的熱氣。空中高掛紛亂的電線幾乎遮蔽了老建築的外觀，這個市集還有一項特色，抬頭一看你會發現許多攀爬電線的猴子，表演著猶如走鋼絲的特技。

阿格拉近郊Around Agra

MAP ▶ P.102A1

阿克巴大帝陵墓
Akbar's Mausoleum

阿克巴為自己規劃的墓園

🔘 位於阿格拉市區西北方10公里處，可以從市區的Bijli Ghar巴士站搭乘前往Mathura的巴士，或搭機動三輪車前往。　🔽 日出到日落　💲 現場購門票Rs300、線上訂門票Rs250，ADA加收Rs10通行費，但逢週五ADA不徵收通行費，訂票網站asi.payumoney.com　❗ 陵墓需脫鞋入內

阿克巴大帝陵墓位於阿格拉西北方的希坎達拉(Sikandra)，1600年時，阿克巴大帝已然選好陵墓所在地，並規劃了建築藍圖，在他死後，由繼任的賈汗季皇帝於1605年下令興建，在8年後完工。

該陵墓是一座紅砂岩建築，覆以白色大理石圓頂，四周圍牆中央各建有一道大門，位於南邊的正門鑲嵌著白色大理石圖案，四方角落都設有一座喚拜塔，大門裝飾著繁複的花草圖案與幾何圖形，富麗堂皇。阿克巴大帝陵墓的四道大門，其中一道屬於阿克巴家族專用，其他三道分別為伊斯蘭教徒、印度教徒、基督徒使用。

陵墓四周是典型的蒙兀兒花園，由中央水道區分為四個區域，陵墓本身和阿格拉當地的蒙兀兒式建築有著迥異的外觀，一座巨大的方形基座上，是一個高達三層的開放式建築，建築裝飾著多座頭頂白色大理石圓頂的涼亭，造型相當獨特，根據推測可能是賈汗季在半途修改了最初阿克巴大帝的藍圖。陵墓內部空間雖大，不過僅有阿克巴大帝棺墓靜靜躺在那裡，接受後人的景仰。

阿格拉近郊Around Agra

MAP ▶ P.102A3

法特普希克里城

MOOK Choice

Fatehpur Sikri

阿克巴大帝的理想之城

🚗 法特普希克里位於阿格拉城西邊40公里處,可在阿格拉的 Idgah 巴士站搭乘巴士前往,車程約1~1.5小時。 ☀ 日出到 日落 💲 現場購門票Rs600(ASI收取Rs550入場費+ADA收取 Rs50通行費,但逢週五ADA不徵收Rs50通行費)、線上訂門票 Rs550,訂票網站asi.payumoney.com

又稱為「勝利之城」的法特普希克里城,是阿克巴大帝於1571~1585年間精心規劃的新都,用來紀念伊斯蘭教蘇菲教派聖者沙利姆‧奇斯蒂(Salim Chishti)。話說年近三十歲的阿克巴大帝一直苦無子嗣,當時有一位聖人在法特普希克里附近的石屋內講道,於是阿克巴大帝從阿格拉到此朝聖,希望能獲得神的祝福,這位聖人預測他將會有三名子嗣,結果10個月後,他的皇后便為他生下一名男嬰,也就是後來的賈汗季皇帝。

法特普希克里城擁有6公里的城牆、7座城門,

城內皇宮、公眾大廳、土耳其蘇丹宮、社交天井、流動涼水池、後宮、陵墓和清真寺。由於當時動用了來自印度各地的工匠與建築人員,因此在伊斯蘭建築元素中,可以看出印度教與耆那教的藝術融入其間。

法特普希克里城內的建築遺蹟,可以分成宮殿和清真寺兩個區域,前者從售票處附近的公眾大廳進入,裡面包括伯巴勒宅邸、米里蘭宮、潘契宮、私人大廳、久達拜宮等;後者從布蘭德達瓦札大門進去,裡面是迦瑪清真寺和伊斯蘭教聖人沙利姆‧奇斯蒂的陵墓。

阿克巴大帝精心規劃的傑作

以紅砂岩建造的法特普希克里沒有堡壘保護，整體設計非常奇特，充分表達出阿克巴大帝的人道主義精神。儘管阿克巴大帝奉信伊斯蘭教，不過仍致力於融合各宗教所長，同時也創制具有哲學系統的新宗教「汀伊拉希」(Din-I-Iahi)。他在政治、行政事務甚至個人風格上都融入印度教，使得被蒙兀兒帝國征服的人民因而能信服他。只不過法特普希克里作為蒙兀兒帝國的首都只有10年(也有記載14年)，因為始終無法解決缺水的問題，阿克巴大帝一聲令下又遷回阿格拉，之後法特普希克里就遭到遺棄。

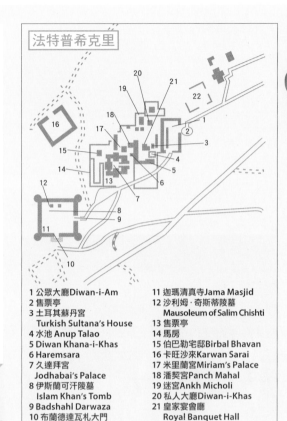

法特普希克里

1 公眾大廳Diwan-i-Am
2 售票亭
3 土耳其蘇丹宮
　Turkish Sultana's House
4 水池 Anup Talao
5 Diwan Khana-i-Khas
6 Haremsara
7 久達拜宮
　Jodhabai's Palace
8 伊斯蘭可汗陵墓
　Islam Khan's Tomb
9 Badshahl Darwaza
10 布蘭德瓦札大門
　Buland Darwaza

11 迦瑪清真寺Jama Masjid
12 沙利姆·奇斯蒂陵墓
　Mausoleum of Salim Chishti
13 售票亭
14 馬房
15 伯巴勒宅邸Birbal Bhavan
16 卡旺沙來Karwan Sarai
17 米里蘭宮Miriam's Palace
18 潘契宮Panch Mahal
19 迷宮Ankh Micholi
20 私人大廳Diwan-i-Khas
21 皇家宴會廳
　Royal Banquet Hall
22 儲水池 Mint

宮殿區

久達拜宮Jodha Bai's Palace

久達拜(Jodha Bai)是拉賈斯坦邦安伯爾大君的女兒，嫁給阿克巴大帝為妻，是賈汗季王的母親。久達拜所居住的宮殿，建有印度式圓柱和伊斯蘭式中庭，四周牆壁刻有精細的雕花，此外，屋頂上色彩鮮艷的藍色瓷磚也是觀賞重點之一。

公眾大廳Diwan-i-Am

公眾大廳位於法特普希克里城內東北方，是昔日阿克巴大帝聆聽臣民諫言的地方。公眾大廳四周環繞有迴廊，樣式融合印度與波斯風格，中央則有大型的中庭。

113

土耳其蘇丹宮Turkish Sultana's House

土耳其蘇丹宮雕工精細的程度，常讓人誤以為是木刻，宮內牆壁四周還遺留著當時的壁畫，雖然有些斑駁與損毀，不過，還是可以看出花瓶、動物等藝術圖案。

私人大廳Diwan-i-Khas

私人大廳是昔日阿克巴大帝接見貴賓、外國使節的地方。中央有石造圓柱支撐著寶座，寶座四方都有橋樑連接到各個房間，這些橋樑象徵著不同的宗教信仰，而中央的寶座則是各個信仰回歸或是起源的同一個原點，圓柱支架上同時裝飾蓮花、幾何圖案等圖騰，也代表著不同的宗教。這裡是阿克巴大帝和不同宗教人士、學者討論學術的地方。

伯巴勒宅邸Birbal Bhavan

拉賈·伯巴勒(Raja Birbal)是阿克巴大帝的朝臣，為一名印度教徒。

根據推測，這裡應該是阿克巴最年長的兩位皇后Ruqaiyya Begam和Salima Sultan Begam居住的地方。在其雙層結構中，一樓共有四個房間，二樓則有兩間寢室，下層無論是牆壁和天花板都有大量的雕飾，展現了當地藝術家精湛的技術。在伯巴勒宅邸附近，還有巨大的馬廄遺跡，可以容量至少兩百匹馬和駱駝，如今仍可看到用來繫綁韁繩的石環。

迷宮Ankh Micholi

這裡是昔日阿克巴大帝與宮中嬪妃玩耍的地方。不過，有考古學家認為這裡其實是宮中的寶藏室，證據是來自樑柱上雕有一條條的海怪，它們是保護寶藏的象徵圖案。

潘契宮Panch Mahal

潘契宮是一座五層建築的開放式宮殿，176根圓柱撐起一層層逐漸內縮的結構，從底層的84根圓柱，到最上層的一座圓頂涼亭，這座法特普希克里城內最顯著的建築物，是阿克巴大帝與皇后們和隨身仕女夜間乘涼的地方。

水池Anup Talao

這座漂亮的方形水池水深約30公尺，擁有四條以短柱支撐、通往中央平台的走道，平台圍繞著雕飾繁複的欄杆，是皇室成員休閒娛樂和舉辦私人活動的場所。

清真寺區

布蘭德達瓦札大門 Buland Darwaza

布蘭德達瓦札是迦瑪清真寺的主要入口，這座大門高達54公尺，象徵勝利之門。

大門為紅砂岩結構，鑲嵌著白色大理石圖案，門前是一條陡長的石造台階，站在下面往上看，更顯得巨大壯觀。

迦瑪清真寺
Jama Masjid

這座清真寺據說仿自伊斯蘭教聖地麥加的清真寺式樣，並融合波斯與印度的傳統建築風格。迦瑪清真寺和布蘭德達瓦札大門一樣，是一座鑲嵌白色大理石的硬質紅砂岩建築，周圍環繞有石柱迴廊。位於東邊的夏依達瓦札門(Shahi Darwaza)，是昔日阿克巴大帝進出的大門。

沙利姆・奇斯蒂陵墓 Mausoleum of Salim Chishti

迦瑪清真寺中庭有一座獨特的白色大理石建築，正是伊斯蘭教聖人沙利姆・奇斯蒂的陵墓，興建於1570年。信徒們除了跪地膜拜求子之外，還會將小額的錢幣奉獻在棺木上，有時還會有人在陵墓外的階梯演奏音樂。另一座位於沙利姆・奇斯蒂陵墓後方、中央有座大型圓頂的建築，則是皇室成員的陵墓。

115

MAP ▶ P.102D4 | Jaypee Palace Hotel

📍Fatehabad Road, Agra 📞0562-2330800 🌐www.jaypeehotels.com

距離泰姬瑪哈陵不過5分鐘的車程，這間集合會議中心的五星級飯店，建築猶如一座堅固的堡壘，包圍綠意盎然的庭園與露天游泳池，飯店外成片的綠地給人一種遠離塵囂的幽靜感。

挑高的大廳俯視著庭園景觀，氣派的走道通往坐落著多達341間的客房與套房。飯店內多達6處用餐廳室，提供自助餐、燒烤、中國菜及北印度料理等美食。除此之外，還有一處占地廣大的商務中心，客房內也有無線網路，對商務人士或自助旅行者均相當方便。

MAP ▶ P.102C4 | Hotel Clarks Shiraz Agra

📍54 Taj Road, Agra 📞0562-2226121 🌐www.hotelclarksshiraz.com

坐落於泰姬路上，這家高級飯店距離泰姬瑪哈陵不過一公里遠，因此，部分客房和套房擁有可以直接欣賞到泰姬瑪哈陵的景觀房。Hotel Ckarks Shiraz除了客房配備現代設備外，其他設施還包括健身房、游泳池、水療中心、美容院、租車，甚至預定機票。在5處餐廳、酒吧中，以位於頂樓的Mughal Room最具特色，除了可以欣賞泰姬瑪哈陵的景色之外，還有現場音樂表演，料理更橫跨蒙兀兒、中國以及歐陸菜色。

MAP ▶ P.102D4 | Kohinoor

📍Fatehabad Road, Agra 📞0562-2230027 🕐10:30~19:00 🌐www.kohinoorjewellers.com

Kohinoor是家歷史悠久的珠寶商，打從蒙兀兒帝國時期便已存在，該家族憑藉對於珠寶的熱愛，同時與當地優質手工藝師傅家族的長期合作，將許多洋溢蒙兀兒風情的首飾、配件加以複刻。可別以為Kohinoor的東西價格都非常高貴，事實上這裡展售的刺繡藝品價格親民，非常適合當作伴手禮。

Kohinoor最令人感到驚艷的地方，是展覽廳中附設的博物館，裡頭收藏了印度近代最偉大的刺繡藝術家Shams的作品，他傑出的技術對於該項藝術的貢獻，甚至獲得印度總統頒贈國家獎章。他發明了獨特的3D刺繡技術，使得他的作品栩栩如生，讓觀賞者彷彿可以透過他的一針一線，看到微風輕撫樹梢、溪水潺潺流過、盛開的花朵飄散著香氣，唯有親眼目睹，才能體驗大師的精湛技術。

卡修拉荷

Khajuraho
文●墨刻編輯部　攝影●墨刻攝影組

卡修拉荷位於德里東南方約五百公里處，是印度中央邦(Madhya Pradesh)的一座小鎮，西元10~13世紀時，它曾是昌德拉(Chandella)王朝的首都。

950年~1050年之間是卡修拉荷的全盛時期，當時境內印度教寺廟多達八十幾座；不過，隨著13世紀伊斯蘭教勢力的入侵，到了14世紀時，印度幾乎被穆斯林統治，就連卡修拉荷也不例外。由於伊斯蘭教禁止偶像崇拜，所以這裡的印度教寺廟全數遭到摧毀，從此卡修拉荷被世人遺忘，時間長達五個世紀之久。

19世紀時，卡修拉荷從廢墟中被挖掘出來，經過重建之後，目前恢復的寺廟建築約有二十多座。卡修拉荷的寺廟分成西群、東群、南群等三區，其中以西群寺廟最多、也最精采。卡修拉荷的寺廟被統稱為性廟，主要是因為每一座寺廟牆壁上的雕刻、主題都與性愛有關，這些充滿情慾動作的男女雕像，使得卡修拉荷成為印度著名的旅遊景點之一。

卡修拉荷鎮中心有許多小旅館和餐廳，如果要遊覽三區寺廟群，至少得需兩天時間。

INFO

基本資訊
人口：23,200人　　**區域號碼**：07686

如何前往
◎航空

卡修拉荷雖然地處偏鄉，不過有機場與印度德里或瓦拉那西等城市相通，從德里航程約2.5小時，從瓦拉那西航程約45分鐘，機場位於市區以南5公里處，從機場可以搭乘計程車前往市區。

◎鐵路

從德里的Hazrat Nizamuddin火車站、阿格拉、瓦拉那西都有快車通達卡修拉荷火車站，德里到此車程約8~14小時，阿格拉到此車程約5.5~10小時，瓦拉那西到此車程約7.5~12小時。

◎巴士

從阿格拉和瓦拉那西有直達巴士前往卡修拉荷，瓦拉那西到此車程約12~15小時。長途巴士站距離主廣場上的巴士站距離不到1公里，可以步行前往市區。

市區交通

西群寺廟距離市中心不遠，和周遭的景點都能以步行的方式前往；東群寺廟距離市中心約六百公尺，寺廟彼此間相距較遠。至於南群寺廟則在東群寺廟以南約半公里處，如果不想以步行的方式前往，可以在市中心搭人力車、機動三輪車。

旅遊諮詢
◎**Tourist Interpretation & Facilitation Centre**
●Main Rd.　●07686 274051

MAP ▶ P.117

卡修拉荷寺廟群

Khajuraho Group of Monuments

以性愛雕刻聞名於世

🚗除南群寺廟稍遠可搭人力車前往外，西群和東群寺廟均可步行前往。 ☀日出~日落 💲Rs600

　　沒有人可以否認，卡修拉荷寺廟上的性愛雕刻，無論形狀、線條、姿態和表情，都是精采絕倫的藝術創作。

　　印度教寺廟主要供奉濕婆神、毘濕奴神、戴維女神及神祇的坐騎，濕婆神代表破壞、毘濕奴代表保護、戴維女神代表性力。大梵天在創造宇宙之後，已達成任務返回天上，所以在印度當地供奉大梵天的寺廟相當罕見。濕婆神是印度教中最

受敬畏的神祇，既代表破壞，也象徵創造，濕婆神廟裡通常都供奉著一具靈甘(Lingam)，這是濕婆男性生殖器的象徵，代表性力與繁衍。此外，戴維女神被視為宇宙之母，印度教所有女神都是祂的化身，是母性和性力象徵。

　　印度教徒相信濕婆和性力女神的結合就是人類創生的原動力，所以在印度教寺廟中，可以看到象徵男性生殖器的靈甘，置於象徵女性生殖器的雅尼(Yoni)之中。

　　卡修拉荷寺廟的雕刻之所以離不開性愛的呈現，主要是來自宗教上的意義，與性力、生育、多產有著密切關係。卡修拉荷寺廟所雕刻的女性神像，全部都是體態豐腴、乳房飽滿，代表母性溫柔和生育能力。而男女神像交媾的畫面，除了充滿情慾，還包含不可思議的瑜珈動作。有人說，卡修拉

荷寺廟的情慾雕刻，是對印度教徒的一種考驗，因為性愛在各種宗教都被視為禁忌的話題，所以性是信徒生命中最難跨越的階段。

卡修拉荷的寺廟樣式屬於典型的北印度寺廟風格，特色就是中央的圓錐形屋頂(Shikara)。早期印度寺廟只有一個山形圓頂，代表神祇所居住的山峰，後來有些寺廟開始出現多重圓頂。印度教寺廟中供奉神像的地方稱之為「胎房」(Garbha-grihya)，其中濕婆神廟供奉濕婆靈甘，毘濕奴神廟供奉毘濕奴神像或各種化身，戴維女神廟有的供奉女神各種化身，有的則是無形的象徵。

卡修拉荷的寺廟雖以描繪性事馳名，但是從寺廟的建造技巧和裝飾風格看來，都堪稱早期印度工匠最偉大的藝術成就。

西群Western Group

西群寺院位於卡修拉荷的中心地帶，總共包括14座寺廟，大部分都已經過修復，有的寺廟可以入內參觀。每年2~3月左右，卡修拉荷都會舉行舞蹈祭。

肯達利亞·瑪哈戴瓦寺
Kandariya Mahadeva Temple

　　肯達利亞·瑪哈戴瓦寺位於西群的中心，建於1025年，是一座高約31公尺、長約20公尺的濕婆神廟，「肯達利亞(Kandariya)」意指「洞穴」，說的正是傳說中濕婆神居住的岡底斯山。

　　寺廟基壇高約5.4公尺，正面是一條長長的階梯，周圍有迴廊環繞。這座寺廟裡面供奉著一具巨大的濕婆靈甘(Lingam)，是男性生殖器的象徵，每天都有許多印度教徒捧著鮮花和蒂卡來此膜拜。

　　寺廟內部至少有兩百座雕像，而外面牆壁上所裝飾的雕像也有六百座以上。每座石刻雕像的高度，大約都在一公尺左右。寺廟樣式是典型的北印度寺廟風格，中央建有圓頂，這座比例完美的寺廟，裡裡外外都布滿繁複的雕刻，主題和內容都離不開男女交合的姿態和各種性愛動作。

戴維‧迦甘丹巴寺Devi Jagadamba Temple

戴維‧迦甘丹巴寺是卡修拉荷早期寺廟建築的代表，建於西元1000年左右。這座寺廟原本供奉毘濕奴，後來又獻給雪山女神帕爾瓦娣(Parvati)。帕爾瓦娣是戴維女神的化身之一，戴維女神是萬物之母，同時代表創造和毀滅的力量；戴維女神也有許多化身，除帕爾瓦娣以外，還包括溫和的吉祥女神(Lakshmi)、凶猛的卡莉(Kali)、學習女神妙音天女(Sarasvati)和女戰神杜兒噶(Durga)等。這些女神都以不同的形像和神力，受到印度教徒的崇敬。

戴維‧迦甘丹巴寺和肯達利亞‧瑪哈戴瓦寺共同屹立於一座基壇上，寺廟周圍沒有迴廊，陽台比其他寺廟巨大。

寺廟牆壁上裝飾著許許多多神像和性愛雕刻，包括三頭八臂的濕婆神，以及化身侏儒或公豬造型的毘濕奴。

毘濕瓦納特寺與難迪神龕
Vishvanath Temple & Nandi Shrine

這是一座濕婆神廟，由昌德王朝著名的統治者丹迦迪夫(Dhanga Dev)建於1002年。裡面供奉兩具濕婆靈甘，分別為石頭和翡翠材質，寺廟牆壁上的雕刻，都與性愛、情慾和瑜伽動作有關。

毘濕瓦納特寺的另一端是一座涼亭式建築，由12根柱子所支撐，中央供奉一隻巨型公牛石雕。公牛難迪是濕婆神的坐騎，象徵多產和旺盛的性力。此雕像利用一整塊石頭雕刻而成，幾百年來經過信徒的撫觸和歲月的琢磨之後，牛身散發出美麗的光澤。

拉希瑪納寺Lakshmana Temple

建於954年，是卡修拉荷最大的祭祀場所。這是一座毘濕奴神廟，裡面供奉一尊來自岡底斯山的毘濕奴神像，寺廟是昌德拉王朝最受人民愛戴的亞修瓦曼(Yashovarman)在位期間所建造的。在亞修瓦曼統治時期，昌德拉王朝國力達到最高峰。

拉希瑪納寺是唯一一座依舊坐落於原始基壇上的建築，基壇上雕刻許多大象和人物雕像。寺廟樣式融合不同風格的建築，由一座主要聖壇和四個附屬聖壇組成，寺廟周圍牆壁所雕刻的男女雕像，動作特別大膽。

契特拉古波塔寺Chitragupta Temple

契特拉古波塔寺興建於西元1000年左右，裡面供奉著駕騎七匹馬雙輪戰車的太陽神蘇利耶(Surya)，七匹馬象徵一週七天。寺廟位於西群北方角落，沒有迴廊，並有圓錐形屋頂，寺廟周圍牆壁上裝飾著精緻的雕像和圖案。

瓦拉哈神龕Varaha Shrine

瓦拉哈神龕建於900年~925年之間，是一座涼亭式建築，裡面供奉公豬瓦拉哈雕像，牠是毗濕奴的坐騎。這座雕像以整塊巨石雕刻而成，身體和四肢整齊排列著674尊男女浮雕，堪稱卡修拉荷最精緻的石雕。

瑪泰吉什沃爾寺Matangeshwar Temple

瑪泰吉什沃爾寺廟興建於900年~925年之間，是昌德拉王朝哈薛夫國王(Harshdev)打敗因陀羅三世(Indre III)後所建造的。裡面供奉一具相當巨大的濕婆神靈甘，每天都有許多印度教徒捧著鮮花和蒂卡到此膜拜。

121

東群Eastern Group

東群寺院入口前有一座廣場和成排的藝品店與書店，旁邊還有一座小型博物館。東群範圍內包括寺院和耆那教徒的社區，寺院對面有幾間房舍，是耆那教徒沐浴的地方。

阿迪那特寺Adinath Temple

阿迪那特寺廟興建於11世紀期間，是一座小型的耆那教寺廟，寺廟裡面供奉著造型現代的阿迪那特祖師。

帕爾斯瓦那特寺Parsvanath Temple

帕爾斯瓦那特寺廟是一座耆那教寺廟，是東群規模最大、最美的一座寺廟，該廟由昌德拉王朝的丹迦迪夫國王建於954年。

寺廟早期供奉耆那教第一位祖師阿迪那特(Adinath)的雕像，更早以前，則是一座印度教寺廟，目前則是供奉尊者帕爾斯瓦那特(Parsvanath)。

此廟樣式有點類似西群的肯達利亞·瑪哈戴瓦寺廟，融合印度式和耆那寺廟風格，但是這裡裝飾的舞蹈動作雕像和條紋更加細緻。寺廟並裝飾著格子窗，周圍雕刻花卉圖案。

南群Southern Group

南群寺院位於村莊南方僻靜的角落，旁邊有一條河流和小橋。南群只有兩座寺院，所以附近很少看到外國遊客的蹤跡。

杜拉朵寺 Duladeo Temple

杜拉朵寺廟建於1100年~1125年之間，當時正值昌德拉王朝國力衰退期。這座寺廟以前供奉肯達利亞(Kartikeya)，現在是一座濕婆神廟。寺廟牆壁上裝飾的雕像包括手持花朵、吹奏長笛或揮舞武器的女神雕像。

恰圖爾伯胡吉寺Chaturbhuj Temple

建於1100年左右，是一座濕婆神廟。寺廟建造於高聳的基壇之上，寺內中央供奉一座高度大約9公尺的濕婆神雕像。這是昌德拉王朝所建造的最後一座寺廟，牆壁周圍都布滿精彩雕像，雕刻手法細膩而生動，是卡修拉荷石雕藝術的代表作之一。

瓦拉那西
Varanasi

文●墨刻編輯部　攝影●墨刻攝影組

關於恆河，有人為它著迷，有人視它為神聖之地，對印度教徒來說，瓦拉那西是濕婆神的領地，恆河更是靈魂最終長眠的安息地，因此，就算往生後，也堅持與它融為一體；即便無法在此終逝，也要在這裡放生一隻聖牛，讓靈魂與恆河共生。

瓦拉那西是印度最具有靈氣的聖地，同時也是北印度的文化中心，對印度教徒來說，如果能夠死在瓦拉那西，無論今生做了任何事，都能從輪迴中得到解脫。

瓦拉那西舊稱Kashi，意思是「光之城」。英國殖民時期，此地被稱為貝拿勒斯(Banaras)，直到1956年才正式命名為瓦拉那西。瓦拉那西的名稱由來，源自於該城的地理位置，它正好位於恆河和瓦魯那河(Varuna)、亞西河(Assi)的交會處。

123

瓦拉那西的歷史遠超過兩千年，原本是一處印度教文化中心，但因西元11世紀時被穆斯林統治，不但上千座印度教寺院遭到摧毀，同時興建了許多座清真寺。直到1738年，瓦拉那西才恢復印度教城市的風貌。

舊城區(Chowk)位於恆河中游的達薩斯瓦梅朵河壇(Dasashwamedh Ghat)附近，狹窄的巷弄內隱藏著寺廟、鐘塔、醫院、政府機關、旅館、市集等，再加上密集的民宅，一隻隻聖牛大搖大擺地閒晃在小小的街道，加上一間間販賣鮮花、蒂卡、油燈等宗教用品的商店，瀰漫著一股濃厚的宗教氣息。

就算是污穢貧窮的街道、污染混濁的恆河，以及骨瘦如柴的人力車車伕拚命拉客的紛擾，愛上瓦拉那西的人還是這麼多。

INFO

基本資訊
人口：120萬
區域號碼：0542
面積：3,131平方公里

如何前往
◎航空
Lal Bahadur Shashtri機場位在瓦拉那西北方24公里處，有班機從德里、阿格拉、加爾各答、卡修拉荷、孟買飛往瓦拉那西。機場雖然有巴士前往市區，不過班次少又費時，建議遊客可直接在機場搭乘預付計程車(Prepaid Taxi)前往市區。
◎鐵路
介於德里和加爾各答之間的瓦拉那西，是兩地間重要的交通樞紐，與德里之間車程約8~14小時、至阿

格拉約9~15小時、至加爾各答約9~14小時。

瓦拉那西較常使用的火車站有兩個，一個位於市區、一個位於近郊。位在市區的Varanasi Junction Train Station是主要火車站，或稱為Varanasi Cantonment(Cantt)，地理位置相當方便，可搭乘人力車到靠近河邊的舊市區旅館，德里和加爾各答都有火車停靠於此車站。

◎巴士

主要巴士站位於Varanasi Junction火車站對面。

市區交通

瓦拉那西市內都可以乘人力車或機動三輪車代步，因為瓦拉那西的外國遊客多，所以要堅持自己的出價。

旅遊諮詢

◎印度旅遊局－瓦拉那西India Tourism Varanasi

⌖ 15B, The Mall
☎ 0542-2501784
🌐 tourism.gov.in/about-us/indian-tourism-offices

瓦拉那西

瓦拉那西舊城中心

MAP ▶ P.125

恆河

Ganges River

印度教的聖河

多數人來到瓦拉那西,都是為了這條恆河!尤其是清晨日出之際,那一層層的薄霧瀰漫在河面上,一直到太陽完全出現,恆河畔的人群各自洗衣、祭拜、火葬,景象著實讓外來的遊客著迷不已。

恆河發源自喜瑪拉雅山脈,全長2,525公里,是印度人心目中的聖河,也是印度文明的象徵。

瓦拉那西的恆河是印度教徒舉行無遮大會的地點,每年都有超過百萬以上的印度教徒聚集在此沐浴、淨身。對於印度教徒而言,一生之中至少要到恆河沐浴、淨身一次,而死後如果能夠在恆

恆河這樣玩最精彩!

恆河遊船是來到瓦拉那西的必遊體驗,只要遊客一接近河壇,就會有船伕前來拉客。最佳的遊河時間是清晨或傍晚時分,遊客可以一面欣賞日出或日落,沿途觀賞印度教徒在恆河畔淨身、冥想、做瑜伽到洗臉刷牙的畫面。

一般來說,從亞西河壇(Asi Ghat)到瑪尼卡尼卡河壇(Manikarnika Ghat)這段最為精彩,如果要遊完全程,大約需要1.5~2小時左右。

河畔舉行火葬並將骨灰撒入河中,靈魂就得以解脫、輪迴轉世。

恆河從喜瑪拉雅山麓一路自西向東流,來到瓦拉那西後,轉個弧度由南向北流,並分別匯入亞西河(Assi)和瓦魯那河(Varuna)的河水後,繼續向東走。

河岸邊分布著大大小小數十個不同名稱的「迦特」(Ghat),「迦特」就是從岸上走入河水的階梯堤岸,一般稱之為「河壇」,每一座河壇都有不同的景觀、功能和宗教意義。其中達薩斯瓦梅朵河壇(Dashaswamedh Ghat)是河岸主要入口之一,拉利塔河壇(Lalita Ghat)是居民的洗衣場,亞西河壇(Asi Ghat)是沐浴場,圖里斯河壇(Tulis Ghat)以16世紀末印度詩人為名,錫瓦拉河壇(Shivala Ghat)則屬於瓦拉那西王公所有……

由於印度人吃喝拉撒都倚賴恆河,就連骨灰也是一併倒入河內,再加上水牛和其他動物不時在河內洗澡,有時還會出現付不起火葬費的屍體,建議不要學習印度人下水沐浴,甚至直接喝水。

舊城中心區

MAP ▶ P.125A6

MOOK Choice

達薩斯瓦梅朵河壇

Dashaswamedh Ghat

色彩最豐富生動的河壇

從舊市區沿著Dashaswamedh路步行前往約5分鐘

達薩斯瓦梅朵是恆河最熱鬧的河壇，這裡是大梵天執行十馬祭祀的地點，具有神聖的宗教地位。

據說古代瓦拉那西的統治者拉傑，曾經將這裡的印度教神祇驅逐出去，所以濕婆神派遣大梵天處罰拉傑。當時大梵天要求拉傑獻祭27種不同來源的祭品，拉傑還多加了10種不同的祭品，而當時大梵天就是在此河壇接受這些祭品。

每天清晨日出前，都有許多印度教徒聚集在河壇周邊，等待東方第一道曙光劃過河面時，雙手合掌、口中唸唸有詞，慢慢地走入恆河沐浴淨身、洗滌罪惡。

河壇的台階上，擠滿出售鮮花、蒂卡、念珠和宗教用品的攤販，到處可見來自各地的教徒、修行者、乞丐和遊客。

每天晚上會舉行恆河法會儀式(Ganga Aarti)，舉火把、點燈、誦經……熱鬧而莊嚴，由於腹地有限，眾多遊客就聚集在河岸邊的船上欣賞。

舊城中心區

MAP ▶ P.125B4

毘濕瓦那特寺

Vishwanath Temple

瓦拉那西地位最崇高的寺廟

從舊市區Dashaswamedh路步行前往約7分鐘 ❗過往非印度教徒不可入內參觀，近年規定外國旅客須攜帶護照和簽證至毘濕瓦那特寺附近的服務中心登記並繳交費用，而後由服務中心派專人帶領旅客入寺。該寺廟安檢嚴格，相機、電池都不能攜帶入內，且當寺廟進行宗教儀式時禁止旅客入內參觀。請注意上述規定可能會變更，參觀前請再次確認。

毘濕瓦那特寺又稱為「黃金寺」，坐落於舊市街中心，是瓦拉那西印度教寺廟中地位最崇高的一座。

黃金寺院最早興建於西元5世紀，到了12世紀深受穆斯林的破壞，蒙兀兒時期曾經被改造為清真寺，目前所見的寺廟是1776年重建的。

黃金寺主要供奉濕婆神，每天都有無數的信徒前來獻祭花朵和油燈，而它名稱的由來和屋頂上貼滿重約800公斤的金箔有關，金箔在陽光下閃爍著燦爛的光芒，更顯現出這座寺廟的神聖性與重要性。

寺廟外有一口智慧井(Gyan Kupor Well)，據說凡是喝了這口井水的人都能夠得到智慧，不過現在已經被圍住。黃金寺院周圍是宗教敏感的區域，因為距離這裡不遠處就有一座白色的清真寺，所以附近都有荷槍實彈的印度軍人來回巡邏、戒備十分森嚴。

MAP ▶ P.125B5

瑪尼卡尼卡河壇

Manikarnika Ghat

印度教徒火葬之地

🎵 從達薩斯瓦梅朵河壇步行前往約10分鐘

　　瑪尼卡尼卡河壇是恆河中最神聖的一座，同時也是朝聖者最終的目的。對朝聖者而言，在此淨身和前往毘濕瓦那特寺廟膜拜是每日例行的工作。

　　這裡是瓦拉那西的火葬場，河壇上擺滿薪柴，遠遠望去就有白色煙霧裊裊昇起，是一座24小時不休的火葬場。膽子大的遊客可以在專業導遊的帶領下，直接在河壇畔觀看，否則會被當地人恐嚇勒索；一般遊客都是搭乘遊船從恆河上觀看，但無論如何都禁止攝影。船伕通常會勸阻遊客拍照，最好遵守當地禮儀，以免引起糾紛。

MAP ▶ P.125A3

杜兒噶寺

Durga Mandir

供奉杜兒噶女神

🎵 位於舊市區中心以南4公里處，在亞西河壇附近，可搭乘人力車或機動三輪車前往。 ❗ 非印度教徒不可入內參觀

　　杜兒噶寺位於瓦拉那西舊市街南邊，外觀漆成紅色，裡面供奉杜兒噶女神，是印度教破壞神濕婆的妻子帕爾瓦娣(Parvati)的化身之一。

　　杜兒噶寺香火鼎盛，每天都有許多印度教徒前來膜拜。這座寺廟禁止非教徒進入，遊客只能在中庭穿梭，中庭裡有一支標樁，是重大節慶時用來獻祭山羊的地方，至於欣賞這間寺廟最佳的角度，則是從一旁的水池邊。杜兒噶寺周遭經常可見猴群出沒，所以又稱為「猴廟」。

瓦拉那西郊區

MAP ▶ P.125B1

鹿野苑

Sarnath

MOOK Choice

佛陀初轉法輪之地

📍位於瓦拉那西東北方約10公里處，在市區火車站前有公車前往鹿野苑，也可搭乘計程車或機動三輪車前往。🕐佛教遺跡公園：日出到日落；考古博物館9:00~17:00，週五閉館。💲佛教遺跡公園Rs300；考古博物館Rs5。❗參觀博物館必須將相機存放在寄物櫃中

　鹿野苑是印度境內最重要的佛教遺跡之一。當年釋迦牟尼佛在鹿野苑的竹林精舍初次對弟子說法，當時在旁聽法的五位比丘和尚，是世界上最早的佛教僧侶與僧團。

　佛陀圓寂大約兩百年後，印度孔雀王朝的阿育王在此建立佛塔和佛寺，並豎立了一根巨大的石柱，以紀念佛陀初轉法輪之地。

　佛教在印度沒落之後，鹿野苑曾遭穆斯林入侵，許多佛教建築都被破壞，後來在英國考古學家的挖掘之下，才重新恢復昔日光榮。目前鹿野苑的佛教遺跡公園包括達美克佛塔(Dhamekh Stupa)、阿育王石柱殘跡、朝山丘(Chaukhandi Mound)、慕爾甘陀哈‧庫提‧維哈爾寺院(Mulgandha Kuti Vihar)、考古博物館(Archaeological Museum)，以及後來興建的各國寺院。

圖例 🏛遺跡 卍寺廟 🏛博物館

鹿野苑

卍 緬甸寺 Burmese Monastery

卍 寺廟遺跡 Monastery Ruins

阿育王石柱遺跡 Ashoka Pillar

主壇 Main Shrine

達美克佛塔 Dhamekh Stupa

耆那教廟 Jain Temple

慕爾甘陀哈‧庫提‧維哈爾 Mulgandha Kuti Vihar

● 博物館與寺廟遺跡售票處

🏛 考古博物館 Archaeological Museum

泰國寺 Thai Monastery

卍 中國寺 Chinese Monastery

Dharmapal Rd

日本寺 Japanese Monastery

Ashoka Marg

卍 西藏寺 Tibetan Monastery

卍 朝山丘 Chaukhandi Stupa

↓往瓦拉那西（10km）

殘存的阿育王石柱

　斷成數截的阿育王石柱仍散落在佛教遺跡公園裡，柱身上以巴利文刻的阿育王敕文仍清楚可見；至於石獅柱頭，就收藏在鹿野苑博物館裡，四頭石獅威風八面地朝著四個方向怒吼，石獅下的基座則刻有牛、馬、獅、象四種動物。這石獅標誌已成為今天印度的國徽及鈔票上最重要的圖騰。

慕爾甘陀哈‧庫提‧維哈爾寺院

　達美克佛塔是一座雙層圓筒造型的建築，高33公尺、基座直徑達28公尺，出現於西元5世紀的笈多王朝時期，塔身雕刻了許多古老精緻的圖案。

　此外，慕爾甘陀哈‧庫提‧維哈爾是一座新建的寺院，樣式模仿菩提迦耶的摩訶菩提佛寺，裡面供奉佛陀初轉法的金色佛像。寺內牆壁上，裝飾著描述佛陀生平故事的彩色繪畫，是日本畫家野生司香雪的作品，寺院內還可選購有關鹿野苑和佛跡的書籍。寺院右側庭園裡有一棵圍著護欄的菩提樹，是從斯里蘭卡切枝移植而來。

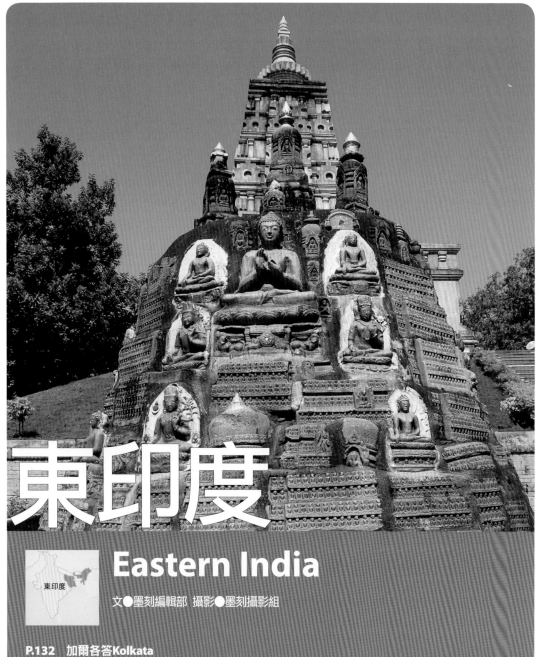

東印度

東印度

Eastern India

文●墨刻編輯部　攝影●墨刻攝影組

東印度的範圍東起喜馬拉雅山脈，西至孟加拉灣平原區，恆河流域貫穿而過，並在印度和孟加拉之間注入孟加拉灣。

北邊的阿薩姆(Assam)和大吉嶺(Darjeeling)是名聞全世界的重要產茶地，是座美麗繁榮的山中城邦，而印度第二大城加爾各答就位於恆河三角洲頂端，是一座集文化與髒亂於一身的矛盾城市。

東印度之最Top Highlights of Eastern India

維多利亞紀念堂Victoria Memorial
英國殖民時代留下的維多利亞紀念堂，是為了慶祝英女王維多利亞即位六十週年而建，融合了義大利文藝復興風格及蒙兀兒建築元素，是加爾各答最具代表性地標。(P.136)

卡莉女神廟
Kalighat Temple
卡莉女神廟是加爾各答最古老的印度教聖地，也加爾各答地名的由來，加爾各答人尊奉卡莉女神為該市的守護神，每天都吸引相當多信徒前來膜拜獻祭。(P.142)

摩訶菩提佛寺
Mahabodhi Temple
摩訶菩提佛寺就是佛陀在菩提樹下悟道的地方，西元前三世紀，阿育王在菩提樹下安放了一塊金剛座並建造一座正覺塔，直到1870年代，考古挖掘才讓它重見天日。(P.147)

大吉嶺蒸氣小火車
Darjeeling Himalayan Railway
被列為世界遺產的大吉嶺高山蒸氣小火車，從1881年營運至今。在青藏鐵路開通前，它也是世界上海拔最高的火車。(P.150)

老虎嶺Tiger Hill
在老虎嶺觀賞干城章嘉峰與喜馬拉雅山群峰的日出，是造訪大吉嶺的重點行程。由觀景台眺望，一側是等待太陽浮現的雲海，另一側是等待陽光照耀的群峰。(P.152)

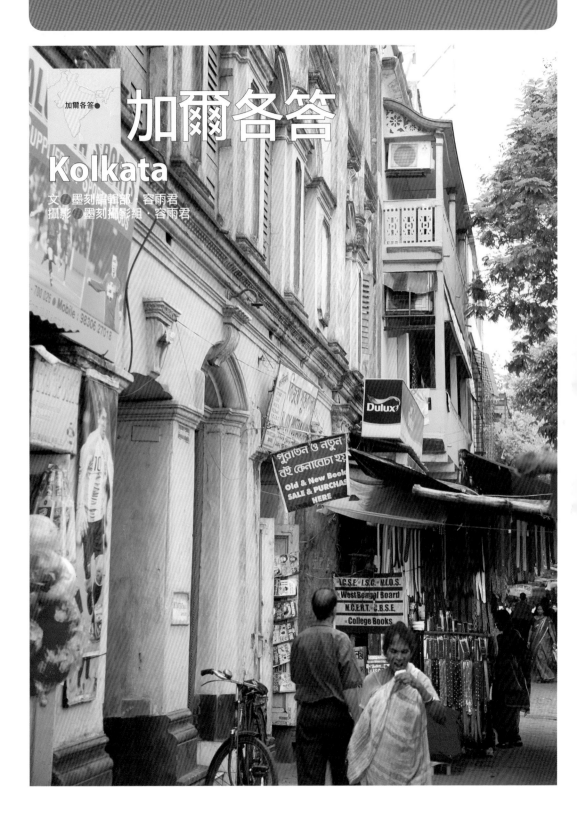

加爾各答
Kolkata

文●墨刻編輯部‧容雨君
攝影●墨刻攝影組‧容雨君

加爾各答依傍恆河支流胡格利河(Hooghly River)，是僅次於孟買的印度第二大城，同時也與孟買、清奈並列印度三大貿易港。

此地昔日曾為英國殖民地政府首都，歷經繁華與經濟衰退，文化層次多元而豐厚，有髒亂嘈雜的傳統市集，也有現代化的百貨公司；有傳統的印度教神廟，也有殖民時代遺留下來的殖民式建築；能夠瞻仰泰瑞莎修女於垂死之家的陵墓，也能夠追憶諾貝爾文學獎得主印度詩人泰戈爾的故居與生平。穿梭在城市間映照出一棟棟建築的歷史，老的、新的、遠的、近的，都逃不過光影的追逐。

加爾各答有著大城市的繁華，同樣也面臨印度大城市普遍的問題，各地湧入的勞工與顯著的貧富差距，導致人口膨脹、貧窮失業、髒亂擁擠、垃圾與空氣污染；當街洗澡、便溺者比比皆是；入夜後，昏暗的路燈下，四處可見沒有地方住的遊民睡在騎樓、人行道上，這是城市真實的另一面。

在加爾各答，不論是食物、交通、建築都展現有別於印度其他城市的異國風情與多元文化。從傳統喧鬧的印度大街，到寧靜典雅的歐式建築，旅人可以體驗各式不同的交通工具或以散步的方式來欣賞這個城市。

加爾各答

泰戈爾故居
Rabindra Bharti Museum

Girish Park Ⓜ

胡格利河 Hooghly River

納寇達清真寺
Nakhoda Mosque
Mahatma Gandhi Rd

Bidhan Sarani

Howrah
火車站

舊中國城
Old Chinatown

M.G. Road Ⓜ

作家大樓
Writer's Building

Fairlie Ghat
渡輪站

聖安德魯St Andrew's Kirk
Ⓜ Central

Raja Bazar

郵政大樓GPO

BBD巴格廣場
BBD Bagh

Chandi Chowk Ⓜ

Sealdah
火車站 ⓔ

Babughat
客運站

Esplanade
Ⓜ

Bow Bazaar

Lenin Sarani

Indra Gandhi Sarani

新市集 New Market
Sudder St.
印度博物館 Indian Museum

Park Street Ⓜ

泰瑞莎修女故居
Mother Teresa House

S H 1

梅登公園與
維多利亞紀念堂
The Maidan &
Victoria Memorial

Ⓜ Maidan

Park St.

聖保羅教堂
St. Paul's Cathedral
Chandra Bose Rd

Cathedral Rd.

Rabindra Sadan Ⓜ

Ashutosh Chowdhurr Rd

Chowringhee Rd.

往阿里坡動物園Alipore Zoological Garden

Taj Bengal Hotel

Ⓜ Netaji Bhavan

Ashutosh
Mukherjee Rd.

Hazra Rd

Ⓜ Jatin Das Park

卡莉女神廟
Kali Temple

Kalighat Ⓜ

圖例：Ⓔ景點 ✝教堂 ⚓碼頭 🏛博物館
🚏巴士站 ⓔ火車站 🏪商店 Ⓜ地鐵

INFO

基本資訊
人口：1,410萬
區域號碼：033
面積：1,886平方公里

如何前往
◎航空

　　加爾各答的Netaji Subhash Bose International Airport，位於市中心東北邊約17公里，於2013年重新擴建，現代而新穎。國內外航線都在此機場起降，如果要前往不丹，加爾各答是主要的前進基地。國內航線從德里到加爾各答航程約2小時、從清奈到此約2小時40分鐘、從孟到此約2小時。從機場到市中心的交通方式大約有幾個方式：

預付計程車Prepaid Taxi：

　　搭乘機場內的預付計程車，先在機場大廳售票處付款後，再到大廳外搭車，由於加爾各答塞車嚴重，前往市中心大約要50分鐘至1小時。

機場巴士Airport Bus：

　　機場巴士由West Bengal Surface Transport Corporation（WBSTC）經營，有數條路線供旅客利用，VS1至市區Esplanade，發車時間為8:15~20:00，車程約1小時15分；VS2至Howrah，發車時間為8:00~19:45、21:00，車程約1小時20分；VS8至Tollygune，發車時間為10:00~18:30，車程約1小時30分；V1至Tollygune，發車時間為8:15~21:00，車程約1小時30分；V2至Satragachi，發車時間為8:45~17:30，車程約1小時55分。

捷運Metro

　　加爾各答的捷運尚未開通到機場，必須先坐公車到

位於機場西南方5公里的DumDum地鐵站，然後再到市中心，如果提著厚重行李，並不建議搭乘捷運。

◎鐵路

加爾各答有兩個主要火車站Howrah(HWH)和Sealdah(SDAH)，Howrah是數條鐵路匯聚的大站，往來印度各城市的長途列車主要都停靠於此，從德里到加爾各答的特快車需18小時以上，從孟買約需32小時，從瓦拉納西約8小時以上。Sealdah 車站屬於東南部鐵路(South Eastern Railway，SER)、加爾各答西孟加拉邦郊區鐵路，往東達孟加拉邊界，從大吉嶺搭乘火車「大吉嶺之星」便是抵達此站，車程約10小時。

◎巴士

加爾各答兩個主要的巴士站位於Babughat Bus Park和Esplanade Bus Stand。Esplanade位於市中心，多往來西孟加拉邦境內城市；往來其他城市長途巴士多在位於胡格利河旁的Babughat Bus Park，到Puri、Ranchi、Buda Gaya附近城市，車程約12小時以上，出發時間多為傍晚。

市區交通

◎捷運Metro

加爾各答的捷運現有三條路線在運行，1號線(藍線)為Dakshineswar通達Kabi Subhash，2號線(綠線)目前開通Salt Lake Sector V到Sealdah，西段還在建設中，3號線(紫線)目前開通Taratala至Joka，北段還在建設中。除此，4號線(黃線)、5號線(粉紅線)及6號線(橙線)也都在規劃中。近年受疫情影響，捷運營運時間改為6:55~22:30，平均運行時速為55~60公里/小時，根據擁堵情況，每站停靠約10~20秒。票價以乘坐距離計算，票價範圍為Rs5~30。

◎巴士與電車Bus & Tram

公車路線雖多，卻經常人滿為患、過站不停、塞車嚴重，須隨機應變跳上車，不建議遊客搭乘。在市中心區則可搭乘固定路線的有軌電車，大部分都從市中心的Esplanade出發，票價依路段長短而定。

◎渡輪Ferry

要越過胡格利河到對岸，搭乘渡輪可以避免塞車，特別是從市區到胡格利河對岸的Howrah火車站，渡輪約15~20分鐘一班。

◎人力車和機動三輪車Rickshaw & Auto-Rickshaw

人力車和電動機車可以行駛的範圍有限，見到外國人通常會提高價格，就看你的議價能力。

◎計程車Taxi

加爾各答計程車願意誠實跳錶的司機並不多，尤其是交通尖峰時刻、雨天和夜間，以及載到外國遊客，更是計程車司機敲竹槓的機會，要價數倍翻司空見慣。至於預付的計程車(Prepaid Taxi)只在機場和Howrah、Sealdah兩處火車站找得到。

旅遊諮詢

◎印度旅遊局－加爾各答India Tourism Kolkata

⌂4 Shakespeare Sarani

☎033-22825813

🌐tourism.gov.in/about-us/indian-tourism-offices

加爾各答中心區Central Kolkata

MAP ▶ P.134A3

梅登公園與維多利亞紀念堂

MOOK Choice

The Maidan & Victoria Memorial

加爾各答代表性地標

🚇 從捷運Maidan站步行前往約10分鐘 ☎033-22231890 🕐 公園10~2月6:00~17:30，3~9月5:30~18:00；紀念堂週二~週日10:00~18:00；夜間英語聲光秀每週三18:30，預定演出的時間可能會變更，請先行確認。 💲公園Rs20，紀念堂Rs500。夜間聲光秀Rs100，傍晚17:40開始售票。 🌐 www.victoriamemorial-cal.org ⚠紀念堂內禁止攝影

位在加爾各答的市中心區的梅登公園占地甚廣，南北長達三公里，面積約四百公頃，西側倚靠胡格利河，東側則是加爾各答最熱鬧的南北主幹道喬林基路(Chowringhee Rd.)。

梅登公園是個統稱，這一大片綠地還包括威廉堡要塞(Fort William)、伊甸花園(Eden Garden)、板球場、馬球競技場、緬甸亭(Burmese Pavilion)、沙希德高塔(Shahid Minar)、聖保羅教堂(St. Paul's Cathedral)，以及加爾各答最顯眼的地標維多利亞紀念堂。由於綠帶遼闊，加爾各答兩支知名的足球隊就以此為基地。

不論有多麼厭惡加爾各答街頭污濁的空氣、震耳欲聾的喇叭噪音，以及永遠打結的混亂車陣，然而一走進必須付費的標維多利亞紀念堂園區，

彷彿來到另外一個世界。

英國殖民時代留下的維多利亞紀念堂，完成於1921年，當初是為了慶祝英女王維多利亞即位六十週年而建，不過，直到她過世20年之後才蓋好。紀念堂融合了義大利文藝復興風格及蒙兀兒建築元素，乍看彷彿美國白宮和泰姬瑪哈陵的綜合體，整棟建築以白色大理石打造而成，石材取自拉賈斯坦邦的馬克拉納(Makrana)地區，和泰姬瑪哈陵的建材同源。

沿著四周步道，可以從不同角度欣賞這座白色的典雅建築，水池倒映著建築主體，庭園一片花草綠意，就像是漫步在美麗的歐洲宮殿，到了夜晚，在聲光的投射下，又是另一番風情。

以女王為名的優雅紀念堂

維多利亞紀念堂有兩座維多利亞女王雕像，一座是位於正門入口的綠色銅雕，女王霸氣地坐在王位寶座之上；另一座是建築內圓頂大廳下的大理石雕像。紀念堂內目前是一座博物館，地面樓和1樓共有25間廳室，展覽許多英國維多利亞女王時代的文物、殖民時期加爾各答的畫作、印度當代的藝術品，以及加爾各答的殖民歷史。

加爾各答中心區Central Kolkata

MAP ▶ P.134A2

新市集

New Market

市中心購物享美食

🚇 從捷運Esplanade站步行前往約10分鐘 🏠 Lindsay Street

位於市中心交通樞紐的愛斯普朗地(Esplanade)以南、喬林基路(Chowringhee Rd.)以西與蘇德街(Sudder Street)以北的這塊區域，聚集了各式各樣的商店、餐廳、小販與特色店家，這裡是加爾各答新市集所在地，以一座顯眼的紅磚鐘塔為地標。

內部相通的迴廊裡，布滿了上百家店鋪，從服飾、藝品、珠寶、書刊的商店，到家庭用品、零食點心等雜貨店，再到傳統賣菜賣肉的菜市場，裡裡外外都是人。其中最知名的是一間百年糕餅店Nahoum，老闆是猶太人，自1902年開店至今，店面一直維持原貌。

加爾各答中心區Central Kolkata

MAP ▶ P.134B3

泰瑞莎修女故居

Mother Teresa's House

泰瑞莎修女永眠之所

🚇 從捷運Park Street站.步行前往約20~25分鐘 🏠 54 / A, A.J.C. Bose Road ☎ 033-22497115、22262940 🕐 週五~週三 9:00~12:00、15:00~17:30 🌐 www.motherteresa.org

曾於1979年獲得諾貝爾和平獎的泰瑞莎修女(Mother Teresa，1910年-1997年)在印度備受敬重，尤其在加爾各答，她在世時所成立的垂死之家，收容了許多流落街頭、疾病交迫的窮人，也感動了來自世界各地的志工紛紛投入垂死之家的服務工作。

泰瑞莎修女的墓就位於其故居的地面樓，沒有過多的裝飾，只擺放一本《聖經》，故居內部也保存了修女生前的起居室，同時陳列其遺物與生平歷史。

加爾各答中心區Central Kolkata

MAP ▶ P.134A2

印度博物館

MOOK Choice

Indian Museum

印度歷史最久、最大的博物館

從捷運Park Street站步行前往約5分鐘 ⏺27 Chowringhee Rd. ☎033-2252-1790 ⏺週二～週日10:00~17:00 💲門票Rs500，附攝影鏡頭手機Rs50、相機Rs100 🌐www.indianmuseumkolkata.org

加爾各答的印度博物館名列印度三大博物館之一，建於1814年，是印度歷史最悠久、且館藏最豐富的博物館，2014年2月，印度博物館才歡慶它的200歲生日。

在珍貴的歷史文物收藏方面，從西元前2500年的印度河谷文明、西元前2世紀的巴赫特(Bharhut)佛塔浮雕，再到西元3世紀的犍陀羅時代(Gandhara)佛像雕刻，量大且完整，足以顯示這座博物館在考古界的份量。在錢幣館

建築之美值得細賞

博物館建築本身也是欣賞重點之一，白色義大利風格建築，迴廊圍繞著花園和水池中庭，一座座的石雕真跡就陳列在迴廊，自然光線投射下，更顯古文物之美。

(Numismatics Gallery)則收藏了西元前500年到17世紀的大量錢幣。

除此之外，還有動物學館(Zoological Section)、地質學館(Geological Section)、人類學館(Anthropology Section)、植物學館(Botany Section)、藝術館(Art Section)，從岩石、化石，到動物骨骼、動植物標本等，讓人看得眼花撩亂。其中最特別的是埃及美術館，館內加裝了空調，一具歷史超過四千年的木乃伊就位於正中央，最為吸睛。

市就是從此開始發展起來的，英國殖民時期，更留下了不少宏偉的殖民式大樓。其中最知名的是建於1780年的「作家大樓」(Writer's Building)，其立面由一根根科林斯圓柱構成、外觀呈磚紅色，過去是東印度公司職員辦公的地方，而督察長就是在這棟樓的陽台被射殺。

加爾各答中心區Central Kolkata

除此之外，建於1860年代的郵政大樓(GPO)呈現新文藝復興風格，其巨大的圓頂特別顯眼；渾身雪白、陡而尖的聖安德魯(St Andrew's Kirk)，則是雷恩式(Wren-Style)建築的典型範例。

MAP ▶ P.134A2

BBD巴格廣場

BBD Bagh

加爾各答發跡之地

🚇捷運Central站

BBD巴格廣場原本名為「達爾豪西廣場」(Dalhousie Square)，1930年12月，三位印度青年Binay、Badal和Dinesh為了爭取自由，在此槍殺了英國殖民警方的督察長，從此更名，以紀念此事件。

這裡是加爾各答的心臟地帶，這麼大的一座城

鬧熱滾滾的市集

從BBD巴格廣場往東北方走，原本寬闊街道、宏偉高大的殖民式建築，轉為凌亂擁塞的巷弄市景，尤其是舊中國城(Old Chinatown)周邊，人力車、機動三輪車、電車、巴士，與熙來攘往的小販、貨運工人、採買市民……把街頭擠得水洩不通。就在熱鬧的市集裡，坐落著加爾各答最大的納寇達清真寺(Nakhoda Mosque)，建築樣式仿自阿格拉的阿克巴大帝陵墓(Akbar's Mausoleum)，以紅色砂岩打造而成，內部可容納約一萬人。

加爾各答北區Northern Kolkata

MAP ▶ P.134B1

泰戈爾故居

Tagore's House

陳列展示泰戈爾的一生

🚇 捷運Girish Park站步行前往約15~20分鐘 🏠259, Rabindra Sarani, Singhi Bagan, Jorasanko ☎033-22695242 ⏰週二至週日10:30~17:00 💲門票Rs150，攝影Rs50(僅限在大樓外及庭院攝影，博物館內禁止攝影)

印度最偉大的詩人泰戈爾(Rabindranath Tagore，1861年–1941年)，是亞洲第一位獲得諾貝爾文學獎的詩人，其故居地點相當隱蔽，四周是平凡且混亂的巷道，沒有像樣的大門與指示標誌，遊客得花些時間才能找到那道低調的入口。

泰戈爾故居是一棟三層樓的紅磚屋，融合了印度與歐洲風格，建築與環境典雅而優美，門廊、窗台上流動著微風樹葉搖曳的光影，宛若經過精心設計，充分利用陽光襯托室內的空間。宅邸圍繞著花園，詩人的雕像就佇立於庭園中，此建築猶如加爾各答城市荒漠中的一處小小綠洲，默默地存在、默默地見證著一位文學巨擘的一生。

進入博物館前，遊客得脫鞋並將隨身物品鎖進置物櫃，建築二、三樓是博物館，維持了詩人生前居住的擺設，這兒可見他的起居室、臥室與遺物的陳列；展覽室則展出他生平的相片與相當珍貴的手稿及畫作，來到這裡，能更深刻體會詩人作品中，豐沛的生命力。

141

南加爾各答Southern Kolkata

MAP ▶ P.134A4

卡莉女神廟

MOOK Choice

Kalighat Temple

加爾各答最古老的印度教聖地

📍從捷運Kalighat站步行前往約10分鐘　🕐5:00~22:00，中央神龕14:00~17:00關閉。　⚠進入寺廟必須脫鞋且不可拍照

卡莉女神廟是加爾各答最古老的印度教聖地，不少印度中古世紀的詩歌都曾提到這座廟宇，而加爾各答(Kolkata)名稱的由來，據說就是源自「Kalighat」這個字。

周邊市集好逛好買

依賴寺廟而生的小販、紀念品商店擠滿寺廟周邊的巷弄，形成一座熱鬧非凡的市集，逛周邊市集反倒比參拜寺廟更趣味橫生。

特殊建築風格

今天所見到的卡莉女神廟是1809年重建的，其建築外觀以及中央尖塔上所貼的花與孔雀的圖案，反倒接近義大利文藝復興風格，而非傳統的印度廟。走進狹窄的廟門，一些在地印度人認出你是個外國遊客，便會主動獻殷勤帶你導覽並祭拜神廟。先以宣稱是恆河水為你洗手、一一拜過不同神龕，然後抓一把紅色扶桑花丟向卡莉女神像，並在老榕樹下掛上許願圈。當然這些過程都非免費服務，除了令人咋舌的香油錢，還有貢品費、導覽費等，要不要付？付多少？端看你當下的判斷，你也可一開始便婉拒對方的「好意」。

毀滅女神恐怖形象

卡莉女神是印度教中的毀滅女神，濕婆神之妻帕爾瓦娣(Parvati)的化身之一，以恐怖殘酷的形象著稱，有三隻眼睛，口吐長舌。印度教徒相信卡莉女神能阻擋災難、帶來祝福，加爾各答人更尊奉卡莉女神為該市的守護神，因此，每天都有相當多信徒前來膜拜獻祭。

MAP ▶ P.134A3 **Taj Bengal Hotel, Kolkata**

📍34-B, Belvedere Road, Alipore ☎033-22233939 ⓤ
www.tajhotels.com/en-in/taj/taj-bengal-kolkata/

　當你風塵僕僕地從機場由北往南一路穿越加爾各答市中心，
車子陷在車陣之間走走停停，一個多小時的車程，燠熱的溫
度、污濁的空氣、刺耳的喇叭聲……讓你愈發難耐，最後車子
轉進阿里坡區(Alipore)林蔭綠地間的Taj Bengal Hotel。當你踏入
旅店，空氣瀰漫著清涼與幽香，隨後侍女為你獻上迎賓花環、
在額頭眉心間點上象徵吉祥的祈福紅點，並由專人引領你入
房，並送上一杯特調迎賓飲，此刻，一股莫名的幸福滋味湧上
心頭，就彷彿從荒漠中飲到一口綠洲中的甘泉。

　Taj Bengal, Kolkata這棟氣派的五層樓石造建築，是加爾各答南
區最知名的地標，現代的裝潢設計融合了傳統印度藝術元素。
229間客房和套房才重新裝潢翻修，柚木地板上鋪著厚實的手工
簇絨地毯；典雅的座椅、沙發、靠墊、抱枕，是觸感絕佳的絲
織和棉質料；牆上掛著的畫作也經過精心挑選，巧妙地連結現
代加爾各答和殖民年代。

　而現代化旅店的必要設施，更是一應俱全。高速無線網路方
便你隨意連結手機、筆電、平板電腦等載具；房內沖茶、咖啡
機，讓你一覺醒來就能在沙發上自在地迎來第一杯醒腦的咖啡
與茶；而全部進口自歐洲的衛浴設備，不論淋浴或泡澡，都是
一大享受。

　Taj Bengal所提供的餐飲選擇更是多樣，從酒吧、簡餐到正式

套餐，從印度菜、中國川菜、中東菜、到義大利菜，從傳統料
理到創意料理，滿足不同需求的食客。其中，Sonargaon餐廳供
應的是旁遮普邦(Punjab)和西孟加拉邦(Bengal)的道地北印度料
理，在加爾各答頗負盛名。

　走出房間，你更能感受服務人員親切而專業的服務。在The
Taj Club，你可以在不受打擾的空間，輕鬆享受下午茶和晚點；
你也可以在露天泳池裡享受片刻清涼；服務人員可以為你安排
餐點、Spa水療、城市旅遊，甚至購物行程等；還有，當你結束
所有行程，如果不想灰頭土臉地穿越市區前往機場，建議預定
一輛專人接送的禮車，留下一個完美的Happy Ending。

菩提迦耶

Bodhgaya

文●墨刻編輯部 攝影●墨刻攝影組

菩提迦耶就是佛陀在菩提樹下悟道的地方，而這裡之於佛教朝聖者，就好比麥加聖地之於穆斯林那般地位崇高。

來到菩提迦耶的人，第一眼總會被高聳雄偉的摩訶菩提寺所震懾，不論走到哪裡，它總是無法忽視的地標。佛陀成正覺之後的兩百五十多年，也就是西元前三世紀，阿育王在菩提樹下安放了一塊金剛座並建造一座正覺塔，後來幾經錫蘭王、緬甸王的重修、整建，以及穆斯林、祝融、洪水的毀壞，塔寺毀了又蓋，蓋了又毀，直到1870年代，考古挖掘才讓它重見天日。

菩提迦耶主要遺跡包括有菩提樹、摩訶菩提佛寺、阿育王石柱、金剛座（Vajrasana）等，是1861年英國考古學家亞歷山大·康寧漢（Alexander Cunningham）挖掘出來的，並於1870年修復。

菩提迦耶周邊還有一座考古博物館、亞洲其他佛教國家興建的寺院，以及佛陀在悟道之前，苦行過程所留下的種種傳說和遺跡。

INFO

基本資訊

人口：30,900萬
區域號碼：0631
面積：83.78平方公里

如何前往

菩提迦耶是個小村落，最近的城鎮為13公里外的迦耶（Gaya），與德里、瓦拉那西和加爾各答之間都有火車通達，從迦耶可以搭乘機動三輪車前往菩提迦耶，車程約半小時。

至於迦耶機場（Gaya Airport）則位於菩提迦耶西邊8公里，有飛往德里、瓦拉那西、加爾各答的班機。

MAP ▶ P.144A2

各國寺院及精舍

Temples & Monasteries

亞洲寺廟大觀

⌂ Buddha Rd & Temple St.

　凡是擁有眾多佛教信徒的國家，多半都會在菩提迦耶這處佛教聖地蓋起代表自己國家的寺院建築，好比泰國寺就蓋成泰式寺廟的樣子，西藏廟則飾有唐卡、藏經及轉經輪，因而菩提迦耶地區錯落著泰國寺、西藏寺、不丹寺、日本寺、中國寺、斯里蘭卡寺、越南寺、尼泊爾寺、韓國寺、緬甸寺等，當然，台灣在此也擁有一座寺院，不

少來此朝聖或修行的台灣人會選擇下榻於此。

　其中25公尺高的巨大釋迦牟尼佛像，兩旁各立有許多尊佛像，是日本佛教徒捐款建造的，大佛內部為中空，供奉了兩萬尊銅雕佛像。

MAP ▶ P.144B1

尼連禪河及蘇迦塔村

Nairanjana & Sujata

佛陀苦行接受供養之地

　從菩提迦耶市區行經蘇迦塔橋，越過尼連禪河，可以前往位於河對岸的蘇迦塔村，當年佛陀苦行沐浴的尼連禪河現稱「法古河」(Falgu River)，而佛陀苦行時接受婦女蘇迦塔供養乳粥的蘇迦塔村，今天則稱為「巴卡羅村」(Bakraur)。

　過河後，左手邊有一座頹圮的土丘遺址，據說是阿育王時代所建，用來紀念蘇迦塔，此地正是

她當年所居住的地方。站在蘇迦塔山丘上，可以眺望東北方的前正覺山(Pragbodhi)，以及周圍的田園和農舍景觀。

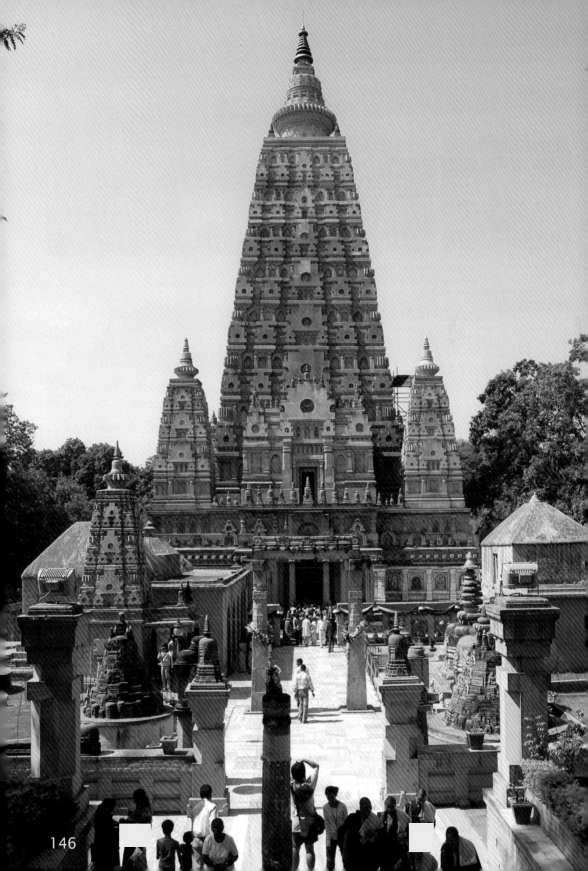

摩訶菩提佛寺

MOOK Choice

Mahabodhi Temple

佛陀打坐悟道之聖地

🕐 5:00~21:00 💲 免費，相機Rs100 ❶ 進入摩訶菩提佛寺得脫鞋，門口有寄放鞋子的地方。

　　摩訶菩提佛寺又稱為大菩提寺，高50公尺。遠看摩訶菩提寺，似乎只有一座高聳的正覺塔，其實整座院寺腹地龐大，布局繁複。這其中包括七週聖地、佛陀足印、阿育王石欄楯、菩提樹、金剛座、龍王池、阿育王石柱，以及大大小小的佛塔、聖殿和各式各樣的鐘、浮雕和佛像。有些為原件，有些則是重修，部分雕刻收藏於加爾各答國家博物館和倫敦的V & A(Victoria & Albert)博物館。

　　而最受矚目的焦點便是菩提樹和七週聖地，當年玄奘曾跪在菩提樹下熱淚盈眶，感嘆未能生在佛陀時代。

菩提樹

　　今天所看的菩提樹，已非當年佛陀打坐悟道的原樹，這棵樹和摩訶菩提寺一樣命運多舛，不斷與外道、伊斯蘭教對抗，並遭到焚燬與砍伐，最後則是從斯里蘭卡的安努拉德普勒(Anuradhapura)帶回菩提子，長成現在的滿庭蔭樹，據說這菩提子是西元前3世紀阿育王的女兒Sanghamitta前往斯里蘭卡宣揚佛教時，從菩提迦耶原本的菩提樹帶來的分枝，開枝散葉所繁衍的後代。

七週聖地

　　至於七週聖地則是佛教經典中，佛陀正覺後，各花七天冥想和行經的地方。這包括了第一週在菩提樹下打坐；第二週在阿彌薩塔，不眨一眼望向成道之處；第三週是佛陀雙足落地，便有蓮花湧出之處；第四週佛陀放出五色聖光，也就是現在全世界佛教紅、黃、藍、白、橙五色旗的由來；第五週在一棵榕樹下禪定，提出眾生平等的思想；第六週在龍王池度化龍王；第七週有兩位緬甸商人皈依佛陀，佛陀致贈八根佛髮，目前供奉在緬甸仰光的大金塔裡……

各國信徒禮佛

　　而今的摩訶菩提寺就好比是一座多采多姿的小社區，來自四面八方的信眾，各自占據一個角落修行功課，並以自身的文化表達其對佛祖的崇敬，尋找心靈的答案。

　　你可以看到泰國僧人領著信眾，在金剛座前誦經並繞行正覺塔七周；也可以看到苦修的藏人鋪著一方草席，不斷面向正覺塔行三跪九叩大禮拜；還有台灣朝聖團前來作一百零八遍的大禮拜，行一日一夜的八關齋戒；此外斯里蘭卡、緬甸、日本等信眾，以及川流不息的世界各地遊客，總是把整個摩訶菩提寺擠得熱鬧非凡，每個小角落，每天都有故事在不斷上演。

東印度…**菩**提迦耶 Bodhgaya

大吉嶺
Darjeeling

文・攝影●容雨君

大吉嶺坐落於印度東北部的喜馬拉雅山麓，融合了多元種族與文化，包括尼泊爾人、印度人、錫金人、西藏人、不丹人等，當地的孩子至少都會說兩種以上語言。

海拔兩千兩百多公尺的大吉嶺，抬頭就能遠眺世界第三高峰干城章嘉山(Kangchenjunga，8586公尺)，峰巒疊翠的壯闊山景、茶園雲海以及錯落在山谷間的村莊景致俯拾即是，得天獨厚的地理環境與氣候也讓大吉嶺出產的紅茶名聞國際，品嚐紅茶是來到大吉嶺不能錯過的行程。

大吉嶺市區熱鬧繁榮，所有的樓房與街道都沿山而建。市場與火車站位於山下，山上則有著名的朝拉薩廣場，至於市區蜿蜒的街道兩旁則林立著許多旅館、餐廳、咖啡館、小吃店、郵局、銀行、電影院與百貨公司。這裡的環境、治安、衛生及居民的友善程度，與印度其他城市相形之下都好得多。

大吉嶺兼容並蓄了現代與傳統、多元種族與宗教，為這城市注入蓬勃的生命力，對當地人來說，大吉嶺是他們眼中的Gorkhaland，代表了大吉嶺是一塊融合了尼泊爾、印度、西藏等多元種族文化，卻和諧、自治與欣欣向榮的樂土。

INFO

基本資訊
◎大吉嶺

圖例 ◎景點 卍寺廟 🚌巴士站 🏣郵局　**大吉嶺**

◎喜馬拉雅登山學會與動物園
Himalayan Mountaineering
Institute and Zoological Park

Lebong Cart Rd.

◎快樂谷茶園
Happy Valley Tea Estate

◎觀景台
Observatory

Observatory Hill

卍 Mahakai Temple

◎羅伊德植物園
Lloyd Botanical Gardens

◎朝拉薩廣場
Chowrasta
Square

Hill Cart Rd.

Laden La Rd.

Nehru Rd.

🚌巴士站
市場 Market

●外國人登錄辦公室

🏣郵局

Laden
La Rd.

Tenzing Norgay Rd.

◎大吉嶺蒸氣小火車
Darjeeling Himalayan Railway

Zakir Hussain Rd.

◎日本山妙佛寺 卍
Japanese Temple

Ghoom(Ghum)
Monastery 喇嘛寺 卍

Samten Choling
Monastery
喇嘛寺 卍

卍
◎Ghoom(Ghum) Station
火車站與火車博物館

→往老虎嶺Tiger Hill

人口：約13萬
區域號碼：0354
面積：10.57平方公里

如何前往

◎航空
　　大吉嶺最近的機場是巴克多拉(Bagdogra)機場，但該機場距離大吉嶺90公里、距離大吉嶺山下最近的城鎮希利古利(Siliguri)12公里，可先搭乘巴士與計程車至Siliguri，再從Siliguri搭乘吉普車到大吉嶺，車程約3小時。由加爾各答搭乘國內班機至巴克多拉，航程約1小時。

◎鐵路
　　距離大吉嶺最近的火車站為鄰近希利古利(Siliguri)的新賈霸古利(New Jalpaiguri，NJP)火車站，從加爾各答搭乘火車至此需8.5~11.5小時。再從Siliguri搭乘吉普車或蒸汽火車到大吉嶺。
大吉嶺火車站票務服務 🌐www.irctc.co.in

市區交通

　　大吉嶺市區不大，各景點步行可達，也可搭乘公車或與他人共乘吉普車；若要前往老虎嶺、錫金可在市區巴士或計程車站搭乘吉普車。

　　在錫金首府甘托克，市區主要景點自M.G. Marg Road向外延伸，皆步行可達。

旅遊諮詢

◎GTA Tourist Reception Centre
🏠Silver Fir Bldg, Bhanu Sarani(Mall Road)
☎0354-2255351

大吉嶺市區

MAP ▶ P.149A3

MOOK Choice

大吉嶺蒸氣小火車
Darjeeling Himalayan Railway
古老的高山火車

📍 Hill Cart Rd, Darjeeling(大吉嶺火車站)，從市中心步行前往約10分鐘。 ◐ 中午、下午各一班，來回約1.5~2小時。

　　大吉嶺最有名的除了紅茶，就是被列為世界遺產的高山蒸氣小火車，從1881年營運至今。在青藏鐵路開通前，它也是世界上海拔最高的火車，窄軌、體型較小的蒸氣小火車像復古的大玩具般，依照著百年前的模樣運行，鐵軌沿著山坡成Z字型興建，在群山中綿延百里，可想像當年

建築工程之浩大，在市區不時可見小火車穿梭街道間，與民房比鄰、與汽車爭道，構成有趣的城市景觀。

　　小火車目前維持行駛，在大吉嶺每天有兩班車提供遊客體驗之旅，車廂內布置著絲絨材質的設計，以時速不到40公里的速度前進著，行駛於大吉嶺站和Ghum站之間。

大吉嶺市區

MAP ▶ P.149B2

朝拉薩廣場

MOOK Choice

Chowrasta Square
逛街賞景最佳去處

📍 Nehru Rd.與The Mall Rd.交會處，從大吉嶺火車站步行前往約10分鐘。

　　朝拉薩廣場位於街道匯聚的半山腰處，從廣場向外延伸，聚集著各式各樣的商店、小販與餐廳，是大吉嶺最熱鬧的地區，除了常舉辦大型表

演活動，當地人和遊客也喜歡聚集在廣場周邊休憩，一邊俯瞰山谷美景，一邊聊天、曬太陽、享美食。

　　漫步在緊鄰廣場的環狀觀景台山坡(Observatory Hill)步道，一路綠蔭環繞，可見佇立於山坡上的古老教堂、皇宮官邸、西藏村與學校；日落時分，人們則會三三兩兩聚在觀景台欣賞干城章嘉峰的黃昏。沿著步道還可步行至山頂上的**Mahakai Temple**，該寺廟最大的特色是印度教的祭司與佛教的和尚共用一座祭壇，展現了大吉嶺宗教與文化融合的特色。

大吉嶺市郊

MAP ▶ P.149A1

快樂谷茶園
Happy Valley Tea Estate
歷史悠久的茶園

📍Pamphawati Gurungni Rd.(位於市區Hill Cart Rd.下方)，從大吉嶺火車站或市區巴士站步行前往約20~25分鐘。 🕐週二~週六8:00~16:00

　　快樂谷的茶園沿著山坡呈梯形分布，從市區望去，可見一點點穿梭在山坡間的色彩，是背著竹簍正在採摘茶葉的婦女們。

　　每年4~10月，旅客可以來此參觀當地採茶與手工製茶的過程。一走進茶廠，濃烈茶香撲鼻而來，展現世界三大紅茶之一的魅力。

　　朝拉薩廣場周邊有一些大型的茶葉連鎖店，由於茶葉種類之多，不懂茶的遊客也可請店家一一介紹，坐下來享用現泡的茶，再選擇喜愛的品項，不過，大型茶店主要針對遊客，價位較高。

　　位於Hill Cart Rd.市場街上的茶行物美價廉，雖然沒有精美的包裝，但茶葉都是從茶園直接送達，所以品質佳，價格也合理。

MAP ▶ P.149A1

老虎嶺

MOOK Choice

Tiger Hill

遠眺喜馬拉雅山群峰日出

📍位於大吉嶺市區東南方13公里處，可搭乘吉普車前往，由於遊覽老虎嶺有車輛限制，因此最好提前幾天在車站預定吉普車，請司機到旅館附近搭載。💲Rs70

在老虎嶺觀賞干城章嘉峰與喜馬拉雅山群峰的日出，是造訪大吉嶺的重點行程。海拔2,590公尺的老虎嶺距離市區約13公里，看日出得凌晨摸黑搭乘吉普車前往。

破曉前，山頂已擠滿人潮，由觀景台眺望，一側是等待太陽浮現的雲海，另一側是等待陽光照耀的群峰。

從渲染著如波斯菊般金黃色的淡彩天空，至陽光升起那刻，照耀著干城章嘉峰反射出山頂積雪的銀色光芒，每分每秒的景色變化都讓人驚艷，捨不得移動腳步，只為多看這壯闊的景致一眼。若幸運的話，還能遠遠看見聖母峰。

©容雨君

©容雨君

大吉嶺市郊
MAP ▶ P.149A1

喜馬拉雅登山學會與動物園

Himalayan Mountaineering Institute and Zoological Park

保育珍稀高海拔動物

🚶 從大吉嶺火車站步行前往約20分鐘 ◀ 夏季週五~週三 8:30~16:30、冬季至16:00 💲門票Rs.50，相機Rs.10 Ⓣ www.pnhzp.gov.in

　　喜馬拉雅登山學會是印度歷史最悠久的登山學會，目前是一座以攀登聖母峰為主題的博物館，

陳列著當時征服聖母峰時，登山家的一些裝備、文件史料與資料照片等，同時每年會規劃一系列登山訓練課程。

　　喜馬拉雅動物園與登山學會從同一個入口購票進入，動物園雖然不大，卻有印度境內唯一的西藏灰狼復育中心，以及瀕臨絕種的小熊貓、雪豹與西伯利亞虎。

大吉嶺郊外
MAP ▶ P.149A1

日本山妙佛寺

Japanese Temple

遺世獨立的淨土

🚶 位於大吉嶺市區南方，從市區Nehru Rd.或電視塔往南方步行前往約30分鐘。

　　坐落在山谷間的日本山妙法寺，一片清幽寧靜，寺廟旁是全世界第四座以山妙法師名義興建的佛塔，石塔上雕刻著佛陀成道的四段歷史，從

這兒也可遠眺群峰。

　　清晨，和尚們會在園間漫步、擊鼓、誦經、祈禱，再至二樓佛堂禮佛；寺廟的空間不大，卻莊嚴祥和，從二樓佛堂木作的窗台望出去，便是干城章嘉峰。

　　日式風格的寺廟外是簡單素雅的庭園，四周被高聳入天的松樹圍繞著，像是遺世獨立的一方淨土，遊客可漫步至此，沿路少了市區的喧囂，只有新鮮空氣與鳥叫蟲鳴相伴，很適合健行、體驗當地的自然環境。

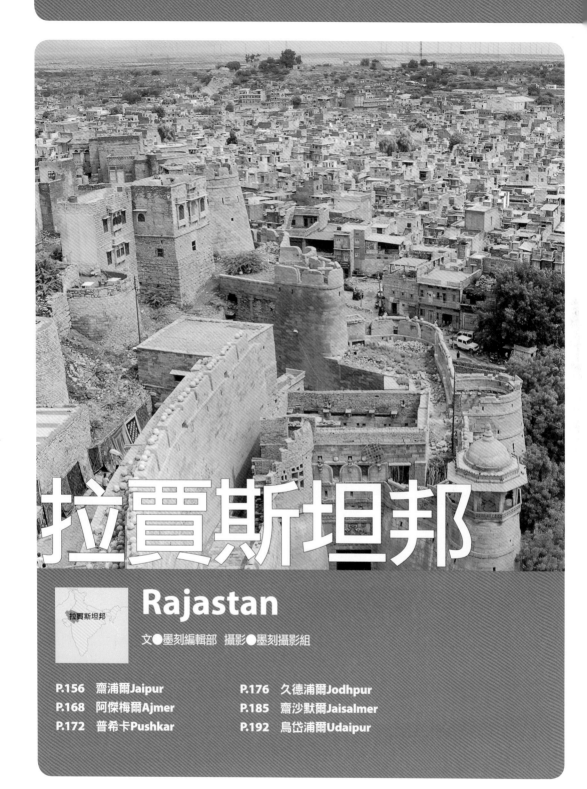

拉賈斯坦邦

Rajastan

文●墨刻編輯部　攝影●墨刻攝影組

拉賈斯坦邦

拉賈斯坦是一塊充滿傳奇色彩的土地，雖然四周景觀荒涼，地表上布滿砂礫、灌木林和乾燥沙漠，卻蘊藏著無比豐厚的人文生活與藝術特質。

拉賈斯坦邦位於印度河東岸，西與巴基斯坦接壤，以阿拉瓦利山(Aravalli Ranges)為天然屏障。生性剛毅又驍勇善戰的拉賈普特人(Rajput)是當地的主要民族，以「王侯之子」自居，在印度歷史舞台扮演極重要角色。蒙兀兒帝國時期，它是最後一個屈服於伊斯蘭政權下的城邦。

拉賈斯坦邦原本有23個大小公國，境內屹立著許多精雕細琢的皇宮、古堡和寺廟。印度獨立後，這些公國聯合組成地方政府，正式命名為「拉賈斯坦」，意思就是「諸王侯之地」。如今僅有頭銜而無實權的王公貴族，將境內多處皇宮、古堡改建為高級旅館，來到這裡不但可以下榻皇宮飯店享受帝王般的待遇，還可以騎駱駝穿越沙漠，體會拉賈普特人的生活風情。

拉賈斯坦邦之最Top Highlights of Rajastan

琥珀堡Amber Fort
琥珀堡佇立於山丘上，一眼望去有一股不可侵犯的霸氣，在陽光照射下呈現的溫暖金黃色調，卻又透出貴氣與優雅。整座城堡居高臨下，由不同時期的宮殿組成。(P.162)

普希卡湖與河壇
Pushkar Lake & Ghats
普希卡這座城市圍繞著普希卡湖發展，四周錯落著多達上百間的寺廟，每當天氣晴朗時，藍色的天空和湖水陪襯著白色的建築和倒影，形成聯屏畫般的效果。(P.174)

駱駝沙漠探險遊
Camel Safari
騎駱駝探險齋沙默爾附近的沙漠是遊客來到齋沙默爾的主要目的，這裡提供的騎駱駝沙漠探險遊行程，主要是騎駱駝行進沙漠，晚上則夜宿沙漠。(P.187)

城市皇宮博物館
City Palace Museum
位在皮丘拉湖畔的城市皇宮，可說是烏岱浦爾一顆閃亮的珍珠，它結合了拉賈普特和蒙兀兒的建築風格，也是拉賈斯坦邦規模最大的宮殿。(P.194)

千柱之廟
Adinatha Temple
位在久德浦爾和烏岱浦爾間一座山谷中的拉納浦爾村，坐落著一座全世界規模最大的耆那廟，它是印度五大耆那教朝聖地之一。(P.199)

齋浦爾

Jaipur

文●墨刻編輯部　攝影●墨刻攝影組

齋浦爾是拉賈斯坦邦中受歡迎的旅遊城市，與德里和阿格拉並列傳統北印度「金三角」旅遊路線。

齋浦爾距離德里266公里，是拉賈斯坦邦的首府。1876年時，為了迎接英國威爾斯王子到訪，將舊城內所有的建築物全漆成了粉紅色，並外加白色邊框，因而有「粉紅城市」之稱。拉賈斯坦邦炎熱的陽光，將這些建築照得發亮，尤其是黃昏時分，更讓齋浦爾的舊城散發出一股濃濃的沙漠氣息。此外，齋浦爾聚集了許多來自拉賈斯坦邦各地的商人，因此這裡成了一個不折不扣的購物天堂。

1728年，傑·辛格二世(Raja Sawai Jai Singh II)為了鞏固自己的政治地位，自琥珀堡遷都齋浦爾，並委託孟加拉籍建築師查克拉瓦提規劃都城。他按照古印度地圖，將齋浦爾劃分成象徵宇宙九大分土的長方形區域，建築物風格融合印度寺廟、耆那教寺廟及蒙兀兒建築。高大的城牆具備防禦功能，商家和居民的住家大門都位於在街道的側面，以便舉辦皇室遊行時不受當地人的干擾，為了引水入城，還特別建構了複雜的地下水道系統。

齋浦爾分為新城和舊城，舊城環繞著城牆及七道城門，其中佐拉瓦爾門(Zorawar Gate)通往德里方向，迦特達瓦薩門(Ghat Darwaza)則面向阿格拉。

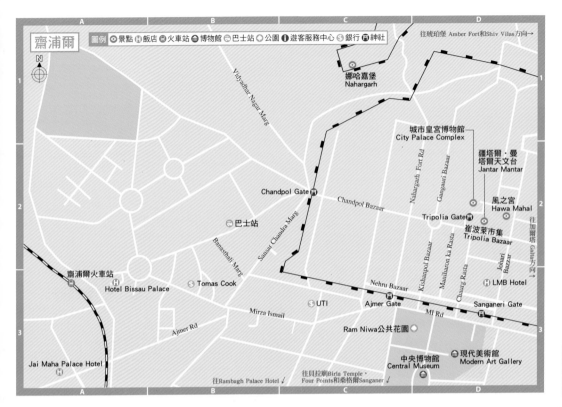

INFO

基本資訊

人口：307萬
區域號碼：0141
面積：465平方公里

如何前往

◎航空

齋浦爾的機場Sanganer Airport位於市中心西南約12公里處，與德里、孟買、烏岱浦爾、久德浦爾和加爾各答等地都有班機往來。從德里來此航程約50分鐘、從烏岱浦爾來此約75分鐘、從孟買來此約1小時35分鐘，從機場到市區可搭乘預付計程車。

◎鐵路

齋浦爾火車站位於城市以西1.5公里處，齋浦爾與德里之間車程約5~6小時；與阿格拉之間車程約4.5小時。車站四周聚集著大量的旅館，從這裡可以搭乘機動三輪車到舊市區。

◎巴士

從德里和阿格拉都有直達巴士前往齋浦爾，車程各約5小時和5.5小時，這些巴士停靠於齋浦爾市中心的南面。另外從拉賈斯坦邦其他城市前來的巴士，則停靠於車站路(Station Road)上的邦際長途巴士總站。

市區交通

齋浦爾主要的景點位於舊市區，遊客可以以步行的方式參觀舊市區內的景點，也可以隨手招機動三輪車或人力車。

如果要從旅館搭車前往舊市區，請避開早晨和午後的尖峰時刻，若打算前往琥珀堡，除了人力車和機動三輪車外，也可以搭乘計程車，另外也可委託旅館或任何一處拉賈斯坦邦旅遊開發公團(RTDC)安排包車服務。

旅遊諮詢

◎印度旅遊局－齋浦爾India Tourism Jaipur

⌂State Hotel, Khasa Kothi, Jaipur, 302 001 Rajasthan
☏0141-2372200
🌐tourism.gov.in/about-us/indian-tourism-offices

舊城中心

MAP ▶ P.157D2

MOOK
Choice

城市皇宮博物館

City Palace

仍有皇室成員生活的皇宮

🏛 位於舊城市中心。 🕐 9:30~17:00，夜間可能關參觀時間
💲 Rs700，夜間若開放參觀門票費用另計

　融合拉賈斯坦與蒙兀兒風格的城市皇宮博物館，是齋浦爾最主要的觀光景點，這裡不僅是歷任齋浦爾大君的住所，同時還能一覽皇室的生活文化，目前齋浦爾大君皇室家族都還住在這裡。

　辛格家族統治齋浦爾已經有好幾百年的歷史。在蒙兀兒帝國時期，曼·辛格(Man Singh)大君曾經擔任阿克巴大帝的最高統帥，而傑·辛格曾經與賈汗季皇帝合作密切。

　今日皇宮博物館所在的建築，於1720年代由傑·辛格二世(Raja Sawai Jai Singh II)大君下令興建，這棟裝飾典雅的七層建築物，於1959年部分開放為博物館，其餘部分目前仍為大君家族使用。

姆巴拉克宮Mubarak Mahal

這是皇室招待貴賓的地方，由馬德侯‧辛格(Madho Singh)大君於19世紀興建。館內陳列著歷代齋浦爾大君的絲質和手工印染服飾，許多都來自以印染聞名的小鎮桑格爾(Sanganer)，甚至可追溯到17世紀。其他展品還包含了樂器、武器、印度玻璃器皿、歷代手稿、繪畫等。

其中最引人矚目的是錦緞製成的斗篷式大袍服，這件袍子屬於馬德侯‧辛格一世所有，由於他身材高大而肥胖，所以袍服顯得十分龐大；而重達9公斤、由金銀絲線編織而成的皇后紗麗，也讓人驚艷。

拉耆德拉門
Rajendra Pol

拉耆德拉門興建於馬德侯‧辛格二世任內，門口立著一對雕刻精緻的大象，這扇雙層結構的門，沒有一處空間留白，刻滿了花草和幾何圖案，從它殘存的鮮艷色彩來看，不難想像昔日整扇大門色彩繽紛的模樣，而其建築形式和牆壁上所繪飾的花紋圖案，明顯受到蒙兀兒風格影響。

月之宮Chandra Mahal

位於西側的月之宮是齋浦爾大君與家人的私人住所，這幢高達7層的建築，每層樓都有獨特的名稱，裡頭裝飾著大量的精緻繪畫、鏡片工藝以及彩繪等。不過除了一樓的博物館外，其他部分不對外開放，博物館內收藏著地毯、手稿及其他屬於皇室所有的物件。從愛之庭可以看到月之宮，該建築頂層是一座涼亭，擁有絕佳的視野。當宮殿上方掛有旗子時，代表大君在家。

沙拉托巴德拉中庭Saratobhadra Chowk

從拉耆德拉門進入另一處中庭，四周圍繞著以白色線條勾勒窗台、壁龕的紅色建築，位於正中央的私人大廳(Diwan-i-Khas)是皇室接見貴賓的地方，大理石地板、馬蹄狀的拱頂、高掛的枝狀吊燈……將大廳裝飾得氣派優雅，宮牆上排列成圓形的古代槍箭，彷彿見證著拉傑普特人威武的精神。

其中最引人注目的，是兩只銀質大水甕，這是當年馬德侯‧辛格二世前往英國倫敦參加愛德華王子加冕典禮時特別打造的，據說在這段前往英國的旅程中，身為虔誠印度教徒的大君，每天都是用甕裡盛裝的印度恆河聖水沐浴淨身。這兩只水甕共由14,000枚銀幣熔製而成，每只重達340公斤，各可盛裝4,000公升的水，是目前金氏世界紀錄中體積最大的銀甕。

愛之庭Pritam Niwas Chowk

這座庭院環繞著四道美麗的門扉，四扇門分別象徵四季節氣，門口雕飾精細孔雀圖案的孔雀門代表秋季，妝點無數蓮花的蓮花門屬於夏季，又稱為「波浪門」的綠門象徵春天，彩繪著花朵圖案的玫瑰門意味著冬天。此一庭院原本是昔日皇室舉行舞會之處，門扉上的樓台是歌者唱歌的地方。

巴吉卡那宮Baggi Khana

這裡陳列著雙輪戰車、四輪馬車、19世紀歐洲馬車、宗教節慶用的雙輪馬車，其中最大的一輛是1876年時英國威爾斯王子送給大君的禮物。

風之宮
Hawa Mahal
蜂窩狀窗戶構成的宮殿

📍從城市宮殿博物館步行前往約10分鐘,入內參觀,要走到一旁的崔波萊市集,才會看到大門。🏠Johari Bazaar ⏱9:00~16:30 💰Rs 200

風之宮大概是齋浦爾最著名的景點,磚紅色的美麗建築,總吸引遊客的目光。

之所以稱為「風之宮」,原因是站在宮殿裡的每個角落,都可以感覺到微風吹動的涼意。該宮殿由普拉特‧辛格(Sawai Pratap Singh)大君於1799年下令興建,雖不位於城市皇宮之內,但也算是宮殿內的部分建築。這裡主要是讓後宮的仕女嬪妃能夠在不讓他人瞧見自己容顏的情況下,站在蜂窩狀的窗戶後透氣、吹風,觀賞城裡大街上往來的人群。

宮殿由953扇窗戶巧妙構成,外觀為粉紅色,繪飾著白色邊框和圖案。這座五層式的建築,從正面看來,好像一座巨大的宮殿,其實內部只是一片厚牆的寬度而已,並沒有特別值得參觀的地方。然而站在風之宮頂樓,倒是可以俯瞰齋浦爾舊城全景和遠方佇立在山頂上的城堡。

崔波萊市集
Tripolia Bazaar
民俗藝品大採購

📍位於城市皇宮博物館和風之宮前方,從城市皇宮博物館步行前往約2分鐘。

齋浦爾舊城內有好幾個傳統市集,其中從城市皇宮博物館和風之宮前方延伸的崔波萊市集,販售著拉賈斯坦地區的黃銅器、皮革製品、布料、織品和民俗手工藝品等。

拉賈斯坦地區的織品、印花、蠟染和手工繡布,多半鑲嵌有鏡片、亮片,或繪飾有駱駝、孔雀、大象、花朵、植物等圖樣,具有豐富的色彩和主題,這些繡布和織品都分別製成服飾、門簾、桌巾、床單等。此外,模仿拉賈斯坦王公和王妃造型的人偶,以及駱駝皮製成的涼鞋、座椅、皮飾,也是市集內常見的手工藝品。

除了崔波萊市集,齋浦爾城內還有販售織品和香水的巴布市集(Bapu Bazaar),以手鐲和女性飾品為主的襄得普市集(Chandpol Bazaar),以及女性紗麗布料、珠寶為主的久哈利市集(Johari Bazaar)。

疆塔爾‧曼塔爾天文台

Jantar Mantar

世界最大石造天文台

📍Chandni Chowk，從城市皇宮博物館步行前往約5分鐘。
🕐9:00~16:30 💲Rs200

齋浦爾的疆塔爾‧曼塔爾天文台堪稱全世界最大的石造天文台，位於風之宮後方，是傑‧辛格二世於1728~1734年所建。

這位非常熱中天文學的大君，在興建天文台之前，先將天文學家送到法國和葡萄牙等歐洲國家學習相關知識，他本人更參考印度、希臘以及伊斯蘭占星術，融合了各家所長後，在印度各地興建多達五座的天文台，除齋浦爾外，還包括德里、瓦拉那西、烏迦因(Ujain)以及馬圖拉(Mathura)，其中又以齋浦爾天文台的觀測儀種類最多、保存也最為完整。

天文台曾經於1901年整修過，目前共有 16種造型精巧有趣的天文觀測儀，儘管在望遠鏡發明後，天文台逐漸失去它的功用，然而其觀測儀至今依舊相當準確。

終極觀測儀

在這些觀測儀中，體積龐大的終極觀測儀(Samrat Yantra)幾乎占據整個園區四分之一的面積，高27公尺，是全世界最大的日晷，南北走向的三角牆直指北極星，日

光在觀測儀刻度上產生的影子，每秒鐘移動一公釐，每分鐘約移動六公分，在還沒有中央標準時間規範以前，這座觀測儀替齋浦爾標示當地時間，以兩秒為單位、精確報時。

黃道帶觀測儀

黃道帶觀測儀(Rashivalaya Yantra)是另一組相當有趣的觀測儀，共由12座儀器組成，分別以不同角度指向各個星座，每個星座觀測儀下方還繪製著洋溢蒙兀兒風情的星座圖案。這座觀測儀是傑‧辛格二世的發明，主要供占星使用。

星盤觀測儀

位於入口處的星盤觀測儀(Yantra Raj)擁有兩個巨大的星盤，上方刻畫著密密麻麻的360度線條，主要用來測量天體星球的時間與位置。

Jai Prakash Yantra觀測儀

外型猶如兩個大碗的Jai Prakash Yantra觀測儀，分別象徵以地球為中心、被子午線分成兩個半邊的天球，用來尋找所有天體星球的相對位置。

赤道觀測儀

像極了標靶的赤道觀測儀(Nadi Valaya Yantra)，左右側各有一道階梯向上攀升，共有兩座，上方的刻度分別面對著南北兩方，主要用來測定太陽位於南北半球的位置和時刻。

齋浦爾近郊

MAP ▶ P.157D1

琥珀堡

MOOK Choice

Amber Fort

山丘上的霸氣皇宮

🌐 位於齋浦爾北方11公里處，在風之宮附近有當地巴士前往琥珀堡，車程約30分鐘，另可搭乘計程車或機動三輪車前往。⏱ 8:00~17:30 💲Rs550 ❗搭乘電動車或計程車可以直接抵達入口，在7:30~12:30期間也可在山腳下騎大象上山，每趟約Rs1100（可坐2人）。

　　齋浦爾四周坐落著多座城堡，周圍險峻起伏的山丘上，延伸著一道道城牆與要塞，其中又以琥珀堡最值得一遊。琥珀堡佇立於山丘上，一眼望去，有一股不可侵犯的霸氣，而在陽光照射下呈現的溫暖金黃色調，卻又透出貴氣與優雅。

　　琥珀堡是1592年時由曼・辛格（Raja Man Singh）大君開始建造，歷經125年才完工，在長達一世紀的時間，這裡扮演著拉賈普特王朝（Kachhawah Rajputs）首都的角色。

　　大君和他的皇后與350位後宮嬪妃居住於此，直到18世紀遷都齋浦爾後，琥珀堡遭到遺棄，不過也因為如此，才能保有當年皇宮的規模。從保留下來的建築遺跡來看，可以發現融合拉傑普特

和蒙兀兒帝國的建築藝術。

　　琥珀堡地勢險要，下方有一條護城河，周圍環繞著蜿蜒的高牆，整座城堡居高臨下，由不同時期的宮殿組成。

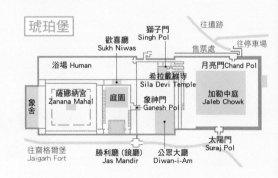

琥珀堡

往遺跡

獅子門 Singh Pol

歡喜廳 Sukh Niwas

售票處　往停車場

浴場 Human

希拉戴維寺 Sila Devi Temple

月亮門 Chand Pol

象舍

薩娜納宮 Zanana Mahal

庭園

象神門 Ganesh Pol

加勒中庭 Jaleb Chowk

往齋格爾堡 Jaigarh Fort

勝利廳（鏡廳） Jas Mandir

公眾大廳 Diwan-i-Am

太陽門 Suraj Pol

加勒中庭
Jaleb Chowk

名稱來自阿拉伯文，意思是「士兵聚集遊行的廣場」。中庭東西兩方各有一座城門，分別為太陽門(Suraj Pol)和月亮門(Chand Pol)，騎大象進入琥珀堡的遊客會穿過太陽門，搭乘汽車等交通工具者則由月亮門進入。

加勒中庭是琥珀堡的四座中庭之一，由傑·辛格下令興建，兩旁建築的底層為馬棚、上層為大君貼身保鑣的活動空間。

歡喜廳Sukh Niwaa

歡喜廳位於勝利廳對面，中央隔著一座小型的幾何形庭園，這是從前王公舉行宴會或舞會的地方。

大理石打造的歡喜廳，外觀雕刻著各種造型的花瓶與花草植物，並塗上淺黃、淡綠、粉藍的清涼色調，廳內地面設置水道，牆壁上則刻著一條條細密的導水道，這種早期的空調系統，為印度夏天炎熱的氣候提供消暑的作用。

勝利廳Jai Mandir

這裡是大君接見貴賓的私人大廳，興建於傑·辛格任內，是琥珀堡內最美麗的宮殿，由於宮殿四壁都鑲嵌著寶石與彩色玻璃鏡片，在黑暗中點燃一盞燭光，仍可看見鏡片經過光線折射後，有如芒鑽漫天飛舞，非常奇妙，也因此又稱為「什希宮」(Sheesh Mahal)，也就是「鏡廳」的意思。

什希宮鑲嵌鏡片和彩色寶石的手法，與泰姬瑪哈陵如出一轍。其他如宮殿的拱形屋頂、幾何圖形的細格子窗櫺、大理石廊柱和花朵植物雕刻，也都受到蒙兀兒建築風格的影響。

象神門Ganesh Pol

這座三層結構的主要大門非常華麗，是皇宮內最吸引旅客目光的地方，建於1640年。大門是銜接皇宮內廳的主要通道，二樓還有細小的格子窗，好讓嬪妃們能在窗後觀看公眾大廳的活動。皇后在這裡等待從戰場凱旋而歸的大君，並以鮮花和水果迎接。

勝利廳旁有一道階梯，可以登上象神門的頂層，這個小而精緻的廳堂，除了擁有蜂窩狀的大理石窗格外，還有精美的雕花天花板和彩色玻璃，透過一旁蜂窩狀的大理石窗格，除了可以俯看琥珀堡周遭的景致，也可以感受到微微的涼風。

獅子門Singh Pol

加勒中庭的南面有一道階梯通往獅子門，這裡是正式進入皇宮的關卡，同樣由傑·辛格下令興建，獅子(Singh)象徵著力量，也成為該皇室家族的姓氏。城門外觀裝飾著大量壁畫，昔日有哨兵輪值站崗，基於安全考量，進入城門的通道呈直角轉彎，以防敵人長驅直入。

公眾大廳Diwan-i-Am

這座龐大的亭閣是昔日帝王聆聽臣民諫言的地方，公眾大廳建有雙層圓柱和格子狀走廊，附近有印度教的卡莉女神廟(kali Temples)和西拉戴維寺(Sila Devi Temple)。

中央博物館

Central Museum

收藏賈斯坦邦文化

📍 距離風之宮不到2公里，可搭乘機動三輪車或人力車前往。
🕐 9:30~17:00　💲Rs300　❗️館內禁止拍照

　　中央博物館又稱作亞伯特廳(Albert Hall)，位於舊城南邊。當年威爾斯王子到訪齋浦爾時，由拉姆·辛格二世(Ram Singh II)大君於1876年時下令興建。建築師模仿倫敦的亞伯特廳而建，結合了紅砂岩和大理石石材，具有英國建築的影子。

　　博物館內收藏著印度傳統織布、珠寶、錢幣、瓷器和各種民族的生活方式模型，參觀博物館，能對拉賈斯坦邦文化有進一步認識。

加爾塔

Galta

遠眺齋浦爾城

📍 位於齋浦爾以東3公里處，可搭乘電動車或人力車前往。　❗️沿途有許多猴子，勿餵食或與之嬉戲，以免遭受攻擊。

　　位於齋浦爾市郊的加爾塔，沒有著名的古蹟，卻以它絕佳的視野吸引外國遊客前往。

　　一條之字型緩坡沿著山丘爬升，除了羊群、豬隻和牛之外，這座山丘幾乎被猴子占據。隨著充滿鄉間風情的步道往上走，視野越來越遼闊，密密麻麻的房舍堆砌出齋浦爾的城市雛型，遠方逐漸傳來修行者演奏的樂音。

　　山谷間坐落著多座歷史悠久的寺廟，其中位於

　　山頂上的太陽廟獻給太陽神蘇利耶(Surya)，年代回溯到蒙兀兒帝國時期，這座簡約的印度寺廟後方有一座露台，是俯瞰齋浦爾城的最佳位置。

桑格爾

Sanganer

以印染和藍陶聞名的小鎮

🔵 位於齋浦爾以南16公里處，可搭機動三輪車前往。

在齋浦爾，除了可買到色彩鮮豔的拉賈斯坦民俗藝品外，眼尖的遊客還會在市集看到花樣豐富的染布和藍陶，而位在齋浦爾市郊的桑格爾，正是以印染和藍陶聞名的小鎮。

印度的手工印染在12世紀時就相當有名，以植物和礦物的顏色當作染劑，一層層印在棉布上後，放入添加特殊染劑的熱水中滾煮、曬乾，這樣的技術幾乎是父傳子、子傳孫的家族事業。

在桑格爾，林立著一家家的印染工廠，居民不是在染布就是在曬布。不妨找一家工廠參觀，親眼觀看老師傅以手工將圖案層層印染的過程。每塊染布印染的次數從三層到數十層都有，每次印染時都得小心對準之前的圖案，因此，層數越高的染布價格自然也就越高。

印染的花樣以大象、馬、駱駝和花最為經典，

獨一無二的藍陶

藍陶是桑格爾的另一項特產，這種蒙兀兒帝國時自伊朗帶入印度的手工技藝，藍色是主要顏色，由於上了釉且以高溫燒製，因此硬度普遍比其他陶器來得高。

藍陶基本上是以石英、玻璃、硼砂、膠和陶土混合而成，雖然到處都有藍陶工藝中心，但多為家傳事業，真正的秘方誰也不願透露。藍陶的產品包括了碗、餐盤、杯子、杯墊、花瓶、煙灰缸等，價格當然也不便宜。

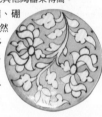

通常會做成床單、被單、抱枕套、桌巾、窗簾等；由於市場價格混亂，手工印染很難有固定的價格。

想買純手工印染的成品，可以用幾種方式檢驗：一是每個圖案中間必定會有顏色較深的重覆點狀，這是一個個圖案印下去時的連接點；另一種方式是檢查染布的背面，顏料是否有種穿透的感覺；最後則是檢查圖案上的染色，是否帶有水彩般的暈染效果。如果是機器染色，就不會有這些手工印染的特點。

MAP ▶ P.157C3 **Four Points by Sheraton Jaipur**

⌂City Square, Tonk Road, Jaipur ☎0141-7104600 ⊕
www.marriott.com/en-us/hotels/jaifp-four-points-
jaipur-city-square/overview/

坐落於齋浦爾新城熱鬧的Tonk路上，距離齋浦爾機場約5公里。

這間造型簡約的現代飯店，擁有115間客房與套房，房間內方整的空間處處充滿巧思；液晶電視下方的長排矮櫃架，方便旅客隨手放置行李與衣物；玄關穿衣鏡前的座位與收納吹風機的櫃子，讓房客無需受限必須站在浴室中吹頭髮；小巧的透明淋浴間，可以一邊洗澡一邊看電視；其他還有大尺寸的舒適枕頭及250織針的床單等，處處展現貼心。

儘管飯店只有一間餐廳The Eatery，卻提供非常美味的跨國料理，除印度料理外，還吃得到印尼的雞肉沙嗲、泰國的酸辣湯、英國的薯條與炸魚、維也納炸肉排、義大利麵等，無論是前菜或主菜，都非常精緻美味。

位於餐廳旁的酒吧，是享用啤酒和點心的好地方。Four Points還有一座位於高樓平台的露天游泳池，既能欣賞城市風光，又遠離喧囂。

MAP ▶ P.157B3 **Rambagh Palace**

⌂Bhawani Singh Road, Jaipur ☎0141-6671234 ⊕
www.tajhotels.com

Rambagh Palace前身是拉賈斯坦邦的一座宮殿，1835年興建時，原本是供王公貴族使用的鄉間狩獵宅邸，1925年時改建成齋浦爾王公的宮殿，並在1957年時整修成印度第一間皇宮旅館，接待過英國王儲查爾斯王子、演員奧瑪雪瑞夫(Omar Sharif)等名人。

飯店混合了蒙兀爾和拉賈普特民族的風格，客房面對著噴泉和花園的天井，超過百間的王室套房分成四種類型，其中Historical Suite裝飾著大理石地板、拉賈斯坦邦的傳統藝品和織布。

餐廳也充滿特色，其中Suvarna Mahal是間充滿義大利文藝復興風味的印度餐廳，天花板上的翡冷翠式壁畫與鏡子最引人矚目。另外，由古老的傳統蒸氣火車改裝而成的Steam餐廳，也深受住客歡迎。

MAP ▶ P.157D1 **Shiv Vilas**

🏠Kukas, Jaipur 📞0141-2531100 🌐www.shiv-vilas.in

拉賈斯坦邦的皇宮飯店因為奢華和歷史而迷人，然而這些宮殿通常也因為年代較為久遠，使得維護狀態和使用便利性上多少遭受到考驗。至於如何能兩相得宜，Shiv Vilas似乎給了遊客另一個選擇。

Shiv Vilas距離齋浦爾市中心15公里，坐落在德里通往齋浦爾的公路旁，這間複刻皇宮的奢華飯店，花了5年的時間打造出「現代宮殿」，來自美國的設計師光是研究拉賈斯坦邦的歷史宮殿與城堡建築，就投資了兩年的時間。

占地21公頃的Shiv Vilas，其建築靈感來自印度三大古蹟，仿效泰姬瑪哈陵以大理石和紅砂岩雕刻而成的噴泉水道，並以齋浦爾的城市皇宮博物館為藍圖、粉紅砂岩雕刻而成的建築立面，以及參考琥珀堡的室內裝飾，從外到內，無一不見奢華氣派。

飯店挑高大廳地面裝飾著硬石鑲嵌，一尊尊大理石女樂師雕像栩栩如生，高掛枝狀吊燈的天花板彩繪著仿效歐洲的名畫，風格融合東西。

客房同樣金碧輝煌，搭配現代家具，洋溢一種殖民時代風情。以「鏡廳」(Sheesh Mahal)命名的印度餐廳是Shiv Vilas最美的餐廳，地面的硬石鑲嵌和天花板的鏡片相映成趣。

此外，無論是地板、牆壁上任何地方出現的金色彩繪，都是以金子為顏料，如果注意看，高掛牆上的畫像，大君身上的裝飾，同樣都是貨真價實的半寶石或寶石。

167

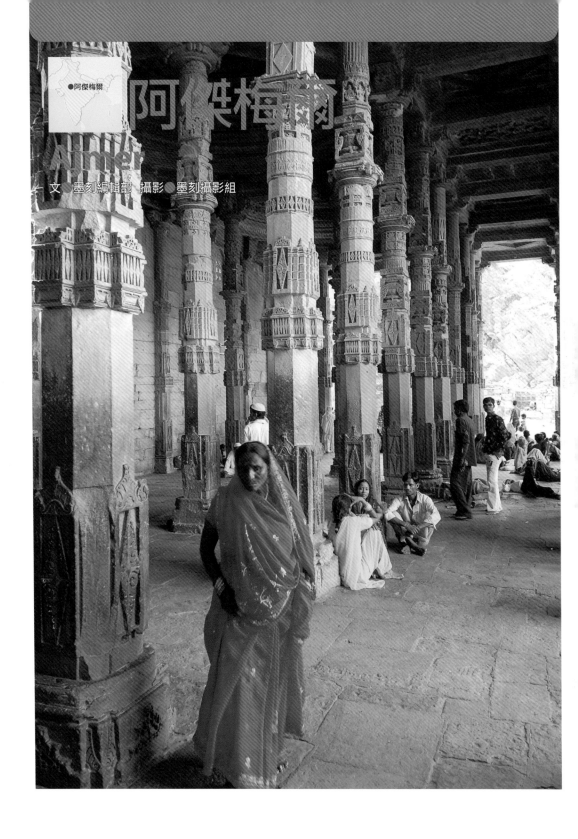

販售著祈禱用地蓆、念珠、花環、滾著金邊的貢品等，熱鬧有如嘉年華會。

除此之外，這裡還有一座值得一看的納西亞耆那教寺廟，寺廟內的黃金大廳裡，展示著令人驚艷的黃金模型。

INFO

基本資訊
人口：約54萬
區域號碼：0145

如何前往
◎鐵路
火車站位於市中心，從德里和齋浦爾都可搭乘火車前往阿傑梅爾，各約需7小時和2小時30分鐘。
◎巴士
長途巴士站位於市中心西北方2公里處的齋浦爾路上(Jaipur Road)，可以從這裡搭乘機動三輪車前往市中心。從德里、阿格拉、齋浦爾等大城都有巴士前往阿傑梅爾，從德里出發車程約需9小時、從齋浦爾前往車程約需3小時。

市區交通
阿傑梅爾市中心的道路非常狹窄，僅能步行或搭乘三輪車。主要景點都位於火車站附近，可以以步行的方式前往，但如果怕迷路，不妨雇輛機動三輪車前往。

位於齋浦爾西南方的阿傑梅爾，昔日是拉賈普特族的主要根據地之一，卻在12世紀遭蘇丹政權統治後，從此成為印度的伊斯蘭教中心，此外，更因為創立蘇菲契斯提教團(Chishtiya Order)的偉大聖人契斯提(Khwaja Muin-ud-din Chishti)在此定居，使得阿傑梅爾成為一座伊斯蘭教聖城，也因此，在以印度教為主要宗教信仰的拉賈斯坦邦中，阿傑梅爾是個異數。

每年的伊斯蘭新年和聖人契斯提的朝聖會(Urs Mela)活動期間，這座小鎮被四處湧來的信徒擠得水洩不通，原本蜿蜒狹窄的街道更加寸步難行，朝聖會時，人們會在契斯提陵墓旁以大盆烹煮食物分送遊客，入夜後舉行宗教聚會。

至於不是伊斯蘭信徒，且非節慶時節前往阿傑梅爾的人，依舊對它嘈雜紛亂的模樣留下深刻印象，迷宮般的巷弄保留了些許中世紀的氣氛，特別是契斯提陵墓前方漫長延伸的市集，

MAP ▶ P.169A2

契斯提聖人陵墓

MOOK Choice

Dargah Khwaja Muin-ud-din Chishti

朝聖人潮終日不斷

🌐Dargah ⏰5:00~21:00，聖人陵墓在15:00~16:00會關閉。 🌐www.dargahajmer.com ❗參觀陵墓必須穿著長袖長褲、女生需戴頭巾或以大手帕蓋頭，陵墓不可拍照。

印度因為12世紀開始就受到伊斯蘭政權的入侵與統治，特別是在蒙兀兒帝國時期，就連一向驍勇善戰的拉賈普特人也不得不低頭，而宗教挾著強大的政治勢力在北印度傳遞，使得幾乎以印度教徒為主的拉賈斯坦邦，也出了一座伊斯蘭教聖城，這一切都得歸功於創立蘇菲契斯提教團(Chishtiya Order)的偉大聖人契斯提。

昔日原本簡單的小磚墓，如今已演變成一座大型的建築群。進入陵墓前，必須先經過三道大門，首先是尼扎姆門(Nizam Gate)，脫鞋入內後可以看見位於右手邊目前當作神學院使用的阿克巴清真寺(Akbar Masjid)。

創立蘇菲契斯提教團的聖人

契斯提於1156年時出生於今日的阿富汗，在13歲時展開個人的宗教生涯，除了過著簡單且虔誠的生活外，還向窮苦的百姓傳播他所信奉的教義。1192年時，契斯提和他的門徒來到了阿傑梅爾定居，其神祕派教義獲得當地居民的推崇，在他1236年過世時，已經成為備受尊敬的偉大宗師。

第二道的沙賈哈尼門(Shajahani Gate)和一旁的大理石清真寺，都是由沙賈汗皇帝下令興建。最後一道是藍綠色的布蘭德門(Buland Darwaza)，入門後位於中庭中央的，就是契斯提的陵墓，覆蓋在一座大理石建築的圓頂下方，而在此之前會先經過位於兩側的大鍋子，信徒將錢丟在鍋裡與其他窮人分享。

契斯提聖人陵墓外有一座非常熱鬧的聖人陵墓市集(Gargah Bazaar)，販售著各式各樣伊斯蘭教徒祈禱時所需用品，終日人聲鼎沸。

MAP ▶ P.169B2

納西亞耆那教廟

Nasiyan Jain Temple

金碧輝煌的寺廟

🚇Prithviraj Marg，從市中心搭乘機動三輪車前往。 ▼
9:00~17:30 💲Rs10，門票會調整，請確認 ❗參觀耆那廟必
須脫鞋

暱稱為「紅廟」(Lal Mandir)的納西亞耆那教廟
興建於1865年，兩層的建築細分為兩個部分，一
為耆那教第一代祖師阿迪那特(Adinath)尊者的禮
拜堂，一為博物館。

遊客前往該廟，大多是為了稱為「黃金大廳」
的博物館，館內金光閃閃，黃金打造的模型描述
阿迪那特尊者生平的五個階段，炫麗精緻的程度
令人大開眼界，無論是體積龐大的黃金寺廟或是
小巧的飛船都值得細細欣賞。此外，四周的牆壁
上裝飾著取自礦石顏料彩繪的繪畫，以及比利時
進口的彩繪玻璃，讓整個空間幾乎沒有一處不金
碧輝煌。

MAP ▶ P.169A2

兩天半清真寺

Adhai-din-ka-Jhonpra

耆那廟改建的古老清真寺

🚩 位於契斯提聖人陵墓以西400公尺處，沿著契斯提聖人陵墓
的尼扎姆門外的左邊小巷前進，經過熱鬧的市集就能抵達兩天
半清真寺。 ▼日出到日落

這間清真寺造型獨特，看不見經常裝飾主建築
的馬蹄形拱門，四周也沒有聳立著喚拜塔，走近
一看，一根根撐起屋頂的立柱，除雕刻著伊斯蘭
經文和花草圖案外，還有著蓮花、寶瓶與神祇等
圖案，令人聯想起德里古德卜高塔建築群中全印
度最古老的奎瓦吐勒清真寺。

事實上這兩座清真寺出現於同一時期，也因此
兩天半清真寺是阿傑梅爾當地保存下來最古老的
遺跡，它在西元660年興建時原是一座耆那廟，
後來在12世紀中葉改建為印度教學校。四十年

後，阿富汗族長Muhammad of Ghor入侵阿傑
梅爾，將它改建為清真寺，由於取材自昔日的建
築，也因此可以看見牆壁或立柱上洋溢著印度教
和耆那教風情的裝飾。

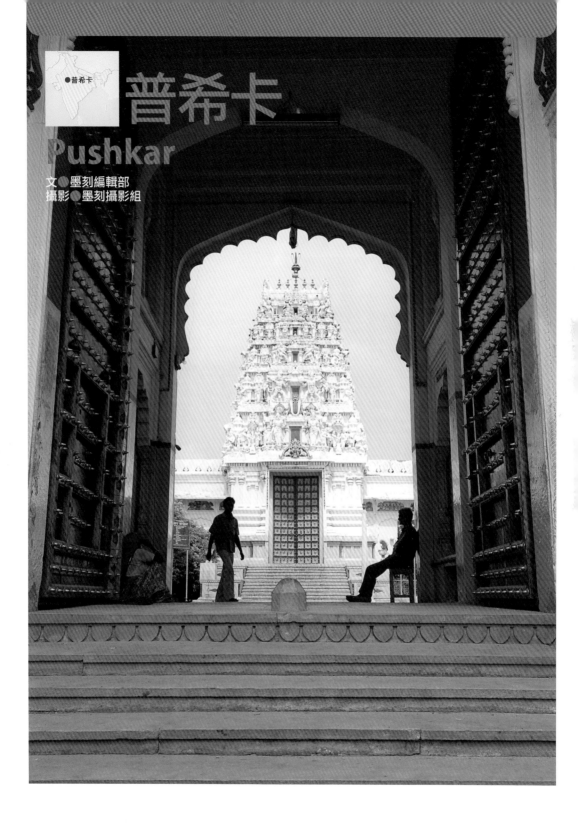

● 普希卡

普希卡
Pushkar

文●墨刻編輯部
攝影●墨刻攝影組

普希卡和阿傑梅爾隔著一座山，兩城之間不過30分鐘的車程，卻區隔著兩個迥異的世界，伊斯蘭聖地阿傑梅爾的嘈雜，對比了印度教聖城普希卡的空靈。

普希卡的名稱來自於蓮花(Pushpa)，據說創造神大梵天(Brahma)曾親手將一朵蓮花拋向陸地，花瓣在沙漠中紛紛落下的地方，神奇的湧現出水源，形成了三座小湖泊，大梵天就在最大的湖畔召集了九十萬名神人，而這座湖泊也就是今日的普希卡湖。

普希卡湖因而成為印度教的聖湖，每年總有數以萬計的信徒前來沐浴，然而不同於瓦拉納西，這座小鎮總是洋溢著安靜、平和的氣氛，也因此，這裡打從1960年代湧進大批背包客開始，至今仍成為許多外國遊客喜愛居遊的地點之一。

早在蒙兀兒帝國時期，這裡就是皇帝與貴族最喜愛的度假地點，17世紀初開始有英國人前來此地，到了1818年，普希卡更成為拉賈斯坦邦內少數幾個直接接受英國人管轄的領地。

平日悠閒的普希卡，每年到了印度曆法的Kartika月時，總會突然熱鬧起來，它伴隨著普希卡節(Kartika月滿月之日最後一天)而來，來自拉賈斯坦邦和各地的遊客全擠進了這座小鎮，在朝聖之餘，進行熱鬧的交易買賣，其中最特別是駱駝與牲畜市集。市集中聚集著大量販售紀念品和食品的攤位，以及待價而沽的駱駝、大象、牛隻與家畜，身著繽紛傳統服飾的拉賈斯坦人讓場面更加歡欣。

INFO

基本資訊
人口：約14,800人
區域號碼：0145

如何前往
◎巴士
普希卡本身沒有火車站，因此，無論從哪裡前往都必須搭乘巴士，幾乎所有的長程巴士都會先經過阿傑梅爾，而從德里、齋浦爾和久德浦爾等大城也有直達巴士前往普希卡。從大城前來的巴士多半停靠城市北邊的Marwar車站，至於從阿傑梅爾發車的地區巴士，則停靠普希卡的東邊。

由於普希卡沒有三輪車，如果行李多可租手推車搬運。

市區交通
普希卡是個小鎮，鎮內景點都可以用步行的方式前往。

MAP ▶ P.173A2,B2

普希卡湖與河壇

MOOK Choice

Pushkar Lake & Ghats

印度教徒一生中必朝拜的聖湖

🧭位於市中心 ⚠️湖畔和河壇邊經常有所謂的修行者會替遊客手腕繫上繩子，或是要求你買花撒向湖水「祈福」，如果沒有需要請委婉但口氣堅決的拒絕，遇到難纏的人或是覺得想入境隨俗體驗一下，就付給對方Rs50。有些人會說服你替你的家人同時祈福，請注意每多替一個人祈福可能會被要求多一筆費用，不要被這樣哄抬價錢，僅付當初談好的價錢即可。

因為神話而誕生，普希卡這座城市圍繞著普希卡湖發展，在它的四周錯落著多達上百間的寺廟，每當天氣晴朗時，藍色的天空和湖水，陪襯著白色的建築和倒影，形成聯屏畫般的美麗效果。

話說千百年前大梵天拋下了一朵蓮花，花瓣墜落於此產生了一座湖泊，使普希卡湖因而成為印度教徒眼中最神聖的地點之一，數以萬計的信徒總是不辭千里到此朝聖，他們相信具有療效的湖水，能夠洗滌身上的罪惡，並脫離生死輪迴，在此沐浴一次，足以抵上千百次的祝福儀式，特別是在印度曆法Kartika月(通常是西曆10~11月間)的月圓當天效果更加顯著，信徒通常會先在此洗淨身體，才前往位於湖畔西側的梵天寺祈禱、祭拜。

河壇羅列

除了寺廟之外，普希卡湖畔林立著多達五十多座河壇，歷任大君都曾在此興建一間獨立的小旅館。在這些河壇中，以高河壇(Gau Ghat)最著名，印度國父甘地、首任總理尼赫魯等名人的骨灰都曾撒在這裡；至於位於沙達市集(Sadar Bazaar)廣場出口的瓦拉哈河壇(Varaha Ghat)，可以看見毗濕奴以祂其中一個公豬化身現身的裝飾。

此外，在湖的南面還有一條聖橋，橋的兩端各有一棵大樹，樹下供奉著多座印度神像與畫像。

MAP ▶ P.173A2

梵天寺

Brahman Temple

全印度唯一一間梵天寺

🚩位於普希卡湖以西約200公尺處,從普希卡湖西側河壇步行前往約5分鐘。 ◐日出到日落 ❶參觀梵天寺必須脫鞋,裡面不可拍照。

在印度神話中,由於大梵天在創造世界後就回到天上,因此,在印度境內難以看見大梵天的神像,更遑論其寺廟。不過,因為普希卡是由大梵天手中的蓮花而來,因此,在這裡存在了全印度唯一的一間梵天寺。

梵天寺興建於14世紀,白色的大理石寺廟端坐於高台之上。一隻雕刻瑰麗的銀龜面對神龕蹲坐地上,四周大理石地板上裝飾著成千上百個銀幣,上頭刻著捐獻者的姓名。

梵天寺外的道路兩旁林立著攤販與商店,這條路沿著湖畔延伸,和市中心的沙達市集連成一氣,無論是鑲繡著鏡片的拉賈斯坦傳統服飾或包包、可愛的人偶、金光閃閃的首飾、色彩繽紛的掛飾等都能在此找到。此外,這裡也是旅館和餐廳聚集的區域,因此成為遊客終日流連的去處。

拉賈斯坦邦‥‥**普**希卡 Pushkar

MAP ▶ P.173B2

黃昏咖啡館

Sun-Set-Cafe

湖畔的人氣餐廳

🚩位於普希卡湖東南方、普希卡皇宮飯店旁,從沙達市集步行前往約5~10分鐘。

擁有絕佳景觀的黃昏咖啡館,就坐落於普希卡湖畔,是普希卡最具人氣的餐廳。除了半開放空間的室內座位外,還有露天座位,每到午後較涼爽的時分,總有許多外國遊客在此喝飲料聊天,氣氛悠閒。

該餐廳提供各式各樣的料理,除了常見的印度菜和中國菜外,也吃得到義大利麵、披薩及

Tacos、Enchiladas等墨西哥食物,選擇多樣且價格合理,此外這裡的現榨果汁為不加糖、不摻水的原汁,同樣值得一試。

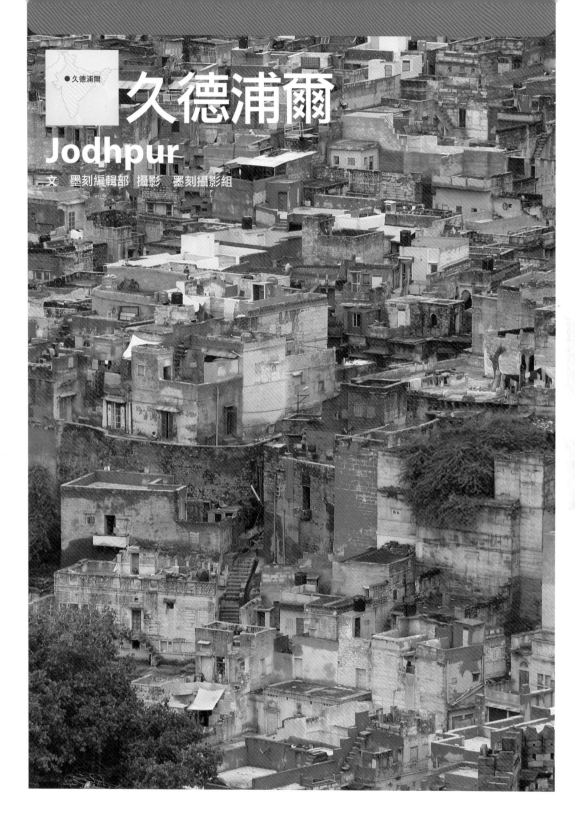

●久德浦爾

久德浦爾
Jodhpur

文　墨刻編輯部　攝影　墨刻攝影組

久德浦爾

| 圖例 | ◎景點 ⑪飯店 ⑪博物館 ⑪神社 ⑪巴士站 ⑪火車站 ⑪餐廳 ⑪寺廟 ⑪郵局 ⑪公園 ⑪銀行 ❶遊客服務中心 ⑪商店 |

素有「藍色城市」之稱的久德浦爾，因其藍色屋舍而聞名，是僅次於齋浦爾的拉賈斯坦邦第二大城，對比聳立於高山上的梅蘭加爾堡(Meherangarh Fort)，久德浦爾的舊城看來就像拉賈斯坦沙漠旁拍擊巨大雕堡的海洋。

久德浦爾被全長10公里的城牆圍繞，主要是為了防止沙漠沙暴。這座沙漠城市曾是拉賈斯坦邦最大的公國馬瓦爾王朝(Marwar)的首都，長達五個世紀之久。直到1459年時，才被拉索王朝(Rathore)的拉·久德哈(Rao Jodha)大君命名為久德浦爾，著名的梅蘭加爾堡也是由此時開始興建。

位於雕堡下方的舊城區原本是婆羅門階級的住所，人們將房舍外觀漆上靛藍塗料，一方面維持室內清涼，同時可以驅趕蚊蟲，這項傳統至今依舊保存下來。由於久德浦爾位於昔日沙漠商隊的必經之路，因此以交易鴉片、檀香木、棗子和黃銅致富。

許多遊客將久德浦爾當成齋浦爾和齋沙默爾間的短暫停留點，事實上，這座城市適合慢慢欣賞，除了梅蘭加爾堡、皇宮、花園之外，這裡還有大大小小的市集值得一探。

INFO

基本資訊

人口：約103萬
區域號碼：0291
面積：290平方公里

如何前往

◎航空

久德浦爾機場位於以南約5公里遠，從德里和孟買都有班機往來，各需1小時和2.5小時，從機場到市區搭車約20~25分鐘。

◎鐵路

久德浦爾有兩個火車站，久德浦爾火車站(Jodhpur Railway Station)就位在舊市區以南的火車站路(Railway Station Rd.)上；另一個火車站Raika Bagh Railway Station位在市區東邊，多數火車都停靠於後者。由於兩者都位在市區，可以乘坐機動三輪車前往旅館。

◎巴士

往來於拉賈斯坦邦的巴士停靠在舊城東面的邦際巴士站，從齋浦爾搭乘巴士至此約需7~8小時，烏岱浦爾至此約需8~9小時。其他私人經營的長途巴士大多停靠在Kalpataru Cinema附近，或是位於久德浦爾西南方約4公里處的Sardarpura(Bombay Motors Circle)，再由此搭機動三輪車前往市中心。

市區交通

市內都可以機動三輪車作為交通方式，若是要到比較遠的地方可選擇計程車，可以在旅客服務中心前找到。

旅遊諮詢

◎久德浦爾遊客服務中心Regional Tourist Office & Tourist Reception Centre

⌂High Court Rd
☎0291-2545083

MAP ▶ P.177A1

梅蘭加爾堡

MOOK Choice

Meherangarh Fort

拉賈斯坦邦保存最完整的城堡

🎵從舊市區步行前往約30分鐘，不過多為上坡陡峭路面，因此建議搭乘機動三輪車前往。◐9:00~17:00 💲Rs600(包含語音導覽)、相機Rs100、錄影機Rs200，電梯單程Rs50 🚇www.mehrangarh.org

　梅蘭加爾堡佇立在125公尺高的巨崖上，是拉賈斯坦邦最壯觀且保存最完善的城堡，蜿蜒的山路自山底一路延伸，行走5公里才能抵達第一座大門，再加上環繞的護城牆，讓梅蘭加爾堡更顯雄偉。

　城堡最初由久德浦爾大君拉・久德哈興建於1459年，之後繼任者陸續增建，從它由不同大君建造、分屬不同時期的7道城門便可得知。

　穿過一道道城門後，一座座宮殿環繞著中庭，

它們緊密相通且彼此串連，因此有人說梅蘭加爾堡不像一座城堡，反而像由無數中庭組成的聚落，這些宮殿同樣出現於不同時期，且各具特色，目前部分已改建成博物館。

　除了欣賞建築之美外，穿梭於皇宮陽台時別忘了眺望久德浦爾舊城，一片藍色的景觀非常壯觀。

梅蘭加爾堡

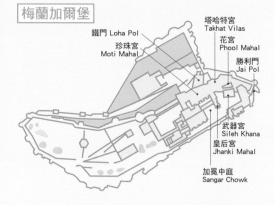

鐵門Loha Pol

這是第六道城門，鐵門下方的通道採直角設計，目的在於防止敵人長驅直入，門上裝飾著尖銳的刺釘，同樣具有阻敵的功效。

鮮豔的紅手印竟是殉葬的標記

過了鐵門之後可以看見兩旁有15個紅色的手印，這些手印是1843年時曼‧辛格大君的遺孀們根據印度傳統習俗，陪王公一起火葬前留下來的印記，稱為「Sati」。

花宮Phool Mahal

興建於1724年的花宮，被視為梅蘭加爾堡內最漂亮的房間之一，窗戶裝飾著色彩繽紛的彩色玻璃，建築四周彩則繪著金銀細工圖案及五顏六色的花卉。該宮殿是大君用來欣賞音樂、舞蹈和詩歌表演的場所。

加冕中庭Sangar Chowk

進入城門後首先來到的是加冕中庭，它的兩旁圍繞著皇后宮(Jhanki Mahal)和武器宮(Sileh Khana)。這座中庭是歷任大君舉行加冕典禮的地方，廣場上有一個大理石寶座，四周的砂岩建築雕飾華美的鏤空格子窗，好讓后妃能在舉行典禮時觀賞。

珍珠宮Moti Mahal

珍珠宮是最古老的廳房之一，興建於16世紀，被當成會議廳使用。由於在石灰泥中混入了壓碎的貝殼，因而產生珍珠般的光澤，也使得它獲得珍珠宮的美名。

彩色玻璃窗戶為室內增添色彩，牆壁上每一處壁龕放一盞油燈，反射著天花板上的鏡片和鍍金裝飾，讓牆壁上產生大理石般的效果。而位於拱門上方的五座大型壁龕，看起來像是裝飾，其實是一處秘密陽台，好讓皇后們有時可以坐在這裡，安靜聆聽會議討論。

塔哈特宮Takhat Vilas

這間美麗的房間，是久德浦爾第32任大君塔哈特‧辛格(Takhat Singh)的私人臥室兼娛樂室，他於1873年過世，也是最後一位住在梅蘭加爾堡內的統治者。

在他統治期間，印度成為英國的殖民地，從這間房間的布置便能瞧出端倪：天花板上掛著的聖誕樹彩球，取代了傳統的鏡片裝飾；牆壁上彩繪的主題，除了傳統的印度神祇外，還出現了歐洲仕女。種種跡象顯示，他和英國統治者之間有著和諧的關係，也因此才能在這間房間裡高枕無憂，享受著史無前例的和平。

梅蘭加爾博物館Meherangarh Museum

皇后宮和武器宮已闢為博物館，裡面收藏了久德浦爾大君的皇室生活用品，包括象轎(Howdha)、皇室寶座、印度古代槍砲、武器、旗幟、嬰兒搖籃、地毯、壁畫等歷史文物。

這些象轎大多鍍金或鍍銀，並且雕刻著象徵權勢的獅子，其中最價值連城的是賈汗贈送的銀轎；由於女性不可以面目示人，因此后妃使用的象轎會另外裝上篷套。至於武器宮除了收藏有阿克巴大帝的寶劍外，還有各式各樣的匕首，其中還有一種結合匕首與剪刀的致命武器。

賈斯旺‧薩達陵墓

Jaswant Thada

拉賈斯坦邦皇室家族墓園

📍 位於梅蘭加爾堡東北方約1公里處,從舊城或梅蘭加爾堡步行前往均約15~20分鐘,也可搭乘電動車前往。 🕐 9:30~17:00 💰Rs50 ❗登上陵墓主要建築前必須脫鞋

位於梅蘭加爾堡左側、與其相望的白色大理石建築,是1899年時沙達‧辛格(Sadar Singh)下令興建的陵墓,用來紀念他的父親賈斯旺‧辛格大君(Jaswant Singh)。

賈斯旺‧薩達陵墓是印度建築中的代表,以錯綜複雜的大理石格子窗著稱,不但雕刻精細,充分展現出雕刻家精湛的技藝,同時極其細薄且拋光完美的石材,每當陽光照射表面時,總讓它散發出溫暖的光芒。

陵墓群中除了賈斯旺的主陵墓之外,旁邊還有4座小紀念碑,為賈斯旺‧辛格之後的歷代大君,在他之前的大君則下葬於曼朵花園(Mandore Gardens)。

從主陵墓的平台上,可以俯瞰四周景致和不遠處的梅蘭加爾堡。主陵墓內陳列著歷任久德浦爾大君和統治者的畫像,至於賈斯旺大君的紀念陵寢,則猶如一座迷你的廟宇,瀰漫著一抹神祕的氣氛。

曼朵花園散佈歷代大君陵墓

距市區9公里的曼朵花園(Mandore Gardens),園內可見尖塔寺廟群,其實是久德浦爾歷代大君的陵墓群,建築本身洋溢著印度風情,裝飾細節則出現伊斯蘭風格,不過,陵墓群的維護狀況並不佳。

除此,公園內還有一座嵌在山壁中的英雄廳(Hall of Heroes),裡面陳列著15位印度和當地的神明雕像。

集香料大全於一處

　　沙達市集裡也聚集著多家香料店，在這裡可以買到包括番紅花、坦都里咖哩粉、南印度咖哩粉、王公咖哩粉、可倫坡咖哩粉，和專門烹飪魚、馬鈴薯、羊肉的各式咖哩粉；另外還有茴香、胡椒、芥末仔、肉桂等香料，其中Mohanlal Verhomal印度香料店，非常受到歐美遊客的歡迎。

MAP ▶ P.177A1

沙達市集

Sardar Bazaar

民生用品大觀

🎧 位於舊城，可搭乘三輪車前往。

　　這裡是久德浦爾居民的購物區，可以一窺當地居民的日常生活景象，充滿各式各樣的攤販，出售五花八門的女性飾品、布料、服裝、香料、米、蔬果和日用品等。

　　市集內以販賣產品的種類來區分區域，其中販賣米、扁豆和香料的區域，可以看到種類繁多的印度食品，宛如顏色鮮豔的紗麗。

　　久德浦爾女人的紗麗服飾，非常講究色彩和鑲邊，是拉賈斯坦地區最繽紛的民族。因此在沙達市集所看到的女性，無論是擺攤作生意、或是前來購物的，無一不是穿著亮麗無比的傳統服裝，讓人看得目不暇給。

MAP ▶ P.177B2

烏麥巴旺皇宮

Umaid Bhawan Palace

奢華皇宮改建的旅館和博物館

🚗 位於舊市區東南方約4公里處，可搭乘電動車前往。🕐 博物館10:00~16:30 💲博物館Rs100 🌐 www.tajhotels.com

　　烏麥巴旺皇宮佇立在久德浦爾市區東邊的山丘上，是印度皇室後期最重要的皇宮、同時也是世界上最大的私人住宅之一，坐落於花草茂盛的花園之中。

　　外觀雄壯又霸氣的烏麥巴旺皇宮，是久德浦爾王室家庭的主要住宅，其名來自於久德浦爾大君烏麥・辛格(Maharaja Umaid Singh)。這座以黃砂岩建造的皇宮由英籍建築師Henry Lanchester所設計，歷經16年、耗費三千名勞工、斥資950萬盧比，於1944年完成，可說是當時最流行的幾何及流線形為特色的藝術裝飾風格建築。

　　這座擁有347個房間、一座室內游泳池和一座電影院的皇宮，混合了東、西方的建築風格；105英呎高的圓型屋頂，深受文藝復興風格影響；皇宮高塔的靈感，則來自於拉賈普特民族(Rajput)建築；至於皇宮內部華麗的鑲金家具和優雅的設計，走的是裝飾藝術風格。烏麥巴旺皇宮挑高雄偉的室內設計，給予一種高貴卻又霸氣的感覺，從大廳、餐廳到主廳全是以金錢堆砌出來。

　　目前的大君只使用三分之一的建築，其他部分則開放為皇宮飯店和博物館使用。博物館內設置了幾座展覽廳，分別展出皇宮建築模型與建歷史、陶器和玻璃藝品、造型獨特的時鐘和晴雨計等。

　　至於皇宮旅館部分，目前闢有豪華套房開放給遊客使用，每間房仍舊保有過去輝煌的遺跡。其中王公套房正是久德浦爾王公烏麥・辛格曾經睡過的臥室，黑色的玻璃上刻畫著卡莉女神，還有以粉紅色和黑色的鏡子作為裝飾，面積寬廣的王公套房還區分有客廳、會議廳、餐廳、廚房設施、大型更衣間、浴室和可以俯視皇宮花園與眺望梅蘭加爾堡的陽台。

MAP ▶ P.177B2 **On The Rock**

📍位於Ajit Bhawan Hotel旁，可搭乘人力車或電動車前往。🏠Airport Road, Jodhpur ☎0291-5102701 ⏰12:00~15:00、19:00~22:00

位於Ajit Bhawan Hotel旁，On The Rock食物品質不錯，出乎意料的是價格相當合理。

On The Rock擁有一座美麗的庭園，當地居民總攜家帶眷前來用餐，洋溢著溫馨歡樂的氣氛。特別是入夜後氣氛極佳，位於大樹下的餐桌鋪設著桌巾，以一盞盞的燭光照明。

除了庭園之外，On The Rock還有一間室內的樹屋酒吧餐廳，木質的餐桌椅和爬上樹屋的木頭階梯，給人很童話的感覺。

餐廳提供的食物像是坦都里拼盤、羊肉咖哩或是Tal都相當受歡迎。

MAP ▶ P.177A2 **Taj Hari Mahal**

📍位於舊城以南，可搭乘計程車或電動車前往。🏠5 Residency Road, Jodhpur ☎0291-2439700 🌐www.tajhotels.com/en-in/taj/taj-hari-mahal-jodhpur/

Taj Hari Mahal皇宮旅館可以説是久德浦爾最豪華的飯店之一，雖然沒有烏麥巴旺皇宮飯店的輝煌歷史，不過在設計上卻更為精緻，充滿皇宮應有的奢華與高雅。

該皇宮飯店建築以馬瓦爾王朝風格，混合著蒙兀兒帝國的圓頂建築、壁畫、柱子和室內設計。飯店挑高的大廳中裝飾著金碧輝煌的水晶吊燈、半拱形的窗戶與華麗的幾何圖形大理石地板，還有那涓涓的流水聲，讓人立即忘卻戶外的高溫，彷彿進入一個寧靜又不受干擾的私人宮殿。

穿梭在Taj Hari Mahal是件賞心悦目的事，一道道充滿印度色彩的長廊，隨處都能讓人回想昔日的印度宮廷生活。

客房宛若皇宮內私密的後宮，從地毯、室內織布、壁畫到古典的木床，都無時無刻提醒你身在印度。宮殿中當然是不能缺乏好的餐廳，無論是馬瓦爾傳統料理、烤肉、中國料理等一應具全。

拉賈斯坦邦⋯⋯久 德浦爾 Jodhpur

📍鄰近烏麥巴旺皇宮，距離機場和火車站各約3公里，可搭乘計程車或電動車前往。 🏠Circuit House Road, Jodhpur ✆ 0291–2513333 🌐www.ajitbhawan.com

坐落於寬敞筆直的大道旁，以前方山丘上的烏麥巴旺皇宮為風景，Ajit Bhawan Hotel猶如一座洋溢著拉賈普特風情的沙漠綠洲。

昔日的皇室狩獵行宮，今日成為印度第一家文化觀光遺產旅館，這座行宮落成於1927年，曾經吸引過無數大君、政治家、藝術家甚至獵人，前來接受該家族的款待。

經過了幾十年的時光，如今以文化觀光遺產旅館的創新觀念，對前來久德浦爾旅遊的遊客開放，讓一般人也能感受皇室的奢華品味，一探皇室神秘的面貌，同時感受拉賈普特人的熱忱。

儘管歷史將近百年，Ajit Bhawan Hotel依然維持著極佳的狀態，原因在於飯店每年總利用淡季時加以翻新、整修。

飯店內的客房如今共規畫為六種房型且各具特色，圍繞中庭的Deluxe Room和Luxury Room洋溢著現代、極簡的舒適風格；一棟棟隱身於迷你庭院內的Vintage Suite，展現當地色彩濃厚的裝潢；Ajit Suite以放大的皇室照片特寫為背景，採用增添時尚感的粉紫色調，並裝飾著改良的傳統格子窗以及吊燈，結合時尚與傳統的魅力。

飯店中最受矚目的為最尊榮的Presidential Suite，以及最具特色的Luxury Tents，其中，Luxury Tents罩上帳篷，室內擺設也充滿野營樂趣，目的是要讓在炎熱夏季無法前往沙漠中居住帳篷的遊客，也能感受入住帳篷的樂趣。

此外，今日的接待大廳，是昔日Sir Ajit Singhji家族的客廳與起居室，裡頭高掛著大君與皇室家族的畫像，以及狩獵而來的標本和象牙，一座座玻璃櫃中則陳列著家族的收藏與相關文物。

齋沙默爾
Jaisalmer

文●墨刻編輯部　攝影●墨刻攝影組

齋沙默爾可說是拉賈斯坦邦中最令人嚮往的地方！或許是因為它的四周環繞著金黃的沙漠，或許是它的舊城古堡仍舊上演著日常生活的情景，或許是不便利的交通環境等因素；總之，千里迢迢來到這裡的遊客，沒有一個會對它失望。

有「黃金城市」之稱的齋沙默爾，因建築全採用產自本地的特殊金黃色砂岩，黃昏時刻、在夕陽餘暉的照映之下，每棟房宅都散發出耀眼的光芒。又因為它距離巴基斯坦邊界只有100公里，所以齋沙默爾也是印度的軍事重鎮。

齋沙默爾是12世紀時由巴提人(Bhatti)所建立的城市。巴提人是拉賈普特民族的一支，自稱為「月神後裔」。12~18世紀期間，齋沙默爾是印度絲路上的貿易重鎮，興盛時期人口超過11萬，這裡連結印度河谷地和阿拉伯海，是駱駝商旅的必經之地。不過自19世紀起，孟買逐漸崛起，成為印度的主要貿易城市，齋沙默爾的地位也因而衰退。

儘管周圍景觀荒涼、布滿砂礫，遠遠看去仿若廢墟一般，然而走進齋沙默爾城內，卻可驚見裡面屹立著許多美麗的建築、印度教寺廟、耆那教寺廟，以及大大小小的民房。尤其這裡以擁有精緻的哈瓦利宅邸(Havelis)建築著稱，

許多旅館也多承襲此項風格，讓人得以體驗拉賈斯坦皇宮貴族般的生活。

此外，來到齋沙默爾一定要走一趟沙漠探險，騎駱駝遊沙漠是重頭戲，除了可欣賞沙漠的日落美景外，還可以睡在沙漠中，近距離體驗沙漠文化。

INFO

基本資訊

人口：約6.5萬
區域號碼：02992
面積：5平方公里

如何前往

◎鐵路

齋沙默爾的火車站位於城市以東2公里處，從德里和久德浦爾每天都有固定班次前往，從火車站可搭乘三輪車前往市區。

◎巴士

搭乘巴士從久德浦爾前往齋沙默爾約需5~6小時。政府和私人經營的巴士分別停靠城堡西南方和南方的巴士站，城堡就位於市中心。

市區交通

市區不大，所有景點都可以步行的方式抵達。

旅遊諮詢

◎遊客服務中心Tourist Reception Centre

⌂Gadi Sagar Road
☎02992-252406

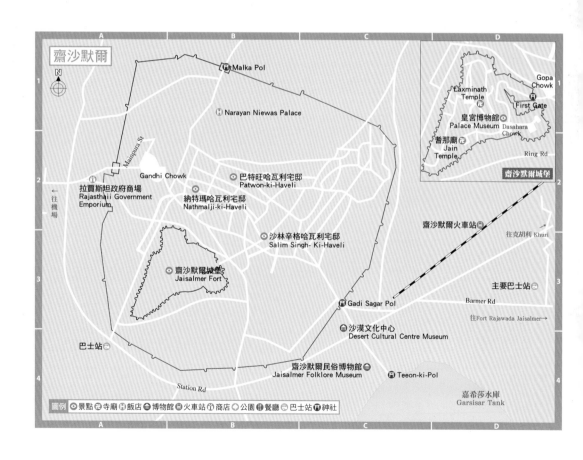

齋沙默爾周邊
MAP ▶ P.186D2

克胡利
Khuri

沙漠聚落傳統文化

📍位於齋沙默爾西南48公里處,可從齋沙默爾搭乘巴士前往,車程約1小時30分鐘。最方便的方式是搭乘吉普車前往,可請齋沙默爾當地飯店或旅行社安排包車事宜。

克胡利是典型的沙漠聚落,這座村莊雖然不大,但有民宿和旅館可供自助旅行者落腳。大多數來到這裡的遊客都是為了要到附近的沙丘體驗騎駱駝的樂趣,而克胡利當地的旅館大都提供半天到兩天不等的沙漠行旅。

克胡利村莊的居民十分友善,村莊婦女經常頭頂水壺、手牽幼兒,步行到很遠的地方取水。如果有機會拜訪當地人家,你會發現克胡利村莊內部分住家的客廳嵌著一座多格式壁櫥,周圍雕刻細緻的花紋,每個格子裡面都放置不同的物品,

💡 駱駝沙漠探險遊Camel Safari

騎駱駝探險齋沙默爾附近的沙漠,可說是遊客來到齋沙默爾的主要目的,這裡所提供的騎駱駝沙漠探險遊行程,從半天到1週都有,內容主要是騎駱駝行進在沙漠中,晚上則夜宿沙漠。而住宿的種類又因價格有所區別,有的是附廁所的豪華的帳棚,有的是拉賈斯坦傳統式的小圓屋,有的乾脆就以沙漠為床,直接睡在沙漠上!

齋沙默爾附近有好幾個沙丘,遊客可騎駱駝行走於優美的沙紋上,體驗沙漠荒涼的氛圍;也可以欣賞沙漠落日的美景、觀看夜晚沙漠中的星星;早上起來還可以在沙漠中喝著印度奶茶、吃著傳統早餐。有些價格較高的行程還會安排拉賈斯坦音樂和舞蹈表演,讓遊客過足沙漠癮。

齋沙默爾市區的旅館或是旅行社多半會提供騎駱駝沙漠探險遊,由於競爭激烈,所以市場價格非常混亂,一日遊程從數百盧比到Rs2500都有,遊客千萬不要只以價格多寡來選擇行程,要仔細比較內容後再做決定。

遊客在選擇遊程的過程中應注意以下幾點:是否提供足夠份量的餐飲、幾個人騎一匹駱駝、行程內容的安排、每團的人數等。建議獨自旅行的人最好不要一個人參加這類團體,可先找幾位住在同旅館的人一起訂行程才較為安全。

Sahara Travels🔗 www.saharatravelsjaisalmer.com
Trotters🔗 www.trottersjaisalmer.net
Adventure Travel🔗 www.adventurecamels.com
Thar Desert Tours🔗 www.tharcamelsafarijaisalmer.com

例如神像、鍋、碗、壺、盤等。

從克胡利村莊繼續往西邊行走55公里,就會抵達印度與巴基斯坦的邊界。

齋沙默爾市中心

MAP ▶ P.186A3,B3

齋沙默爾城堡

MOOK Choice

Jaisalmer Fort

活生生的露天博物館

🚶 位於舊市區，步行前往即可抵達。

皇宮博物館

🏛 位於齋沙默爾城堡內的主要廣場上　🕘 9:00~18:00　💲 Rs500(含語音導覽)、錄影機 Rs150

耆那廟

🚶 從皇宮博物館步行前往約5分鐘　🕘 8:00~12:00　💲門票變動，請當場確認　❗女性生理期間禁止入內，不可攜帶皮製品，入內參觀須脫鞋。

這座佇立在齋沙默爾市區的中古世紀城堡，無論是城牆或是內部的宮殿、寺廟與民宅，全部以金黃色砂岩打造而成。

城堡盤據在76公尺高的山丘上，被10公尺高的城牆圍住，城牆四周還有99座碉堡捍衛著，部分雕堡至今依舊保留著大砲，它們全是1156年時、由拉賈普特族的巴提王朝統治者嘉莎爾(Jasal)下令興建，可說是全拉賈斯坦邦中第二古老的城堡。

城堡一共有4道大門，一條兩旁高處堆疊巨大圓石的通道通往主要廣場，以備敵人入侵時推落，達到防禦的作用。Suraj Pol是主要的城門，遊客在通過一道道的城門後，便會抵達城堡的主要廣場。

14~15世紀時，在這座主要廣場上曾經舉辦過三次壯烈的殉葬儀式，對於當時的皇室婦女來說，如果丈夫戰死沙場，她們必須從城牆跳入中庭燃燒的巨大材火堆中，而非苟活。

皇宮博物館Palace Museum

齋沙默爾城堡的主要廣場上，有一棟高達五層的華美建築，外觀裝飾著一座座精雕細琢的樓台，它是昔日的皇宮，目前改成皇宮博物館，其主要入口大門兩旁有紅色手印，記錄著昔日皇室婦女必須隨夫殉葬的傳統。

這座包含5座小宮殿的建築，由歷任齋沙默爾統治者興建，整體採用當地特有的金黃砂岩為建材，典型的蜂窩狀簾幕設計，內部嵌有多彩的玻璃和磁磚，是當地石造技術的傑出代表。齋沙默爾的統治者稱為瑪哈拉瓦(Maharawal)，在皇宮的左側可以看見一座大理石打造的寶座，是統治者號令軍隊和下令的地方。

博物館展示著瑪哈拉瓦使用過的武器、宮廷用品和一般生活物品，其中包括一個純銀打造的寶座，上方裝飾著象徵皇室永恆尊貴的孔雀和無比權勢的獅子；貼滿藍底白花瓷磚的臥室中，可以一窺19世紀皇室生活；票券展覽室中陳列著齋沙默爾的鈔票與郵票，美麗的拓印猶如藝術品。

拉賈普特文化中重要的甘高爾(Gangaur)女神像，收藏於蘭尼卡宮殿(Ranika Mahal)中，這尊身著紅色紗麗的女神，是濕婆神的妻子帕爾瓦娣的化身之一，主要掌管婚姻，未婚女性向祂祈求好姻緣，已婚婦女則祈求丈夫平安。在兩國發生戰爭時，如果甘高爾女神遭敵軍擄獲，是相當羞恥的一件事，幾乎等同於戰敗，這也是為什麼在拉賈普特的皇宮中經常可見祂的身影。

除了建築本身裝飾華麗之外，皇宮博物館的地理位置絕佳，從陽台和頂樓望去，連綿不絕的碉堡、此起彼落的民宅與寺廟，還有四周一望無際的沙漠都盡收眼底。

市民共生的活城堡

堡內有開放為皇宮博物館的舊皇宮、印度廟、耆那教廟和典雅的哈瓦利宅邸(Havelis)建築可參觀，不同於其他拉賈斯坦邦的城堡純粹以古蹟之姿對外開放，齋沙默爾城堡至今仍有約兩千人生活其中，猶如一座活生生的露天博物館，堡內宛如迷宮般的小巷弄，和一戶戶緊鄰的房舍，此外還有許多商家與攤販，販售地毯、細密畫等當地手工藝品，呈現出一種獨特的沙漠氛圍，而大部分的居民都是拉賈普特族後裔。

耆那廟Jain Temple

齋沙默爾城堡內有七座耆那教寺廟，它們都只開放到中午，這些耆那教寺廟建於12~15世紀，大多是由富商出資興建，廟內的神像栩栩如生。

其中位於皇宮博物館南邊的耆那廟規模最大，以黃色和白色大理石興建，外觀猶如無數小型尖塔組合而成，內部無論是牆壁、天花板或是立柱上，都裝飾著花草、神衹和動物等繁複的雕刻，美輪美奐。

齋沙默爾市中心

MAP ▶ P.186B2、B3

哈瓦利宅邸

MOOK Choice

Haveli

雕工精緻的黃砂岩豪宅

巴特旺哈瓦利宅邸

🅐P.186B2 📍位於齋沙默爾城堡東北方約500公尺處,從齋沙默爾城堡步行前往約10分鐘。 🕙10:00~17:00 💲Rs100,相機Rs50,錄影機Rs100 ❗宅邸內氣味不佳,建議攜帶口罩入內參觀。

沙林·辛格哈瓦利宅邸

🅐P.186B3 📍位於齋沙默爾城堡東方約150公尺處,從齋沙默爾城堡步行前往約3分鐘。 🕙8:00~18:00 💲Rs100、照相機Rs50、錄影機Rs100

納特瑪哈瓦利宅邸

🅐P.186B2 📍位於齋沙默爾城堡以北約300公尺處,從齋沙默爾城堡步行前往約7分鐘。

　在19世紀時,齋沙默爾的富商和王公貴族掀起興建哈瓦利宅邸的熱潮,這些宅邸位在宛如迷宮般的巷弄內,也成為今日齋沙默爾最具特色的建築。「Haveli」一字來自波斯,意為「風屋」,因為屋舍裝飾著許多格子狀的石雕窗戶,可以讓

風吹入。

　齋沙默爾的宅邸多半採用產自當地的黃砂岩,利用當地工匠精湛的手工藝技巧,將房子雕刻得美輪美奐。大部分的宅邸都有高高的柱基,為的是防止沙漠的風沙吹入房子裡,一樓大多用來當作儲藏室使用。

　另外,細緻的格子窗(Jalis)也是一大特色,多種花樣的格子窗最主要的功用是遮陽與透風,同時可以讓仕女們站在窗戶後方觀看街景,而不至於被人窺見容顏。

　中庭也是每個宅邸都具有的設施,主要是讓小孩可以安全的玩耍,並且也是婦女們日常活動的地方,而稱作是「Jharokhas」的窗台,因雕工精緻,讓宅邸更具貴氣,具有裝飾宅邸的作用。

巴特旺哈瓦利宅邸Patwaon-Ki-Haveli

巴特旺家族的哈瓦利宅邸位居市中心，由5間宅邸所組成，興建於1805年，該家族因從事錦緞和鴉片貿易以及銀行業務而致富。

巴特旺哈瓦利宅邸為5層式建築，採用本地特有的硬質砂岩興建，樣式融合傳統拉普特式和蒙兀兒式風格。宅邸的正面設計了多達六十處格狀樓台，全部雕刻著精緻的圖案，由於窗櫺和樓台的浮雕過於細膩，因此經常被誤認為是以白檀木雕刻而成。

這5間宅邸都對外開放參觀，其中一間改裝成博物館(Kothari's Patwa-Ki-Haveli Museum)，展示簡單的家族用品。宅邸內部分殘存著壁畫，依稀可以追憶昔日盛極一時的模樣，不過維護狀況不佳，對於想要細細欣賞美麗雕刻的遊客是一大挑戰。

納特瑪哈瓦利宅邸 Nathmal-Ki-Haveli

納特瑪家族的哈瓦利宅邸興建於1885年，是齋沙默爾首相納特瑪任命兩位兄弟建造而成。

宅邸採用金黃色的砂岩結構，一樓和二樓外觀裝飾著花卉植物等浮雕，由於兄弟倆在設計上相互競爭，因此，在細節上有著明顯的差異，例如門口兩隻大象和窗戶的樣式就不同，儘管不盡相同，雕工依然細緻，令人讚嘆。

目前宅邸一樓改裝成商店，遊客可隨意進出中庭參觀，不過，活動範圍僅限於此，以免打擾當地居民生活。

沙林‧辛格哈瓦利宅邸Salim-Singh-ki-Haveli

沙林‧辛格家族的哈瓦利宅邸興建於1815年，由齋沙默爾首相沙林‧辛格下令建造。

據說當時沙林‧辛格想替自己的宅邸再增建兩層樓，不過就會比齋沙默爾統治者的皇宮更高。當瑪哈拉瓦(Maharawal)知道後，一氣之下便下令拆除這裡，同時暗殺所聘請的建築師。

該宅邸外觀雕飾著孔雀，頂樓的珍珠宮(Moti Mahal)是美麗的宴會廳，並設計有拱形樓台，猶如一座展望台，可以眺望全城風光。

●烏岱浦爾

烏岱浦爾
Udaipur

文●墨刻編輯部　攝影●墨刻攝影組

烏岱浦爾這座歷史悠久的城市，因為皮丘拉湖(Pichola)中優美的宮殿而顯得與眾不同，再加上雄偉的城市宮殿依偎著湖畔，使得烏岱浦爾成為印度童話故事的場景。

烏岱浦爾建立於1568年烏代‧辛格(Udai Singh)大君時期，在蒙兀兒帝國統治印度時，烏岱浦爾是拉賈斯坦地區唯一不通婚示好的公國；到了英國殖民時期，英皇在德里召見印度諸王侯，只有烏岱浦爾的法特‧辛格大君(Maharaja Fateh Singh)斷然拒絕前往，充分展現烏岱浦爾人的驕傲與尊嚴。

烏岱浦爾不但是拉賈斯坦邦湖泊最多的城市，同時也是傳統工藝的重鎮，其中又以細密畫最為出名。迷你又充滿著浪漫氣氛的舊城區是遊覽烏岱浦爾的重點，光是位於皮丘拉湖湖畔的城市皇宮博物館及希瓦‧尼瓦斯宮等眾宮殿，就足以展現其輝煌的皇室風華。

只不過終年炎熱的氣候再加上少雨的雨季，讓烏岱浦爾往昔那份湖光山色的景致已不再見，也使得湖裡兩座宮殿經常佇立於乾枯的沙地中，儘管如此，這裡的皇宮飯店仍吸引不少遊客前來駐足。

烏岱浦爾

法特沙加爾湖
Lake Fateh Sagar

↑往侍女的光榮花園
Sabeliyon-Ki-Bari方向

Hotel Hilltop Palace

民俗博物館
Bhartiya Lok
Kala Museum

郵局

Hathi Pol

Delhi Pol

Bor Badi Rd　Bank of Baroda

鐘塔 Clock Tower

Amba Pol

Chand Pol

巴果爾宅邸
Bagore-ki-Haveli

市集
Bapu
Bazaar

往機場方向
(25km)→

旅客服務中心

Airport Rd

Brahm Pol

加格狄許廟
Jagdish Temple

城市皇宮博物館
City Palace Museum

巴士站

湖宮旅館
Lake Palace Hotel

Udaipol Rd
Surai Pol

傑格尼
瓦斯島
Jagniwas
Island

汽車博物館
Vintage & Classic Car Collection
Sajjan Niwas Gardens

皮丘拉湖
Lake Pichola

觀賞日落點
Kishan Pol

加格曼狄爾島
Jagmandir Island

火車站

圖例 景點 飯店 博物館 神社 銀行 郵局
商店 火車站 巴士站 遊客服務中心

拉賈斯坦邦…烏 岱浦爾 Udaipur

INFO

基本資訊

人口：約60萬
區域號碼：0294

如何前往

◎航空
　　烏岱浦爾機場Dabok Airport位於市區以東約25公里處，從德里和孟買每天都有班機往返兩地，航程均約1小時40分鐘，從機場可以搭乘預付計程車前往烏岱浦爾市區。

◎鐵路
　　烏岱浦爾有兩個火車站，一是離市區較近、位於東南方的Udaipur City Station，一是比較遠、位於北方的Udaipur Station。由於都位在市區，可以乘坐三輪車前往旅館。

◎巴士
　　長程巴士站位於市中心的東邊，搭乘巴士從久德浦爾或齋浦爾至烏岱浦爾均約需8~9小時。

市區交通

　　市區內可以機動三輪車做為主要交通方式，若是要到比較遠的地方，可以在旅客服務中心前搭乘計程車。

旅遊諮詢

◎遊客服務中心
Fateh Memorial Blgg
0294-2411535

烏岱浦爾市區

MAP ▶ P.193A2

MOOK Choice

城市皇宮博物館
City Palace Museum
拉賈斯坦邦規模最大的宮殿

📍 位於皮丘拉湖畔，從市中心鐘塔步行前往約20分鐘。 ▾
9:30~17:30　💲Rs300

　　位在皮丘拉湖畔的城市皇宮，可說是烏岱浦爾一顆閃亮的珍珠，它結合了拉賈普特和蒙兀兒的建築風格，也是拉賈斯坦邦規模最大的宮殿，於1559年時由馬瓦爾王朝的烏岱・辛格(Udai Singh)大君下令興建。

　　該建築群共由11座宮殿組成，經過歷任大君的努力，如今王宮一部分改裝成博物館，一部分改建為豪華飯店，另一部分則是現任大君與其皇室後裔的居所。

　　博物館是整座宮殿建築群中最古老的部分，包含了原本皇宮中的大君宮殿(Mardana Mahal)和皇后宮殿(Zennana Mahal)。進入皇宮前會先看到兩塊巨石，這是大象的床；而大門象神門(Ganesh Deoti Gate)則劃分出平民和貴族的分界，昔日平民是不能擅入的。

　　皇宮以淺黃色石頭打造而成，建築下層幾乎沒有窗戶，猶如一道厚實的城牆。宮殿外層圍繞著厚重又高大的建築，內部則是由一條條蜿蜒窄小的通道連接宮殿和中庭，這是典型的拉賈普特式宮殿設計，好讓侵略者迷失在迷宮中，而宮殿中則大量裝飾著彩色玻璃馬賽克鑲嵌、迷你精緻畫，以及美麗的鏡子。

瑪內中庭Manek Chowk

這座綠意盎然的中庭，主要當作公共聚會、舉行儀式和大象遊行等活動場所，中央那座左右對稱的蒙兀兒式庭園落成於1992年，如今依舊是現任大君和皇室家族舉辦慶典的地方。進入城市皇宮博物館的入口上方，裝飾著馬瓦爾家族的皇室徽章：拉賈普特戰士和Bhil族人分別站立於太陽兩側，太陽代表著太陽神蘇利耶(Surya)。

庭園宮Badi Mahal

庭園宮位於城市皇宮博物館的制高點，四周環繞著104根大理石打造的迴廊，天花板上方裝飾著大理石磚，展現當地工匠的高超技術。中庭可欣賞皮丘拉湖風光，過去這裡主要用來舉辦皇室宴會及特殊節慶。

皇室中庭Rajya Angan

烏岱・辛格大君就是在皇室中庭遇見了一位告訴他在此創立城市的智者，中庭四周的建築如今是一座展覽廳，裡頭展示了烏岱浦爾的傳奇武士Maharan Pratap在戰場所使用的武器及盔甲，而盔甲連著一個假象鼻，目的在於讓其他馬匹以為自己遇到的對手是大象。

巴迪奇特拉沙里中庭Badi Chitrashali Chowk

這座中庭是大君欣賞舞蹈和聆聽音樂等表演的娛樂場所，裝飾著大量藍色的瓷磚及色彩繽紛的玻璃，從這裡的陽台可以俯瞰烏岱浦爾的城市景觀。

紅寶石宮Manak Mahal

宮殿裡大量的鏡片和紅綠兩色對比的玻璃，讓整個空間充滿強烈的色調，令人留下深刻的印象，其中，Krishna Vilas展示著大量的細密畫。

狄克湖夏宮Dilkhushal Mahal

宮殿裡收藏著大量描繪烏岱浦爾皇室節慶活動與大君肖像的繪畫，其中有兩個房間令人印象深刻，一是嵌著紅色和銀色玻璃的Kanch Burj，一是展示著馬瓦爾王朝迷你精緻畫的Krishna Niwas。

孔雀中庭Mor Chowk

這座中庭是昔日大君接見貴賓的場所，中庭裡五隻色彩繽紛的孔雀裝飾著華麗的鑲嵌，由超過五千片的馬賽克拼貼而成，被譽為城市皇宮中最美的中庭。

Lake Palace Hotel盡享貴族尊榮感

這座漂浮於皮丘拉湖傑格尼瓦斯島(Jagniwas Island)上的白色大理石宮殿，曾是烏岱浦爾王公的夏宮，由Jagat Singh II大君下令興建，落成於1754年。

1983年時因為007系列電影《八爪女》(Octopussy)選擇此處為拍攝場景而聲名大噪，所有想前往湖宮飯店的人，即使在湖水乾枯時也都得搭乘小船進入，上岸後，伴隨著拉賈斯坦傳統樂曲聲中，抵達灑滿花瓣的大廳，體驗皇室招待賓客的方式。

湖宮飯店共有83間面對湖景或荷花池的客房，裡頭裝飾著色彩明亮的細密畫、精緻的木雕家具以及彩色玻璃。主題不一的套房或鑲嵌玻璃藝術、或彩繪黑天神壁畫、或從鏡框到門框無一不點

綴金碧輝煌雕花，讓人追憶昔日的皇宮生活。

飯店內的餐廳提供各色料理，Neel Kamal可品嚐正宗的拉賈斯坦佳餚；季節性露天的Bhairo供應歐洲美食，晚間可在Amrit Sagar酒吧享用雞尾酒。

🚢 從城市皇宮博物館下方的湖畔乘船點搭船前往
📞 0294-2428800　🌐 www.tajhotels.com

MAP ▶ P.193A2

加格狄許寺

Jagdish Mandir

烏岱浦爾香火最旺的寺廟

🎵 位於城市皇宮博物館北側廣場上，從城市皇宮博物館步行前往約3分鐘。 ◎ 進入寺廟前必須脫鞋

　　這座印度教寺廟興建於1651年，是烏岱浦爾規模最大且香客最多的寺廟。寺廟以石材打造，外觀裝飾有印度教各神祇化身的雕像，其中包括毗濕奴的多種化身、黑天神的生平及跳舞女神等。寺廟前方的亭子(Mandapa)通往主殿，裡頭供奉著象徵Jagannath神的大黑石，祂也那是毗濕奴的化身之一。

　　主廟前方有一座小寺廟，裡頭端坐著毗濕奴的坐騎、同時也是寺廟守護神的金翅鳥迦魯達(Garuda)；此外，主廟四周的角落各有一座小神龕，分別獻給濕婆神、象神、太陽神蘇利耶以及杜兒噶女神。

烏岱浦爾市區

MAP ▶ P.193A2

市集

Bazaars

具強烈民俗風的市集

🎵 位於市中心鐘塔附近延伸出去的巷弄，從城市皇宮博物館步行前往約15~20分鐘。

　　鐘塔是烏岱浦爾的市中心，從這裡四處延伸的街道裡，坐落著各式各樣的市集。

　　從加格狄許寺前方的街道往北走，沿途的景觀從販售遊客紀念品的商店，逐漸演變成提供當地人日常用品的店家，它們聚集成市，形成一個個特殊的市集，其中位於鐘塔廣場附近的店家，大多出售金銀飾品，手鐲、腳環、項鍊、戒指……琳瑯滿目，而招牌上總是身著紗麗、穿金戴銀的女性。

　　其他的市集中，還可以看見出售節慶用品的商家，各式各樣的花環、吊飾、神祇海報等塞滿整個店家。此外，還有烏岱浦爾出產、具強烈民俗風格紋染的紗麗和披肩店家。有時運氣好，還能看見正在進行傳統工藝的師傅，像是刺繡、打造腳環等，讓走逛市集充滿樂趣。

拉賈斯坦邦⋯⋯烏 岱浦爾 Udaipur

MAP ▶ P.193A2

巴果爾哈瓦利宅邸

Bagore-ki-Haveli

博物館兼民俗表演舞台

🧭 Gangaur Ghat，從城市皇宮博物館步行前往約20分鐘。 🕐 10:00~17:30　💰 門票Rs100、拍攝Rs50，舞蹈表演Rs150、拍攝Rs150

這棟外觀美麗的哈瓦利宅邸就位於皮丘拉湖畔的甘高爾河壇(Gangaur Ghat)旁，興建於18世紀中葉，是烏岱浦爾前任首相的私人住宅，多達138個房間、露台和雅緻的樓台圍繞著中庭。如今這座宅邸已部分改建成博物館，兩層樓的空間上層展出原件家具與工藝品，下層則主要展覽烏岱浦爾傳統服裝、樂器、藝術、廚具等生活方式。

入夜後，巴果爾哈瓦利宅邸頓時成了熱鬧的表演舞台，每天晚上七點，身著傳統服飾的舞者，帶來一連串拉賈斯坦邦的民俗歌舞表演。拉賈普特人對於色彩極為敏銳，這些沙漠民族的配色哲學，充分表現在女人身上的紗麗、披肩、首飾及各式各樣的繡布和手工藝品上。色彩繽紛的服飾、燃燒的火炬、大量的旋轉、有節奏的鼓聲，讓場面充滿熱鬧與活力，此外，逗趣的木偶表演也非常受到遊客的歡迎。

MAP ▶ P.193A1

侍女的光榮花園

Saheliyon-ki-Bari

噴泉造景的休憩庭園

🧭 位於法特‧沙迦爾湖(Fateh Sagar)東邊，距離城市皇宮博物館約3.5公里，可搭乘電動車前往。 🕐 9:00~19:00　💰 Rs50

這座於1530~1734年間由Sangram Singh II大君下令興建的花園，是一處專供皇室后妃與侍女使用的休憩場所。兩旁設置小型噴泉的走道通往內部的大理石噴泉水池，水池中央是一座圓頂涼亭。噴泉的水引自一旁的法特‧沙迦爾湖，極為消暑。

侍女的光榮花園周圍植滿草地、樹木和花卉，生長得十分茂盛，是沙漠地區難能可貴的景觀。在水池後方的建築則是一座科學博物館，裡頭陳列著動物骨骼標本、簡單的科學原理及歷史上偉大科學家的雕像等物品。

烏岱浦爾周邊

MAP ▶ P.193A2

千柱之廟

MOOK Choice

Adinatha Temple

全世界規模最大的耆那廟

🎵 位於烏岱浦爾西北方約90公里處的拉納浦爾(Ranakpur)，從烏岱浦爾搭車前往約需3小時，可從當地包車展開一日往返的行程。 🕐12:00~17:00 💲門票Rs200、相機Rs100、錄影機Rs300 ❗無論男女均必須身穿長袖上衣與長褲(或長裙)，進入寺廟必須脫鞋，供奉Adinath的神像不可拍照，女性生理期間不可入內，禁止攜帶皮製品，禁止攜帶食物及飲料。

在久德浦爾和烏岱浦爾間一座山谷中名為拉納浦爾的村落裡，坐落著一座全世界規模最大的耆那廟，它是印度五大耆那教朝聖地之一。

這座以大理石打造的龐大建築群，擁有無數大小圓頂和尖塔，在空無一物的山丘上更顯雄偉。由於擁有超過1444根立柱撐起層層圓頂，使它獲得「千柱之廟」的美名。除了各項數據傲人之外，這座寺廟也因極其精雕細琢而聞名，特別是它刻滿密密麻麻裝飾的立柱，沒有任何一根的圖案重覆，不但立柱數量難以數清，就連上方的神祇雕像一樣難以估計，所以千柱之廟花了將近65年的時間才完工。

千柱之廟的歷史可回溯到西元14世紀末期到15世紀中葉，落成於馬瓦爾王朝的統治者Rana Kumbha任內，據說他將一大片土地捐給Dhanna Shah，好讓後者能實現他興建一座大廟的夢想，

令人驚艷的雕飾技藝

千柱之廟擁有自己的獨特風格，從裡到外、從上到下，幾乎沒有一處不舖滿花紋，立柱上的花紋一路爬上天花板，在上頭開滿漩渦形葉飾和對稱花樣，位於中央和圓頂的底部，則圍繞著神像。其中位於主要入口西側的一處雕刻最引人入勝，那是在一塊大理石圓盤上雕刻著108隻頭尾相連的蛇，從起始的那隻一直連到最後，中間沒有任何一處斷裂。

或許因為這座寺廟的靈感是來自Dhanna Shah夢到的一個空中飛行器，使得它宏偉猶如雕堡，而非一般的寺廟。至於監督這項計畫的建築師被稱為Deepaka，在靠近主神殿附近的一根柱子上，刻有「1439 Deepaka」的字樣。

千柱之廟朝四面展開，4條走道通往分散內部的小室，位於中央的主神殿是獻給耆那教第一位祖師阿迪那特(Adinath)的四面寺(Chaumukha Temple)，在它的四個角落分別林立著另外四座附屬神殿，由將近四百根立柱撐起80座圓頂和24座柱廳。寺廟這樣的結構以及以4為倍數的造型，象徵著祖師征服四方且由此展開宇宙。

拉賈斯坦邦…烏 岱浦爾 Udaipur

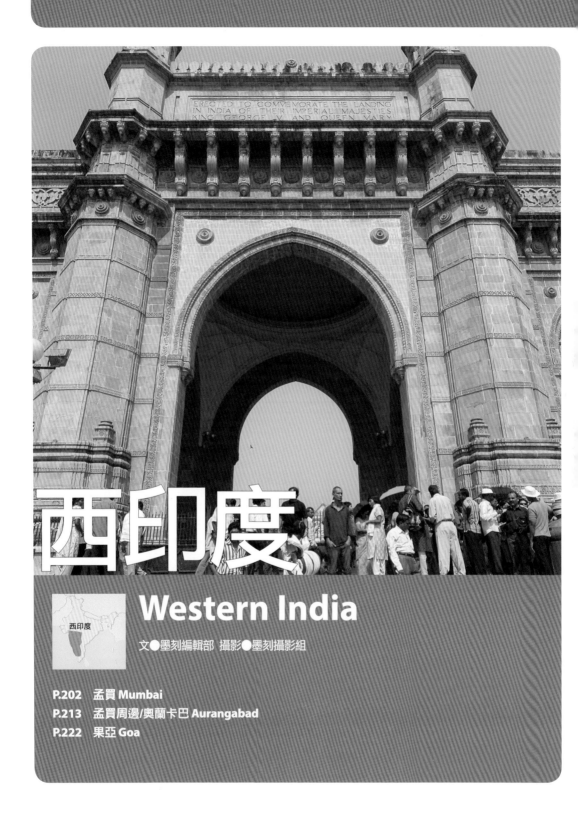

西印度

Western India

西印度

文●墨刻編輯部 攝影●墨刻攝影組

緊鄰阿拉伯海的西印度，坐落著印度最大的城市孟買(Mumbai)和最小的果亞邦(Goa)，前者是印度最重要的經貿商業大城、電影業重鎮、工業中心和電腦軟體的重要發展地，被視為印度最強而有力的心臟；後者是葡萄牙殖民印度時期長達450年的首都，儘管昔日的榮光已退，卻遺留下無數珍貴的歐亞兩洲文化融合遺產。

除了這兩者對比強烈的城市景觀之外，西印度還孕育著更古老的文化，孟買離島的印度教象島石窟，以及奧蘭卡巴鄰近的佛教阿姜陀石窟，和佛教、印度教、耆那教共存的艾羅拉石窟，都是不可多得的宗教遺產。

西印度之最Top Highlights of Western India

維多利亞火車站Victoria Terminus
維多利亞火車站是全印度最能代表維多利亞哥德式風格的建築，外觀裝飾著無數精細的雕刻，非常華麗，彷彿一座宮殿佇立在忙碌的孟買街頭。(P.206)

艾羅拉石窟Ellora Caves
艾羅拉石窟34座石窟中，包含有12座佛教石窟、17座印度教石窟和5座耆那教石窟，從這些石窟可得知當時的德干地區包容各種宗教的社會狀況。(P.213)

舊果亞Old Goa
葡萄牙人殖民印度時期，今天的舊果亞便是當年的首都，當時所留下的大批教堂和修道院，於1986年被列為世界遺產。(P.226)

象島石窟 Elephanta Caves
距離孟買外海約10公里的象島石窟，是座鑿空山岩而建的中世紀印度教石窟，坐落於該島最高處，雖然面積不大，但在印度宗教上扮演著極其重要的地位。(P.209)

阿姜陀石窟 Ajanta Caves
屬於佛教石窟，30座石窟分散在馬蹄形峽谷中，開鑿約始於西元前200年到西元650年間，精緻的佛教藝術保存完整，是印度最重要的佛教石窟代表。(P.216)

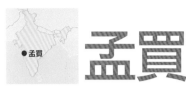

孟買
Mumbai

文●墨刻編輯部　攝影●墨刻攝影組

和印度其他城市相比較，孟買是一個讓人感到輕鬆的地方，或許是因為靠海，也或許是寶萊塢電影工業的緣故，它沒有德里那般沉重的歷史背景，也沒有加爾各達那樣的髒亂擁擠。

孟買是印度最重要的經貿商業大城、電影業重鎮、工業中心和電腦軟體的重要發展地。隨著印度的迅速崛起，孟買成了最強而有力的心臟，多少巨商富賈從這裡竄起，私人財富快速累積，富人豪奢成風，然而諷刺的是，孟買卻也同時存在著亞洲最大的貧民窟。

孟買從6世紀到13世紀時隸屬印度教王朝，從14世紀起開始被伊斯蘭教統治，後來又割讓給葡萄牙，雖然當時葡萄牙並沒有致力發展孟買，不過到了17世紀時，因緣際會被東印度公司租借，從此就展開印度與英國間密切的關係。

當東印度公司掌控孟買後，英國政府允諾這裡為宗教自由之地，孟買便迅速成為各國商人雲集的港口，而東印度公司也將總部遷移至此，以便掌控印度西部海岸的貿易。

今日孟買的街頭還遺留著許多歐洲風格房舍和英國哥德式建築，依稀看得出當時繁華的歷史痕跡。入夜後，孟買同樣充滿活力，從夜市、餐廳、酒吧到夜總會，都提供遊客玩樂的空間。

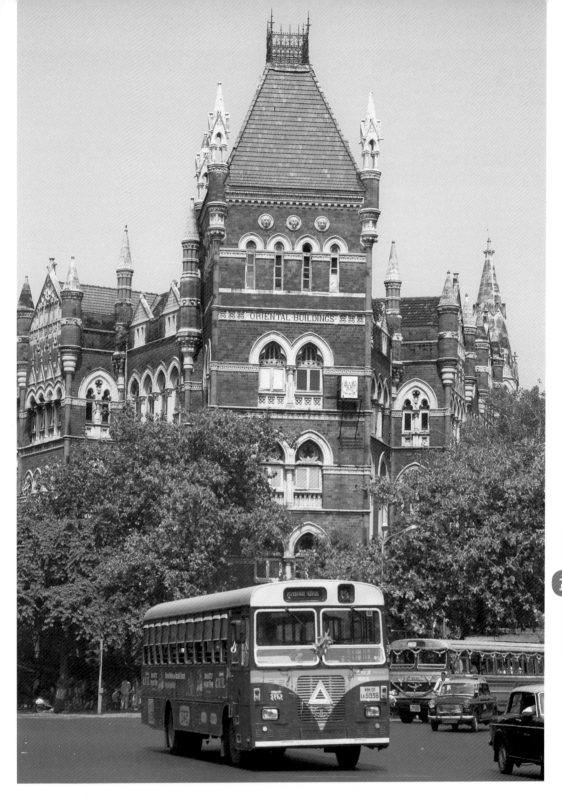

孟買

圖例
◎景點　✝教堂　🏛博物館　🅷飯店　Ⓢ銀行　☎郵局
🛍商店　🚏巴士站　🍴餐廳　🎓學校　✈機場

↑往Le Sutra和
Grand Hyatt

Azad Maidan

維多利亞火車站 🚉
Victoria Terminus

市區巴士站

St. George's Rd.

Cross
Maidan

M. G. Rd.

中央郵局

●體育館

Vithaldas Thackersey Mg.

Netaji Subhash Rd.(Marine Drive) 濱海大道

Walchand Hirachand Mg.

Victiria 🅷

Hazarimal Somani Mg.

Wallace St.

Oasis 🅷

Chimanlals 🛍

Mint Rd.

Back Bay

●Tarabai Hall

Dr. Dadabhai Naoroji Rd.

往Grand Hotel→

Shahid Bhagat Singh Rd.

☎銀行

Chateau Windsor
Ambassador

Western Railway
鐵路預約辦公室
印度政府觀光局

Phiroshah Mehta Rd.

Bombay Store 🛍

Veer Nariman Rd.

教堂門站
Churchgate R. S.

Hutama Chowk

Veer Nariman Rd.

聖湯馬斯教堂
St Thomas' Cathedral

✝ Horniman Circle

🅷Astoria

Pope Paul
Maidan

Bombay International 🅷

◎高等法院
High Court

◎鐘塔

M. G. Rd.

Bombay Samachar Mg.

Shahid Bhagat Singh Rd.

舊海關

Jamshedji Tata Rd.

Oxford
Bookstore

🍴Smart

Nagindas
Master Rd.

Bhaurao Patil Mg.

Madane Cama Rd.

Jeevan Bima Mg.

Air Indian ●

孟買大學
University
of Mumbai

🅷The Hilton Towers

內瑟斯‧艾里亞胡猶太教堂
Knesseth Eliyahod Synagogue

Maharshi Karve Rd.

威爾斯王子博物館
Chhatrapati Shivaji Maharaj
Vastu Sangrahalaya

Gen. Jagannathrao Bhonsale Mg.

國家現代美術館
National Gallery Modern Art 🏛

捷特航空 Jet Airway ✈

🍴YWCA International Centre

● Regal Cinema

🍴 Cafe Mondegar

Cooperage
Maidan

Nathalal Parekh Mg.

Shahid Bhagat Singh Rd.

🅷 The Gordon House Hotel

泰姬瑪哈皇宮飯店
Taj Mahal Palace and Tower

Leopold
Cafe

● 印度門 Gateway of Lndia

往泰姬總統飯店 Taj President↙

往Sahibaan↙

↓往Fariyas Hotel

→往象島石窟Elephanta Caves

INFO

基本資訊
人口：約2,100萬
區域號碼：022

面積：4,355平方公里

如何前往
◎航空
　　孟買國際機場Chhatrapati Shivaji位於城市以北
30公里處，儘管距離不算太遠，但因為孟買壅塞的
交通，從機場前往飯店聚集的城堡區(Fort)或Colaba

區，通常需要花上1小時，塞車時甚至要耗費2小時。

位於國際機場旁的國內機場同樣稱為Chhatrapati Shivaji，不過許多當地人通常使用它的舊名Santa Cruz。國內班機部分，德里每天有航班飛往孟買，航程約2小時，此外像是加爾各達、瓦拉那西、齋浦爾、烏岱普爾、果亞、奧蘭卡巴、科欽等城市，每天也都有班機飛往孟買。

無論是國際或國內機場都有預付計程車(Prepaid Taxi)前往孟買市區，至於往來兩處機場之間的旅客，可搭乘每隔15分鐘發一班車的接駁巴士。

◎鐵路

有三大鐵道系統在孟買交會，一般遊客會使用到的是中央鐵道(Central Railways)和西部鐵道(Western Railways)，中央鐵道系統多半往南、往東及部分往北，多停靠在Chhatrapati Shivaji Terminus(CST)，也就是一般人所稱的維多利亞火車站(VT)。西部鐵道系統多半通往印度北部城市，多停靠在位於孟買西南方的中央火車站(Mumbai Central，BCT)。

搭火車由孟買到德里約15.5~19小時，到阿格拉約15.5~23小時，到齋浦爾約15~18小時。

◎巴士

幾乎所有的長程巴士都停靠在孟買中央火車站旁的巴士總站(Mumbai Central Bus Terminal)，政府經營的巴士(MSRTC)有自己獨立的車站，至於私人經營的巴士則停靠在Dr Anadrao Nair Rd上。

市區交通

◎捷運Metro

孟買的地鐵建設進度緩慢，截至目前有三條路線在運行，1號線為Versova通達Ghatkopar，2A號線為Dahisar East通達Andheri West(D.N. Nagar)，7號線開通Dahisar East至Andheri(Gundavali)，除此，2B、3、4、5、6、7A、9等路線都在建設中。票價以乘坐距離計算，單程票價範圍為Rs10~40，旅客請注意票價調動。

◎計程車和機動三輪車

孟買的旅遊景點不多，一般來說Colaba區、城堡區、Kala Ghoda區都可以悠閒散步，串連各景點，市內也可以計程車代步，唯一注意的是一定要求計程車司機使用里程表。計程車起跳為Rs28，1.5公里內免跳表，5公里之內約Rs93。

至於機動三輪車已經禁止進入市區，要在Bandra以北才找得到，起跳為Rs23，1.5公里內免跳表。

計程車和電動機車在午夜24:00到凌晨5:00都須加成25%。

◎渡輪Boat

PNP和Maldar Catamarans兩家船公司有渡輪行駛到Mandwa，如果要到Murud-Janjira及Konkan海岸，搭渡輪會比搭車方便。售票處就在印度門附近。

旅遊諮詢

◎印度旅遊局－孟買India Tourism Mumbai

⌂Air India Building, Ground floor, Nariman Point
☎022-22074333
ⓦtourism.gov.in/about-us/indian-tourism-offices

Fort Area & Church Gate

MAP ▶ P.204D1

MOOK Choice

維多利亞火車站

Victoria Terminus(Chhartrapati Shivaji Terminus)

名列世界遺產的火車站

Dr Dadabhai Naoroji Rd, Fort Area，位於孟買市中心。

名字聽起來就十分英國的維多利亞火車站，是全印度最能代表維多利亞哥德式風格的建築，外觀裝飾著無數精細的雕刻，非常華麗，彷彿一座宮殿佇立在忙碌的孟買街頭。如果說，泰姬瑪哈陵是最能代表蒙兀兒王朝的建築物，那麼維多利亞火車站就是英國統治印度時期的代表性建築。

這座火車站由當年印度半島火車總局局長Frederick Stevens設計，他運用大量當地藝術系學生和工匠幫忙，於1887年完工。寫下印度歷史的首班列車，正是從維多利亞火車站發車，不過是在車站落成前的34年。

整體說來，這又是一座殖民式建築才有的綜合

永恆的VT

和威爾斯王子博物館一樣，這座火車站於1998年時已將官方名稱更改為Chhartrapati Shivaji Terminus(CST)，不過，當地仍然習慣稱它為「VT」(Victoria Terminus)。

火車站呈冂字形，旅客也多從兩側大門進入，如同印度一般的火車站，這裡總是擠滿了來來往往的旅客，這座亞洲最繁忙的火車站，估計每天有超過一千輛次火車及兩百萬名旅客在此穿梭，不過，火車站內部就不如外觀那麼精彩。

性建築體，它集結了維多利亞、印度、伊斯蘭等建築元素於一身。豐富且複雜的雕飾在建築的柱子、圓頂、尖塔、飛扶壁、塔樓、彩繪玻璃窗上四處可見，其中包含有孔雀、猴子、獅子、蛇和常在哥德式建築上出現的獸類。中央的圓頂高達4公尺，大門口兩側分別有獅子和老虎的石雕，代表著印度和英國相互尊重。

Fort Area & Church Gate

MAP ▶ P.204C3

聖湯馬斯教堂

St Thomas' Cathedral

孟買最早的英國建築

📍 Veer Nariman Rd.，從維多利亞火車站步行前往約15分鐘。
🕐 7:00~18:00

比起印度諸多華麗的英國殖民式建築，聖湯馬斯教堂乍看之下顯得樸實許多，它是孟買最古老的教堂，也是當地最早的英國建築。

教堂始建於1672年，直到1718年才竣工。教堂建築本身融合了多種殖民式風格，鐘塔、飛扶壁、彩繪玻璃，以及教堂前面新哥德式的水池，都令人印象深刻。

高聳、刷白的教堂內部，也留下許多殖民時代的記憶，包括一些雕飾精細的墓碑，其中不少殖民者年紀輕輕便死於瘧疾。

Fort Area & Church Gate

MOOK Choice

MAP ▶ P.204C4

威爾斯王子博物館

Prince of Wales Museum(Chhatrapati Shivaji Maharaj Vastu Sangrahalaya)

孟買收藏最豐富的博物館

📍 K Dubash Marg, Kala Ghoda，從維多利亞火車站步行前往約25分鐘 🕐 10:15~18:00 💲 Rs700(含語音導覽、含照相機的手機)、照相機Rs200(禁用三腳架)、錄影機 Rs 5,000 ⓘ csmvs.in

威爾斯王子博物館是孟買最大、收藏最豐富的博物館。

這座當年為了慶祝威爾斯王子於1905年首度拜訪印度而建的博物館，在一次大戰期間被改裝成軍醫院，一直拖到1923年才開幕，此時威爾斯王子已是英國國王喬治五世。1996年之後，印度在「去英國化」、「去殖民化」的改名聲中，博物館的官方名稱已由馬哈拉什特拉邦的英雄Chhatrapati Shivaji所取代。

光是博物館的外觀就非常值得欣賞，它座落在花園的中央，由George Wittet所設計，混合了伊斯蘭、印度、英式建築特色。

威爾斯王子博物館館藏以雕塑品和細密畫聞名，尤其是來自象島石窟、古吉拉特邦的石雕最具價值，另外還有印度河谷文明的陶器、印度教神像石雕、裝飾藝術、武器、歐洲繪畫等藝術品。

其中不可錯的是位於一樓主要展覽廳中、受希臘文明影響的3世紀犍陀羅(Gandhara)佛雕，以及二樓一尊12世紀的尼泊爾黃銅佛陀雕像《Maitreya》等藝術品。

對印度現代藝術有興趣的人，不妨前往斜對街的國家現代美術館(National Gallery of Modern Art)，可以欣賞到與威爾斯王子博物館截然不同的展品。

西印度⋯⋯**孟**買 Mumbai

Fort Area & Church Gate

MAP ▶ P.204A1,A2,A3

濱海大道

Marine Drive

散步賞落日

📍Netaji Subhashchandra Bose Rd，從維多利亞火車站步行前往約15~20分鐘。

孟買因海港而發跡，面對阿拉伯海的弧形濱海大道南起納里曼岬(Nariman Point)，向北經過丘帕提海灘(Chowpatty Beach)，直達馬拉巴山(Malabar Hill)腳下，可說是孟買最浪漫的地方。

這條大馬路興建於1920年代，全是向大海爭來的海埔新生地。它是連接孟買郊區和商業、行政中心的主要動脈，不僅僅具有交通運輸功能，更是提供孟買居民休閒、遊憩，以及外地遊客觀光的一條帶狀景點。

緊鄰著海岸的是行人散步大道，隔著馬路則是一整排具有強烈裝飾藝術風格的公寓，這些建築約興建於1930~1940年代之間，在當年，濱海大道也是孟買的時尚大道。

大道面西，傍晚時分，氣氛浪漫，逐漸出現的人潮，兩兩情人也好、三五好友也好，甚至獨自一人，或坐、或站、或躺，倚在海堤邊，等待欣賞美麗的落日。夕陽隱沒後，華燈初上，整條濱海大道閃爍發亮，贏得「皇后的項鍊」美譽。

位於濱海大道中段的丘帕提海灘更是人潮聚集地，傍晚時分，和當地人一同享用印度食物Bhelpuri，也是一種很特別的孟買體驗。此外，這裡也是孟買一年中最大的節慶「象神節」(Ganesha Chaturthi，每年8~9月間)的舉辦場所。

Colaba

MAP ▶ P.204C5

印度之門

Gateway of India

孟買代表性地標

📍Apollo Bunder, Colaba，從維多利亞火車站步行前往約30分鐘

這是孟買最著名的地標，在英國殖民政府統治印度期間，它是前往孟買的海上旅客首先看到的建築物，它也是1947年印度獨立後，英國軍隊撤離印度的地方。

印度之門是為了慶祝1911年時英國國王喬治五世和瑪莉皇后到訪印度的紀念碑，這座大型的玄武岩凱旋門，由一位蘇格蘭建築師所設計，兩旁建有大型的接待廳、拱門和喚拜塔，周邊的裝飾靈感來自16世紀的古吉拉特(Gujarat)伊斯蘭建築。夜晚時刻在茫茫大海的背景襯托下，打上燈的印度之門更顯雄偉。

在印度之門後方的公園，有一尊Chhatrapati Shivaji的騎馬英姿雕像，他是印度馬拉塔人(Marathas)心目中的英雄，在17世紀的馬哈拉什特拉邦(Maharashtra)歷史上，具有舉足輕重的地位。

孟買郊區

MAP ▶ P.204D5

象島石窟

MOOK
Choice

Elephanta Caves

以濕婆神為主的印度教石窟

📍位於Elephanta Island，從印度之門後方搭船前往象島，費用為Rs130~260，依搭乘的船型而定，船程約一小時，自平均每30分鐘有一班開往象島。🕐9:00~17:00，週一休 💲現場購門票Rs600、線上訂門票Rs550，訂票網站asi.payumoney.com，另須付錄影Rs25，入島稅Rs10 🕐6~9月間時值雨季，有時風浪大或海水洶湧，前往象島的船隻可能會停駛。

距離孟買外海約10公里的象島石窟，是座鑿空山岩而建的中世紀印度教石窟，坐落於該島最高處，雖然面積不大，但在印度宗教上扮演著極其重要的地位。

1987年列入世界遺產名單的象島石窟，歷史上的相關紀錄並不多，僅知道該石窟開鑿於450年~750年佛教衰落、印度教興起的期間，當時被稱為「石窟宮殿」（Gharapuri）。直到16世紀葡萄牙人殖民印度時，象島石窟才被挖掘出來，並且以島上南方登陸點的一尊大象石雕命名，大

象石雕已因年代久遠遭人為和天候等因素破壞，現在的石雕是19世紀重建的複製品。

石窟的雕刻風格偏向笈多古典主義，在石窟門廊兩側與窟內的天然岩壁上，共有9幅巨型浮雕，石窟內有大量以濕婆神為主的浮雕和塑像，描述與這位破壞神相關的神話故事，因此整體來說，這裡也算是一座濕婆神廟。

石窟的正門面北，東西方各有一道門與中庭相連，石窟深度約42.5公尺、高度約4.9~5.6公尺。建築有兩大特色：一是廳堂內排列著規律的石柱林，這些石柱樣式十分統一，底部為方形，上半部則呈現扁圓形；一是靠近西方出口處有一個方型神殿，神殿四邊大門兩側各自雕有兩尊守門神巨像Dvarapalas，裡面供奉著高約一公尺的靈甘(Linga)。

象島石窟是島上最主要的石窟，也是各國遊客參觀的重點。此外，島上另外還有6座石窟，只不過這些石窟不是未完成、就是已被雨水沖刷毀壞，在雕刻藝術上的成就也比不上象島石窟，因此，遊客通常不會前往。

跳舞的濕婆 Natrah Shiva

位於入口右側，也就是石窟北門廊側壁的大型石雕，將濕婆神描繪為舞蹈之王。位於中央的濕婆像高度超過3公尺，擁有八隻手臂，分別手持戰斧或擺出舞蹈姿勢，面部表情祥和且內斂，儘管部分肢體遭到破壞，然而從頭髮或衣服垂墜的模樣，依舊可辨識出祂的動作。祂的妻子帕爾瓦娣位於觀者的右方，毗濕奴在祂之上，不過兩者遭受嚴重的破壞；至於象神和大梵天等其他眾神則位於左上角，仍清晰可辨。浮雕中的濕婆正跳著暴力、危險的Tandava舞蹈，這種舞蹈與宇宙毀滅有著關，代表濕婆發自內心的力量可以掌控宇宙的動力，同時象徵著宇宙永不停息的創造與毀滅的轉動。

濕婆神殿Shiva Shrine

石窟中有一座方型的迷你神殿，裡頭供奉著一個靈甘，該靈甘由下往上分成三部分，分別象徵大梵天、毗濕奴和濕婆神。神殿四周各有兩尊守護神Dvarapalas，祂們強健的體態充分展現於肌肉線條上，表現出一種既優雅又節制的魅力。該神殿至今仍是當地舉辦宗教活動的重要場所，特別是每年2~3月間的Mahashivratri節當天，總湧進許多信徒前來參拜。

象島石窟

1 跳舞的濕婆 Natrah Shiva
2 濕婆消滅黑暗之魔Andhakasura Vadh
3 濕婆神殿Shiva Shrine
4 濕婆和帕爾瓦娣的婚禮Kalyanasundara Murti
5 濕婆承接恆河降凡Gangadhara-Shiva
6 濕婆三面像Mahesh Murti
7 濕婆半女像Ardhanarishwar-Shiva
8 濕婆和帕爾瓦娣玩骰子遊戲 Uma-MAhesvara Murti
9 羅婆那撼動凱拉薩山Ravananugrah-Muti
10 四壁守護神Dvarapala Figure
11 入口

濕婆消滅黑暗之魔Andhakasura Vadh

在這幅浮雕中，濕婆神展現祂兇猛的一面，不但呲牙裂嘴、頭戴骷顱髮飾，同時目露兇光。生動的構圖讓濕婆神猶如猛然衝出畫面中，祂的多隻手臂忙於刺穿惡魔Andhaka及其他同伴，在觀者的右邊，濕婆神其中一隻手拿著杯子以接住惡魔身上流下的血，因為一旦惡魔的血流到地上，每一滴都會新生一個惡魔。

210

濕婆和帕爾瓦娣的婚禮Kalyanasundara Murti

　　正對《濕婆消滅黑暗之魔》，這幅石雕描述濕婆和帕爾瓦娣的婚禮，帕爾瓦娣站在濕婆的右邊，兩個人的身體微微互相依靠，彼此互相凝視著。根據印度傳統，新娘婚後必須站在丈夫的左邊，也因此可以看出這幅浮雕描繪的是兩人婚禮前的情形。雖然浮雕上帕爾瓦娣的手已損毀，不過可以想像出兩人在婚禮間手牽手的畫面，充分顯現出兩人深情的姿態，透過帕爾瓦娣低垂的視線，可以感受到祂嬌羞的神韻。

濕婆承接恆河降凡Gangadhara-Shiva

　　比照《濕婆和帕爾瓦娣的婚禮》，透過濕婆和帕爾瓦娣所站的位置，可以看出在這幅浮雕中兩人已結為夫妻。根據印度傳說，恆河女神由大梵天以容器接收毗濕奴的腳汗而生，恆河當時只在天界流動，祂向祈禱的人們允諾，只要能找到人破解祂降凡的猛烈水勢，就願意釋放到人間。於是當時傳說中的國王Bhagiratha便求助於濕婆，濕婆以自己的頭承接恆河，再讓河水順著祂的頭髮緩緩下流，使百姓免於損害。跪在左下方的人物，就是Bhagiratha。

濕婆三面像Mahesh Murti

　　這是石窟內最經典的雕像，位於大殿南壁的正中央，也稱作《永恆的濕婆》，高約5.5公尺。濕婆三面像中央的濕婆為笈多佛像，頭戴挑高的寶冠，臉部呈現祥和、寧靜與智慧，象徵著「保存」。雕像右側為化身女性的濕婆，手拈蓮花姿態優美，象徵著「創造」；雕像左側為化身男性的濕婆，張開大嘴、頭髮圍繞蛇群，面目猙獰恐怖，象徵著「毀滅」。

濕婆半女像
Ardhanarishwar-Shiva

這個位於南壁東側的浮雕，展現濕婆化身為半男半女的造型，象徵宇宙合一的精神。根據印度教神話，大梵天在創造宇宙時，因為忽略了女性的角色而無法創造眾生，因此祂懇求濕婆前來協助，並且創造了半男半女的神Ardhanarishwar，因此讓男女可以合為一體，象徵性能力的延續，爾後濕婆便取代大梵天的創造角色。從這幅浮雕的胸部曲線、左右手分持鏡子與蛇，以及臀部的姿態，都可以清楚分辨出不同的性別。

羅婆那撼動凱拉薩山
Ravananugrah-Muti

話說力量強大的惡魔羅婆那自滿過頭，打算將濕婆居住的凱拉薩山剷平，牠原本打算撼動這座山並將它高高舉起，同時嚇嚇當地的居民，沒想到卻被濕婆以腳趾踩地的左腳，結果凱拉薩山反將羅婆那壓在下方。位於構圖上方的濕婆以手臂扶著妻子帕爾瓦娣，兩手分別緊抓一位侍從的頭髮，以防他們摔下山去，牠額頭上的第三隻眼清晰可見。

濕婆和帕爾瓦娣玩骰子遊戲
Uma-MAhesvara Murti

這幅石雕罕見的描繪濕婆與帕爾瓦娣位於凱拉薩山(Mount. Kailasa)上的悠閒生活。帕爾瓦娣假裝生氣地別開臉，濕婆則優雅站在一旁，他們之間有一位臀部上站著小孩的女子。浮雕中的立方體表示凱拉薩山，至於拱狀物體則象徵山洞。

四臂守護神Dwarpala Figure

這幅石雕描繪一尊四臂的Dvarapala，將牠其中一隻手臂擱在頂著墊子的侏儒頭上。守護神一手抓著蛇，背後佩戴著一把劍，牠的頭髮高高盤起，並垂下許多髮卷。

孟買周邊／奧蘭卡巴Aurangabad

如果不是阿姜陀、艾羅拉兩座名列世界遺產的石窟，大概很少人會千里迢迢前來奧蘭卡巴，它是馬哈拉什特拉邦(Maharashtra)北部最大城，不論搭乘飛機、火車或長途巴士，都會先在奧蘭卡巴落腳，從孟買搭乘巴士前來奧蘭卡巴車程約8小時，到了奧蘭卡巴再分別前往這兩座相距30公里和105公里的石窟展開一日遊。

孟買周邊/奧蘭卡巴Aurangabad

MAP ▶ P.8B5

艾羅拉石窟

MOOK Choice

Ellora Caves

佛教、印度教、耆那教石窟各據一方

🚩距離奧蘭卡巴西北方約30公里遠，一般的遊客會以奧蘭卡巴為出發點，展開艾羅拉石窟一日遊的行程。在奧蘭卡巴的中央巴士站可搭乘每半小時發車的當地巴士前往艾羅拉，車程約1小時；另外也可搭乘機動三輪車前往。比較舒適的方式使選擇旅行社提供的吉普車和觀光巴士，當然也可以透過旅行社租車前往。 ⏰日出到日落，週二休。 💰現場購票Rs600、線上訂門票Rs550，訂票網站asi.payumoney.com ℹ️艾羅拉石窟的面積非常寬廣，1~16號石窟聚集在一區，17~28石窟聚集在一區、29、30號石窟獨立在一處，最後的31~28石窟聚集在一區。如自行前往，可以在凱拉薩神廟前方的入口處招攬機動三輪車前往其他石窟。攜帶帽子、足夠的礦泉水和乾糧，主入口處外圍有餐廳可以用餐。進入凱拉薩神廟參觀最好選擇下午時段，神廟才會面對光源，拍照才好看。

艾羅拉石窟開鑿於長達兩公里、南北走向的新月形玄武石岩壁上，由於岩壁的坡度不像阿姜陀石窟那般陡峭，因此位於艾羅拉的石窟群都擁有寬廣的前庭。

34座石窟中，包含有12座佛教石窟(西元600~800年)、17座印度教石窟(西元600~900年)和5座耆那教石窟(西元800~1000年)，從這些石窟中不僅可得知在遮盧迦王朝(Chalukya)和拉什特拉庫塔王朝(Rashtrakuta Dynasty)統治德干地區期間，印度教蓬勃發展、佛教逐漸衰落與耆那教崛起，同時也代表著當時包容各種宗教的社會狀況。

考古學家把這34座石窟從南向北依次編號，南端第1~12窟為佛教石窟，中間第13~29窟為印度教石窟，北側第30~34窟為耆那教石窟。

就建築藝術層面來看，艾羅拉石窟以精緻的雕刻聞名，這些石雕雖然分屬於三個不同的宗教，但在風格上都受到印度教藝術的影響。

然而，真正讓艾羅拉石窟聲名遠播的，是祭拜印度教濕婆神的凱拉薩神廟，這座以七千多名勞工、費時150年開鑿而成的全世界最大巨石雕刻神廟，同時也是每年12月舉辦艾羅拉音樂舞蹈節的地點。

西印度‧‧‧孟買 Mumbai

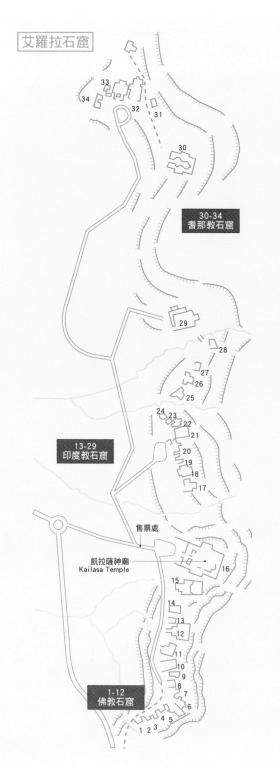

**30-34
耆那教石窟**

**13-29
印度教石窟**

售票處

凱拉薩神廟
Kailasa Temple

**1-12
佛教石窟**

佛教石窟(1～12號石窟)

12座佛教石窟約開鑿於7~9世紀間,除了第10石窟是支提(Chaitya,泛指佛殿、塔廟、祠堂)外,其餘的石窟皆為毗訶羅(Vihara,指出家僧人集體居住靜修的僧院、學園、僧房)。1~10號石窟的樣式比較精簡,11、12號石窟的形式比較複雜,這可能是為了與華麗的印度教石窟相互媲美。這些佛教石窟在建築與雕刻風格上雖不像印度教石窟那般繁複,卻已偏離了笈多時期(Gupta)的古典主義風格。其佛像雕刻採用一佛二脅侍的三尊形式,並且還多了菩薩、女神等圖像,屬於大乘佛教末期的風格。

5號石窟

這是艾羅拉石窟中最大的毗訶羅,長36公尺、寬18公尺,以24根羅曼式柱頭的列柱,把長方形殿廊分為中殿和側廊,側壁鑿有20間小室,中央兩排狹長的石凳顯示這裡曾當作講堂使用。

10號石窟

又稱作「維什瓦卡馬」(Viswakarma),意思是「木匠」,其名稱來自於宛若木頭雕刻的肋排拱拱頂,這是艾羅拉石窟唯一的支提,也是全印度最好的佛教支提之一。這間高達兩層的支提門面雕飾十分精美,上層的窗戶從原本的馬蹄形改為三葉形,窗口兩旁上方各雕有三位一組的佛教護法天神「飛天」,後殿末端佛塔上方立著3.3公尺的笈多式佛陀。

11號石窟

看似雙層的毗訶羅,又稱作「兜德勒」(Do Thal),實際為3層,直到1876年才被發現。設計成規模如此龐大的毗訶羅,可能是為了和印度教石窟較勁的結果。各層均設佛龕,供奉一佛二脅侍菩薩。

12號石窟

又稱作「丁德勒」(Tin Thal),是三層的支提、毗訶羅混合石窟。窟殿由24根列柱支撐,後壁雕滿了菩薩,主龕佛像的脅侍為蛇神那伽。第二層上方有一道長廊,4柱前室和16柱大殿,四周雕刻著眾佛、菩薩等群像。

印度教石窟(第13～29石窟)

17座印度教石窟位於新月形玄武岩壁中段,大約開鑿於7~10世紀間,代表艾羅拉石窟發展的鼎盛時期。

印度教石窟承襲佛教石窟的基本樣式再加以變化,氣勢磅礴且裝飾華麗,綜合南、北印度的印度教神廟風格,再加上印度教的現世態度,因此其雕刻具有豐富的動態,並且大量運用濕婆、毗濕奴及其化身等印度教諸神的雕像。與佛教石窟不同的是,印度教石窟多用來祭拜神祇,並不會拿來當作冥想場所或僧房等用途。

印度教神廟大多都是從崖頂向地面挖掘,開鑿在石窟內的神廟多以開放式的兩層建築呈現,建築內部大多排列著石柱,牆上刻著大面積的印度教神祇浮雕。神廟也面對著U字型的中庭,中庭通常會有兩種建築形式,一是傳統的濕婆神廟,一是坐騎公牛難迪祠堂,而神廟中央則供奉著靈甘(linga)。

14號石窟

稱作「羅婆那伽凱」(Ravana-ki-Khai),大約在7世紀時從佛教石窟改造成印度教的毗訶羅(Vihara)石窟,主要祭拜濕婆神。石窟前方是16柱殿堂,後方是走廊環繞的密室。在大殿南北側壁的壁柱之間雕刻著多幅浮雕,展現印度教神話故事,包含舞蹈的濕婆、濕婆與帕爾瓦娣下棋,以及復仇女神杜兒噶對抗水牛等。

15號石窟

稱作達斯阿瓦特拉(Das Avatara),這是描述毗濕奴十次化身的石窟,同時也是艾羅拉石窟中保存較完整的一個,必須要爬上一段階梯才能抵達。石窟內開鑿了2層樓的印度教神廟,下層是林立著14根方柱的長廊,上層是42根列柱的大殿,後方有供奉靈甘的胎房,側廊的牆壁也裝飾有以印度教神話故事為主題的浮雕,右壁和後壁的浮雕多與濕婆有關,左壁的浮雕包括毗濕奴的各種化身,其中毗濕奴的人獅化身最富於戲劇性。

16號石窟

編號16的凱拉薩神廟(Kailasa Temple)是艾羅拉最具代表性的石窟,它不僅是印度石窟神廟中的代表作,在建築與藝術上都堪稱傑出。西元760年,拉什特拉庫塔王朝的國王克利希那一世(Krishna I),為紀念戰爭勝利而興建了這座神廟,象徵著濕婆隱居於喜馬拉雅山中的凱拉薩山。

整座神廟都是由一塊天然巨岩雕刻成形,據說為了開鑿此窟共移走二十萬噸的岩石。工人從崖頂向地面挖掘,削出三面石壁,整個神廟庭院長81公尺、寬47公尺,後壁垂直剖面高33公尺。

除了浩大的建築技術令人佩服,神廟的雕刻同時也表現了印度教的活力與生命律動。雕刻題材主要取材自有關濕婆的往世書神話,以及史詩《羅摩衍那》、《摩訶婆羅多》中的故事。其中最經典的當屬《羅婆那撼動凱拉薩山》,另外《閻陀優奮戰羅婆那》、《舞蹈的濕婆》也都精采絕倫。

凱拉薩神廟是印度德干式神廟的典型代表,包含了門樓、供奉濕婆坐騎公牛難迪的祠堂、兩頭大象、包含前殿和主殿的神廟主體。主殿高塔的下層基座雕刻著一頭頭大象浮雕,彷若扛起神廟,神廟四周的岩壁內也開鑿了迴廊。

21號石窟

稱作「羅邁希瓦爾」(Ramesvara),約開鑿於7世紀。以恆河女神站在鱷魚背上的浮雕最為出色,被公認是印度女性雕像中的佳作。此外,窟內的岩壁上還有大量描述濕婆神話的浮雕,同樣值得欣賞。

耆那教石窟(30～34號石窟)

5座耆那教石窟約在9~11世紀間開鑿,屬於艾羅拉後期發展的石窟,這些石窟距離印度教的29號石窟約1公里遠。從建築方面來看,耆那教石窟多半模仿印度教石窟,雕刻十分細密精緻。

32號石窟

稱作「因陀羅瑟帕」(Indra Sabha),因陀羅會堂是艾羅拉最好的耆那教石窟,神廟下層設計平淡無味,但上層的雕飾卻十分精緻與繁複。大殿的壁龕中供奉著耆那教祖師大雄(Tirthankars)巴濕伐那陀(Parasnath)和戈摩達希瓦爾(Gomateshvara)的雕像,窟頂上方遺留著珍貴的壁畫遺蹟。

孟買周邊/奧蘭卡巴Aurangabad

MAP ▶ P.8B5

阿姜陀石窟

MOOK Choice

Ajanta Caves

純粹的佛教石窟

📍位於奧蘭卡巴東北方約105公里處，一般的遊客會以奧蘭卡巴為出發點，展開阿姜陀石窟一日遊的行程。從奧卡卡蘭可搭乘觀光巴士前往，也可搭乘當地巴士、計程車前往。🕐週二~週日9:00~17:00，週一休。💲現場購門票Rs600、線上訂門票Rs550，訂票網站asi.payumoney.com ❗1.所有車子必須停放在阿姜陀石窟4公里外的停車場，之後再搭接駁巴士進入。2.攜帶足夠的礦泉水及乾糧、零食，因為只有石窟入口處才有餐廳和飲料販賣部。3.自助旅行者可將大背包寄放在入口旁的寄物處。

　　阿姜陀石窟屬於佛教石窟，30座石窟分散在馬蹄形峽谷中，開鑿約始於西元前200年到西元650年間，比艾羅拉石窟的歷史更為久遠，在西元8世紀後就荒廢了，直到1819年才因英國士兵狩獵老虎時意外發現，而這段長達10世紀之久的棄置，也讓阿姜陀石窟精緻的佛教藝術得以保存，成為日後印度重要佛教石窟的代表之一。

　　阿姜陀石窟並非以年代順序排列，年代最久遠的石窟反而位在峽谷的正中央，越年輕的石窟則排列於峽谷的兩端，而29、30號石窟開鑿於峽谷的另一面。

　　阿姜陀石窟的發展型態有兩個主軸：一是僅以佛塔、佛祖腳印為代表的早期佛教石窟(西元前2世紀~西元3世紀)，包含8、9、10、12、13和部分15號石窟；另一則是以佛像為代表的笈多王朝(Gupta Dynasty)時期石窟(4~7世紀)，包含有1、16、17、19、26號石窟。

　　阿姜陀石窟區分為兩類，一是支提(Chaitya)，為印度佛教建築的一種形式，泛指佛殿、塔廟、祠堂，通常呈現U字形，長方形前殿兩側排列有八角形的柱林，柱子則分隔出中殿和側廊，半圓形後殿中央安置小型圓塔，天花板則是仿木結構的肋拱形狀；另一類是毗訶羅(Vihara)，指出家僧人集體居住靜修的僧院、學園、僧房，毗訶羅通常是一個大廳周遭區分為多處小廳，大廳中央則豎立著大型佛像。阿姜陀石窟有5個石窟為支提，另外25個石窟則為毗訶羅。

　　精緻且豐富的阿姜陀石窟壁畫，是印度古代壁畫的重要代表作，這些壁畫創作於西元前2世紀到西元5世紀之間，內容多以描述佛祖的生平與前世的佛本生故事(Jataka Tales)，以及笈多王朝時期生動的人民生活與街景。

　　佛本生故事主要是指佛陀前生為國王、婆羅門、商人、女人、象、猴等所行善業功德的寓言故事，來闡發因果報應，宏宣忍耐和施捨。

　　就技術層面上來看，阿姜陀早期的藝術家將泥

土、牛糞和動物毛髮混合後塗抹在石窟內的牆壁上，凝結後再塗上一層礦物石灰泥，之後在乾了的牆面上創作。這樣的技術不但與一般的壁畫不同，並且還得在光線黯淡的石窟內繪畫和上色，因此能有這般栩栩如生的壁畫，令人讚嘆不已，這些壁畫可以在1、2、10、16、17號石窟中看到，笈多王朝時期的壁畫主要出現在 1號、16號、17號等窟。

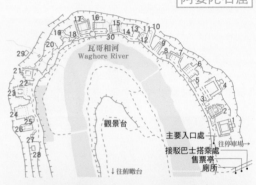

1號石窟
屬於大乘佛教的毗訶羅，約開鑿於5世紀末，儘管開鑿時間較晚，但是窟內的裝飾卻最美。1號石窟內的壁畫非常精采，從壁畫人物的衣服、臉部神韻到日常生活都栩栩如生。除了藍色取自中亞的琉璃之外，壁畫的顏料都採用當地礦物。在大廳左處可以看見《蓮花手菩薩像》(Padmapani)、佛本生故事中的婢女環繞Mahajanaka王子，以及王子在宮中生活的景象；大廳右側則可見到觀音菩薩(Avalokitesvara)、佛陀在舍衛城化身為千個分身的奇蹟。

4號石窟
這是阿姜陀石窟內最大的毗訶羅，由28根柱子支撐著石窟，雖然這座石窟尚未開鑿完畢，裡面卻裝飾著精采的石雕。

2號石窟
同樣屬於大乘佛教的毗訶羅，石窟內分布著裝飾精美的柱子和壁畫，其中特別是天花板上刻畫著幾何圖形的花草壁畫。石窟內的壁畫也以佛陀本生故事為主，描述著佛陀出生時，母親夢見6根象牙的《六牙象》本生故事圖。

9號石窟
屬於早期興建的支提，門面雕有宛如蜂窩狀的格子窗，門口兩側各有大型佛雕，是後期(約5世紀)才增加的。

西印度⋯⋯孟買 Mumbai

217

10號石窟

被認為是阿姜陀開鑿最早的石窟(約西元前2世紀)，同時也是英國士兵當年發現的石窟，它是該石窟群中最大的支提，和9號石窟的構造類似。不過石窟門面已經崩塌，窟內的壁畫為西元前1世紀的《六牙象》本生故事圖也已嚴重損毀，僅留下一些塗鴉。

16號石窟

石窟樣式為晚期的毗訶羅，內部保存了阿姜陀石窟中的經典壁畫，包含5世紀笈多時代佛傳故事中的《難陀皈依》、《舍衛城顯大神通》和《善生施捨》，《難陀皈依》中，難陀王王妃Sundari聽到其夫皈依消息時昏倒並且哀傷的神情，可說十分逼真，成功反映了人物內心刻畫。

17號石窟

17號石窟的壁畫堪稱阿姜陀石窟中保存最完整且豐富的壁畫，其中最精采的當屬公主梳妝圖，圖中可以清楚看見公主面鏡理妝，被侍女圍繞的優雅畫面，對於人體的描繪令人驚嘆。此外右側的獅子國登陸圖、佛說法圖，以及神態自若且色澤鮮艷的太子與王妃飲酒圖，足以反映出笈多王朝正值印度古典文化的顛峰。

19號石窟

屬於支提的19號石窟，門面上半處的中央是一個大型馬蹄形窗戶，下半處則是雙柱門廊，牆面上雕刻著大大小小的佛像及花紋。窟內大廳深達14公尺，高、寬均為7.3公尺，兩旁的柱子、中央佛塔都刻有精細的佛像浮雕，這般精湛的雕工，已經到印度佛教石窟藝術的巔峰。

26、27號石窟

從21到27號都屬於阿姜陀後期開鑿的石窟，26號石窟是支提，儘管門面已經倒塌，內部的壁畫也已經損毀，不過仍遺留幾尊保存良好的佛雕，像是雕刻於左牆上的大型臥佛，佛身長約7公尺，佛陀闔眼宛若入睡，臉上則呈現快樂的神情，佛身上下兩方皆有多座小雕像，此臥佛為佛陀涅槃像。

MAP ▶ P.204C5 **Leopold Cafe**

⌂Near Electric House, Colaba Causeway, Mumbai
022-22828185 ◷7:30~24:00

　大名鼎鼎的Leopold Cafe是孟買最知名且最具人氣的餐廳間酒吧，坐落於熱鬧的Colaba堤道上。在1871年創立為咖啡館以前，原本是家販售油品的大盤商店，後來一度成為餐廳兼藥房，看過《項塔蘭》的讀者想比對它並不陌生，這本被強尼戴普相中、策劃開拍電影的真人真事改編小說，以孟買為背景，Leopold Cafe更在其中扮演重要的角色。

　該餐廳提供各式各樣的料理，範圍涵蓋印度、歐洲、中國、南美等，它更是印度少數可以吃到牛排的地方。2008年的孟買恐怖攻擊事件中，Leopold Cafe成為首要目標之一，當時現場血跡斑斑，情況慘烈，然而四天後重新開幕，依舊湧現無數人潮。

MAP ▶ P.204C5 **Sahibaan**

⌂Alipur Trust Building, 2nd Pasta Lane, Mumbai
022-32232833 ◷11:00~24:00 ◈www.sahibaan.com

　明亮簡潔的外觀和Colaba區熱鬧擁擠的街道形成對比，不同於一般印度餐廳給人昏暗的感覺，Sahibaan有著速食店般爽朗的氣氛。

　這是一家泛亞洲料理餐廳，包括中式、泰式、日式、甚至馬來西亞式風味，也因此在菜單的解說上會出現檸檬草、薄荷、萊姆等罕見於印度料理的香料。如果厭倦了雞肉和羊肉，這裡有海鮮任人選擇，特別是蝦子，作法多樣。

MAP ▶ P.204C5 **Cafe Mondegar**

⌂Metro House, 5-A Shahid Bhagat Singh Road, Colaba, Mumbai ☎022- 22020591 ◷8:00~23:30

　位於Colaba堤道和M. B. Meg.的轉角，四周堆滿商品的攤販，幾乎遮蔽了這間餐廳的入口。當地人暱稱Cafe Mondegar為「Mondy's」，擁有百年歷史，幾乎成為孟買的地標之一，該店最大的特色是牆壁上畫滿知名漫畫家Mario Miranda的漫畫與諷刺文章。

　餐廳提供中西式料理，從咖哩、義大利麵到漢堡一應俱全，而清涼的啤酒與歡欣的氣氛，使它成為孟買必訪的酒吧之一。

西印度…孟買 Mumbai

Taj President

⌂90 Cuffe Parade, Mumbai ☏022-66650808 ⓝ
www.tajhotels.com

由泰姬飯店集團經營，這間位於孟買西側海岸的飯店，鄰
近當地的世貿中心與商業區，因此住客多以商務客人為主。
泰姬總統飯店擁有多種類型的客房及套房，客房布置簡單舒
適，以現代化設備搭配老照片和古典裝飾家具，風格新舊融
合，此外，光是枕頭的選擇就多達五種。

餐飲部分有一間泰式餐廳、咖啡館、酒吧、麵包糕點坊和
24小時營業的義大利餐廳，後者早餐時段供應自助式早餐，
無論是水果、麵包或熱食，豐富多樣且選擇眾多。該飯店的
櫃檯人員服務熱忱，是一間無論硬體或軟體方面都相當傑出
的飯店。

The Gordon House Hotel

⌂5 Battery St., Apollo Bunder, Colaba, Mumbai ☏
022-22894400 ⓝwww.ghhotel.com

坐落在熱鬧的Colaba區、位於泰姬瑪哈皇宮飯店後方，這
間迷人的小旅館是當地最早出現的精品飯店之一，擁有明
亮、愉悅的色調。

這間飯店以前屋主Arthur Gorden命名，這位1900年代的貿
易家不但事業成功且具有幽默感，使得他成為當時炙手可熱
的黃金單身漢之一。The Gorden House Hotel延續他熱愛藝術
的精神，飯店內的每個樓層規劃不同主題，包括地中海、鄉
村、北歐及凡爾賽等情調，使住客在思想上能釋放自由。飯
店內有All Stir Fry餐廳及Havana Café and Bar，提供多元料理，
讓旅人享受美好時間。

© The Gordon House Hotel

© The Gordon House Hotel

Fariyas

⌂25 Off Arthur Bunder Road, Colaba, Mumbai ☏
022-61416141 ⓝwww.fariyas.com

就位於Colaba堤道(Colaba
Causeway)尾端，Fariyas是一
間擁有海港景觀的四星級飯
店，鄰近孟買世貿大樓等商
業區，以及方便購物的Colaba
區，生活機能方便。

客房風格橫跨蒙兀兒、歐洲
以及東方等主題，其中套房分
別以阿格拉、牛津、劍橋、泰
國等各式風情裝飾。飯店內設
施除餐廳外，包括游泳池和健
身房。

MAP ▶ P.204C5　Taj Mahal Palace and Tower

🏠Apollo Bunder, Mumbai 📞022-66653366 🌐www.tajhotels.com

Taj Mahal Palace and Tower面對孟買的港灣，是由信仰印度祆教(或稱「拜火教」)的工業家Jamshedji Tata，在1903年時所建的旅館，當時與新加坡的萊佛士飯店並稱「亞洲之星」。據說他之所以興建旅館不是為了投資，而是因為在當時，身為印度人的身份被拒絕進入歐洲人經營、只准白人入住的旅館，使得他決定替孟買興建一座一流的大飯店。

Taj Mahal Palace and Tower不負眾望成為知名的飯店，建築本身結合了摩爾伊斯蘭式(Moorish)的拱門、廊柱，以及文藝復興式的圓頂，一個多世紀以來，一直是孟買最重要的地標。

MAP ▶ P.204B1　Le Sutra

🏠14 Union Park, Khar, Mumbai 📞022-26492995 🌐www.lesutra.in

坐落於孟買北面靜謐且時髦的Bandra區，距離國際機場大約10公里的Le Sutra，是第一間印度藝術飯店。該飯店以三個樓層展現印度哲學中引發意識的三種物質(Gunas)：分別是色彩繽紛且充滿異國風情的Tamas、熱情活力與風格的Rajas，以及飄逸和美學的Sattva。

因為是藝術飯店，所以在這裡藝術沒有框架，客房中，無論是床鋪、牆壁、甚至椅子都是藝術，更遑論裝飾其中的壁畫、雕刻、鑲嵌物……等，每個房間都有一個故事主題，因此風格各自獨立。正因為這樣獨特的魅力，使得它獲得包括《紐約時報》(New York Times)以及《Elle Deco》等國際各大媒體的推薦。

© Le Sutra

MAP ▶ P.204B1　Grand Hyatt Mumbai Hotel & Residences

🏠Bandra Kurla Complex Vicinity, Mumbai, Maharashtra 📞022-66761234 🌐www.hyatt.com/en-US/hotel/india/grand-hyatt-mumbai/mumgh

坐落於孟買北邊的Santa Cruz區，距離機場約20分鐘車程，占地12公頃的Grand Hyatt擁有美麗的花園和水景。飯店除了提供多種客房與套房外，更有King Size和Queen Size兩種床鋪可供選擇，此外還有短期出租公寓，方便居遊旅客或商務人士入住。

飯店設施除健身中心、Spa和游泳池外，還有可點北京烤鴨的中華料理餐廳、供應家庭料理的義大利餐廳、可吃到著名坦都里烤肉的印度餐廳、提供泰式及日式菜餚的自助餐廳，以及可享用雞尾酒的酒吧。

© Grand Hyatt Mumbai Hotel & Residences

MAP ▶ P.204C2　Bombay Store

🏠Western India House, Sir P.M.Road, Fort, Mumbai 📞022-66666925 🌐www.thebombaystore.com

歷史回溯到1905年的Bombay Store，其創立和一位傑出的印度商人和愛國者有關，當時他以The Swadeshi Store的名義，在外族統治的殖民時代，給與自己同胞一個觀念：他們是有能力生產的國家，為日後的Bombay Store奠定基礎。

這裡是選購所有印度特產的好地方，從線香、精油、乳液等芳療產品，到細密畫、鑲嵌、桌巾等傳統工藝，以及各種珠寶首飾，都能在此找到，其中不乏融合現代創意的居家用品，它也是當地人選購禮物的好地方。

果亞

果亞

Goa

文●墨刻編輯部　攝影●墨刻攝影組

從地圖上來看，相對於龐大的印度半島，果亞邦迷你得彷如一座城市，這個位於大都會孟買南面的小邦，海岸線長達一百多公里，綿密白沙的椰林海灘一望無際，依偎著阿拉海。

過去長達450年的時間，果亞為葡萄牙的殖民地，一大半的人民信仰基督教，金色沙灘的後面，經常矗立著白色的教堂，當地的宗教信仰與生活方式，明顯可看出在印度文明裡揉合了拉丁色彩。1960年代的果亞海灘是西方嬉皮群聚的大本營，如今嬉皮已遠去，不過，仍可從跳蚤市場、有機食品店、瑜伽學習營裡嗅到嬉皮的調調。

即使經歷外來文化的洗禮，走在街上，飄來的是震天價響的印度音樂，海灘走著大搖大擺的聖牛，不要懷疑，果亞的本質仍是不折不扣的印度。

每年一到冬季，從倫敦、阿姆斯特丹等直飛果亞的包機，總是帶來一大群的歐洲旅客，他們一下機便盤據大大小小的海灘。歐洲人對果亞趨之若鶩，不只為了避寒，那種融合熱情拉

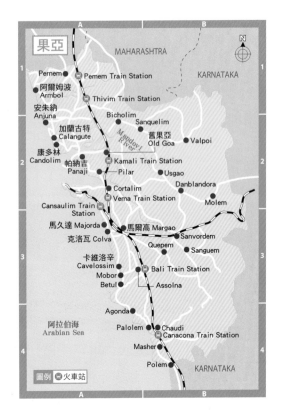

果亞

MAHARASHTRA
KARNATAKA

Pernem
Pemem Train Station
阿爾姆波 Armbol
Thivim Train Station
安朱納 Anjuna
Bicholim
Sanquelim
加蘭古特 Calangute
舊果亞 Old Goa
Valpoi
康多林 Candolim
帕納吉 Panaji
Kamali Train Station
Pilar
Usgao
Cortalim
Danblandora
Vema Train Station
Molem
Cansaulim Train Station
馬久達 Majorda
馬爾高 Margao
Sanvordem
克洛瓦 Colva
Quepem
Sanguem
卡維洛辛 Cavelossim
Bali Train Station
Mobor
Betul
Assolna
Agonda
阿拉伯海 Arabian Sea
Palolem
Chaudi
Canacona Train Station
Masher
Polem
KARNATAKA

圖例 🚉 火車站

丁、頹廢嬉皮、神秘印度的氣息，放眼全球的度假海灘，還真找不到第二個。

果亞大致以曹力河(Zuari River)為界，分成北果亞和南果亞，世界遺產舊果亞和首府帕納吉都位於北果亞，大多數遊客也都集中在北果亞的海灘，南果亞則較少遊客造訪，不過也因為南果亞更為遺世獨立，近年愈來愈受到遊客歡迎。

INFO

基本資訊
人口：約146萬
區域號碼：0832
面積：3,702平方公里

如何前往
◎航班
果亞的機場Dabolim位於首府帕納吉(Panaji)以南29公里處，國際機場和國內機場只有幾步之遙，連接果亞的多半是國內班機，與孟買之間的飛行時間約1小時，每天都有航班來往兩地。機場外有預付計程車(Prepaid Taxi)，價格公定，視欲到達的地點遠近而定。
◎鐵路
火車站位於南果亞馬爾高(Margao)的Madgaon站；以及靠近舊果亞的Kamali 火車站，孟買每天有夜車前往果亞，從這裡可以搭乘計程車前往各城鎮或景點。
◎巴士

長途巴士會停靠在帕納吉、馬爾高、Mapusa、Calangute等較大的城鎮。由此再轉搭機動三輪車或計程車前往各市區景點。

區域交通
果亞看似不大，但來往各城鎮也頗為費時耗力，預算較充裕者，可以計程車代步。機動三輪車只限於市區行駛，旅客在海灘與海灘之間移動，必須租用計程車。海灘設有主要的計程車招呼站(Taxi Stand)，建議先談妥單程或來回車資後再上車。

最經濟實惠的移動方式是租輛機車，只是在空氣污染嚴重的印度騎機車，要有灰頭土臉的心理準備，若能避開大馬路，穿梭在鄉間椰林小徑倒也輕鬆自在，路途遠近量力而為。

旅遊諮詢
◎印度旅遊局－果亞India Tourism Goa
🏠Indiatourism GOA, Paryatan Bhavan, First Floor, Patto, Panaji, Goa
📞0832-2438812
🌐tourism.gov.in/about-us/indian-tourism-offices

MAP ▶ P.223A2

帕納吉
Panaji (Panjim)

葡國殖民風格建築的果亞邦首府

🚗 從果亞機場到帕納吉可搭乘預付計程車；長程巴士和地方巴士均停靠位於市中心以東一公里處的Kadama巴士站。至於穿梭市區最方便的方式，除了徒步，便是租機車。

身為果亞邦的首府，帕納吉不像其他印度大城那般繁忙，反倒透露出一股緩慢的悠閒感，儘管印度城市特有的喧鬧嘈雜，這裡一樣也沒逃過。

帕納吉坐落於曼多維河(Mandovi)河口，加上葡萄牙人遺留下來的殖民式建築呈現的藍白、粉柔色調，乍看倒像一座地中海小鎮，而它混合多元的殖民風格，又有點接近拉丁美洲的城市。

最早的時候，帕納吉是畢迦浦爾王國(Bijapur，位於卡爾納塔卡Karnataka的伊斯蘭政權)的一座港口，1510年在葡萄牙人出現之後，這裡成為軍事驛站及倉庫，直到舊果亞廢都，帕納吉於1843年正式成為葡萄牙殖民印度的首府。

帕納吉可看的景點不多，不過十分適合散步，特別是位於奧蘭溪(Ourem Creek)畔的帕納吉舊城，亦即聖多美(São Tomé)區域，林蔭大道、殖民式建築及葡式餐館，十足葡式風格，至今仍有許多居民操著葡萄牙語。

聖潔的聖母瑪麗亞教堂Church of our Lady of the Immaculate Conception

📍P.224B1 🏠Emilio Gracia和Jose Falcao Rds交叉路口

在大航海時代，當葡萄牙水手遠從里斯本出發來到果亞，船隻從阿拉伯海轉進曼多維河時，首先看到的城市便是帕納吉，在繼續前行抵達舊果亞前，水手們會先上岸來到這座白色教堂答謝上天保佑一路平安，就好像媽祖之中國船員一般。

聖潔的聖母瑪麗亞教堂是帕納吉最醒目的地標，建於1619年，擁有巴洛克式的潔白立面及兩座高塔，今天在教堂下方所見的兩道交錯樓梯，是兩個世紀後才增建的，至於鐘樓上的鐘則是來自舊果亞的聖奧古斯汀教堂。

舊秘書處Secretariat Building

📍P.224B1

面對曼多維河的舊秘書處是帕納吉最老的建築之一，今天是果亞邦的議會所在地。最早的時候，這裡是果亞穆斯林統治者Yusuf Adil Shah的夏宮，儘管有55座砲台及護城河保護，最終還是落入葡萄牙人手中。

當果亞首府從舊果亞遷來帕納吉之後，這裡自然而然成為總督的官邸，而原本的伊斯蘭建築樣式，也改建成今日所見的殖民式建築風格，擁有磚瓦斜屋頂、寬闊的木造陽台，以及鐵鑄的柱子。

果亞邦博物館Goa State Museum

📍P.224B2 🏠EDC Complex, Patto ☎0832-2436006 🕐週一至週五9:45~13:15、14:00~17:30 🌐www.goamuseum.gov.in

這座政府博物館並不位於景點集中的市中心，而是在Ourem溪東岸、Kadamba巴士站的西南邊。

博物館的收藏和陳列十分雜亂，建築物也有一點老舊，從基督教藝術、印度教和耆那教的雕刻和銅器，到印度各地的畫作，甚至野生動物的模擬生態，全都在這座博物館中展出。在博物館附近，則新建了一棟6層樓的邦立圖書館。

MAP ▶ P.223A2

舊果亞

MOOK Choice

Old Goa

列入世界遺產的舊葡國殖民地首府

📍位於首府帕納吉以東約9公里，從帕納吉搭車前往約30分鐘，可以在帕納吉的Kadamba車站搭乘巴士，另也可搭乘機動三輪車或計程車前往。

葡萄牙人殖民印度時期，今天的舊果亞便是當年的首都，當時所留下的大批教堂和修道院，於1986年被列為世界遺產。

整體說來，這些紀念性建築從樸素的文藝復興(Renaissance)，到華麗的巴洛克(Baroque)，甚

果亞守護神是這位聖者

說起舊果亞，不能不提到聖方濟·沙勿略(St Francis Xavier)，祂終其一生在葡萄牙的東方殖民地致力傳教(卒於1552年12月3日)，並使三萬人改信基督，據說他死後遺體不腐成為神蹟，1622年被封為聖者，其墳塚便位於聖耶穌教堂內。如今祂是果亞的守護神，每逢12月3日祭日前後，舊果亞無不萬人空巷。

至更矯飾的葡萄牙曼奴埃爾式(Manueline)等風格都有。

今天來到舊果亞，一片衰落的景象，很難讓人與繁華的過往產生連結，這座曾經足以與里斯本匹敵的城市，在16世紀的黃金年代，吸引一批接著一批的傳教士、軍人、商人前來，人口甚至超越當年的里斯本和倫敦。直到18世紀中葉，接連的瘟疫及曼多維河(Mandovi)淤積，總督把首府遷往帕納吉之後，舊果亞便自此一蹶不振，唯獨遺留偉大的建築供人憑弔。

舊果亞

N

曼多維河 Mandovi River

總督之門 Viceroy's Arch

✝聖卡傑坦教堂 Church of Cajetan

聖凱薩琳禮拜堂 Chapel of St Catherine

✝大教堂 Se Cathedral

✝阿西西的方濟會教堂與修道院 Convent & Church of St Francis of Assisi

↗往帕納吉Panaji

Old Goa Rd

Rua Direita

基督教藝術博物館 Museum of Christian Art

✝聖摩尼卡教堂與修道院 Church & Convent of St Monica

聖奧古斯汀教堂遺跡 Church of St Augustine Ruins

✝聖耶穌教堂 Basilica of Bom Jesus

🚌巴士站

圖例 ◉景點 ✝教堂 🏛博物館 遺跡 🚌巴士站

大教堂Sé Cathedral

P.226C1 9:00~18:00

舊果亞最大的教堂，也有此一說是亞洲最大的教堂，長76公尺，寬55公尺。始建於1562年，經過半個世紀的努力才蓋好主結構，又經過30年後，主祭壇才完成。整座教堂屬於葡萄牙哥德式風格，十字架結構，有著托斯卡尼文藝復興式(Tuscan)外表，以及科林斯式(Corinthian)內觀，30公尺高的立面，原本有兩座方形鐘樓，如今只剩南面鐘樓獨撐大局。

這座教堂以兩大特色聞名：一是鐘樓上的鐘，素有黃金鐘之稱，據說鐘響時，整個果亞都能聽見；另一處則是獻給聖者聖凱瑟琳(St Catherine of Alexandria)的金黃主祭壇，上面描繪袘的一生及殉教過程。

西印度…果亞 Goa

藏在大門的精緻藝術

仔細看雕刻典雅的大門，上頭就有一對航海員的地球儀。視線再往上延伸，立面最頂端有一對多角形的塔，彷彿一座小城堡。

阿西西的方濟會教堂與修道院Convent & Church of St Francis of Assisi

P.226C1

位於大教堂的西面，由方濟會修士於1521年興建，並在1661年重建。在舊果亞諸多歷史建築中，這是比較特殊的一座。建築風格採用果亞較少見的葡萄牙曼奴埃爾式，這是一種發展於16世紀葡萄牙的晚期哥德式建築風格，後來隨著地理大發現時代傳到世界其他地方，在建築物上採用許多航海主題。

教堂內部，則是華麗的巴洛克風格，在牆上、天花板，都裝飾著花草圖案的濕壁畫，地板上是葡萄牙貴族的基碑，木雕的祭壇上塗著金箔，都是以耶穌和聖方濟為主題。

聖耶穌教堂Basilica of Bom Jesus
📍P.226C2 🕖7:30~18:30

聖耶穌教堂不但是舊果亞最重要的建築，在整個天主教世界更占有一席之地，因為這裡埋葬著果亞守護神聖方濟·沙勿略的遺體。

教堂興建於1594年，基本架構屬於巴洛克式。首先映入眼簾的是那華麗的三層立面，3道門及6扇窗混合著科林斯式(Corinthian)、多利克式(Doric)、艾奧尼克式(Ionic)，以及複合式等各種柱式，因為外牆沒有塗抹石灰或上漆，因此呈現出古樸的磚紅及岩石的基本色調。立面最上頭的玄武岩銘碑上刻著「HIS」字樣，在希臘文中的意思是「耶穌救世主」。

教堂的黃金主祭壇則由地方工匠打造而成，仔細看，上面一個個圓滾滾的天使，與印度廟裡的神像長得十分神似，這是因為這些地方工匠同時也裝修印度廟的緣故。除此之外，位於教堂右邊的木雕講道壇，雕工也十分精細。

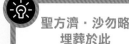

聖方濟·沙勿略 埋葬於此

走進教堂，幾乎所有人焦點都聚集在主祭壇右邊的聖方濟·沙勿略埋葬之處，墳塚出自義大利翡冷翠雕刻家Giovanni Foggini之手，花了10年才完成，以大理石和玉石構成，樣式兼具義大利和印度風格，正中間的銀製聖骨盒裡長眠著聖方濟的骸骨。

聖卡傑坦教堂Church of St Cajetan
📍P.226D1

這座教堂是以梵諦岡的聖彼得(St Peter)大教堂為藍本，儘管規模遠遠無法相比。17世紀時，教皇烏爾班三世(Urban III)派遣一批義大利修士前往印度的Golconda傳教，結果被拒絕在外，於是輾轉來到舊果亞並興建了這座教堂，同時獻給創建者聖卡傑坦(St Cajetan)。

教堂內部呈希臘十字架結構，屬於義大利巴洛克風格，以中央圓頂為最大特色。教堂旁邊原本是一座修道院，今天已改建為一所宗教學校。

聖奧古斯汀教堂遺跡
Church of St Augustine Ruins
P.226A2

　　儘管已是斷垣殘壁，那46公尺高的磚紅鐘塔挺立於山丘上，還是讓人無法忽視它輝煌的過往，它曾經是印度最大的教堂，立面高達5層。1602年時，由奧古斯丁修會修士所建的一座哥德式教堂，後來該修會受葡萄牙政府警察鎮壓，於1835年遭到棄置；7年後屋頂坍塌；1931年，教堂立面和半面鐘塔傾倒；1998年印度政府開始考古挖掘工作，至今依稀可見當年牆壁上裝飾的磁磚和雕刻。

聖摩尼卡教堂與修道院
Church & Convent of St Monica
P.226B2　10:00~17:00　教堂免費，博物館Rs100
www.museumofchristianart0.com

　　位於半山腰上，少了川流不息的遊客，多了一份寧靜。教堂樓高三層，今天作為聖母會(Mater Dei Institute)的女修道院，部分區域不對外開放。位於教堂後方附屬建築的基督教藝術博物館(Museum of Christian Art)，主要展出瑞秋神學院(Rachol Seminary，位於南果亞)搬過來的塑像、畫作和雕刻，在葡萄牙殖民印度時代，許多基督藝術創作都是來自印度本土的藝術家。

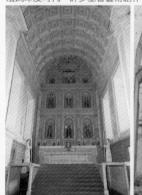

總督之門 Viceroy's Arch
P.226C1

　　17世紀時，每年超過千艘船隻來到果亞，帶來了新移民，這些人進入果亞城內的第一步便是通過這道紅磚拱門。拱門由當年的總督法蘭西斯科‧達伽瑪(Franciso da Gama)所建，用來紀念他的曾祖父，也就是名垂歷史的葡萄牙航海家瓦斯科‧達伽瑪(Vasco da Gama)。

MAP ▶加蘭古特P.223A2、克洛瓦P.223A3

果亞海灘

MOOK Choice

Beaches in Goa

西方人前來果亞度假首選

加蘭古特Calangute

🍃 位於帕納吉西北方約10公里處，與帕納吉之間車程約30分鐘，帕納吉有巴士前往加蘭古特市中心，也可直接搭乘計程車前往。

克洛瓦Colva

🍃 位於馬爾高西邊6公里，距離馬爾高約15分鐘車程，可在馬爾高市中心的市政花園(Municipal Gardens)站搭乘巴士前往；從帕納吉的Kadamba的巴士總站搭巴士前往約1小時30分鐘，需在馬爾高換車。

見識印度人的度假特色

加蘭古特是果亞最早開發的海灘，從1960年代就吸引不少嬉皮前來，至今仍是果亞最擁擠的海灘，相對的，吵、鬧、髒、亂也如影隨行，如果喜歡熱鬧或見識印度人的度假方式，這裡是首選。

南果亞名列榜首的則是克洛瓦，幾乎是加蘭古特的翻版，只是規模小了些。

果亞等於海灘，海灘就等於果亞，來到果亞，一定要前來海灘見識一番。除了私人度假村，在果亞各個知名的公共海水浴場，總是不時擠滿來自四面八方、各種膚色的印度人前來度假、戲水。

果亞壯闊無比的海灘，北從奎林(Querim)、南抵莫巴(Mobor)，綿延長達106公里，這十餘座海灘，每座都有各自的特色，整體而言，南果亞的海灘不如北果亞那麼高度開發，但相對的，有著茂密椰林相伴的南果亞海灘卻恬靜許多，也因此，近年也愈來愈受到歡迎。

果亞沿海的村落和度假村幾乎都是因為海灘而發展，海灘所帶來的觀光人潮，就是這裡的經濟命脈。離海灘稍遠的地方，是各式各樣的紀念品店、購物中心、海鮮餐廳、夜店；緊挨著海灘的椰林下，則是棚架搭的啤酒攤、點心擔，及跳蚤市場；穿梭在海灘上的，則是叫賣水果、爆米花、紀念品的小販。

北果亞較知名的海灘是阿爾姆波(Armbol)、安朱納(Anjuna)、加蘭古特(Calangute)、康多林(Candolim)，南果亞則有馬久達(Majorda)、克洛瓦(Colva)、卡維洛辛(Cavelossim)。

除此之外，綿延100公里的海灘林立著許多高檔五星級度假村，與外界的嘈雜彷如兩個世界，那裡才是西方人的度假天堂。

MAP ▶ P.223A3

馬爾高
Margao(Madgaon)

花園殖民城市

📍位於帕納吉南邊33公里，可以從帕納吉的Kadamba巴士總站搭乘巴士前往。

　　馬爾高是南果亞的行政和商業中心，甚至比帕納吉還要繁榮，從某個角度來看，它不太像典型的印度城市，相較之下，這裡的市容顯得乾淨整齊多了。儘管遊客不常造訪，卻是體驗果亞當地生活的好去處，特別是那色彩繽紛的市集。

絕不能錯過的就是市集！
　　廣場東南邊，是人聲鼎沸的市集，有頂也好、露天也好，全數販賣印度當地人生活所需，各類醃漬醬菜、蔬果、鮮魚、豆類堅果、香料、串好的花環、紗麗服裝店⋯⋯還有來來往往的各色印度容顏，走一趟市集，更能深入瞭解在地生活。

花園廣場&市政議會大樓
　　一般遊客逛馬爾高市區，幾乎都從市中心的市政花園廣場(Municipal Gardens)開始，廣場本身是一座草樹花卉茂密蔥蘢的公園，園中盛開著豔麗的美人蕉、九重葛、金盞菊，還有濃綠得幾乎要流淌下來的椰林、爬藤，這樣的畫面在印度城鎮並不多見。公園對面，便是漆著豔橘、粉白相間的市政議會大樓(Margao Municipal Council)。

親近印度生活的好地方
　　從市政花園廣場沿著Abade Faria路往北走，路邊有許多保存完好、18及19世紀殖民時代保存下來的大宅邸，建築元素及裝潢擺設兼容並蓄，充分展現殖民式住宅的多元特色，例如鑲嵌著拋光貝殼的百葉窗、比利時式水晶吊燈、威尼斯式玻璃和鍍金鏡、巴洛克式的紫檀木家具等。

　　除此之外，馬爾高還是有幾座著名的教堂，例如聖靈教堂(Church of the Holy Spirit)。然而不必在乎看了哪些景點，這是一座可以自在親近印度生活的城鎮。

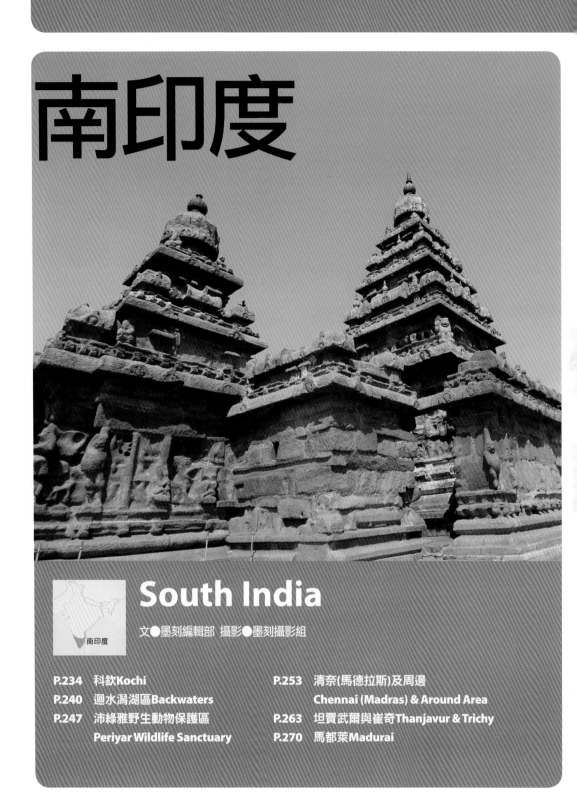

南印度

South India

文●墨刻編輯部　攝影●墨刻攝影組

南印度

喀拉拉邦(Kerala)夾處於南印度西高止山(Western Ghats)和阿拉伯海(Arabian Sea)之間，有別於印度多數地方空氣污染嚴重，這塊南北狹長的土地，到處一片水綠，西邊是阿拉伯海的潟湖、水稻、椰林風情，東邊則是西高止山的濃密雨林、茶園和高山湖泊。

喀拉拉邦更是南印度旅遊業最發達的地區，有別於其他省分看廟、看古蹟，這裡呈現的是自然風光和悠閒的度假氛圍，喀拉拉有三個面向：在東部山區是叢林冒險、茶園和香料園巡禮；在西部濱海則是行船潟湖水道上，體驗喀拉拉人的自在生活；在都會科欽則是感受殖民歷史所遺留的多元文化。當然，更不能錯過喀拉拉最著名的阿育吠陀、香料和卡塔卡利舞劇，一個是觸覺的草藥養生，一個是味覺和嗅覺的享受，一個則是視覺和聽覺的藝術饗宴。

在諸多南印度邦省中，塔米爾納度邦(Tamil Nadu)可說是最能代表南印精神，古老的達羅毗荼(Dravidian)文明在這裡孕育、茁壯。大多數來到塔米爾納度的人是看廟，龐大的寺廟建築群主宰了這裡的人文景觀，從高大陡峭的階梯式廟宇、色彩斑斕的哥普蘭(Gopuram，寺廟塔門)，到美麗細緻的岩石浮雕⋯⋯道地的南印風情，只要一踏入，便立刻被那刺人耳目的炫麗色彩所感染。

南印度之最Top Highlights of South India

科欽堡Fort Cochin
科欽堡在1341年因為洪水氾濫而形成一座天然良港，中國人首先在此建港，逐漸吸引世界各地商人、帝國主義者前來，也成為印度最早有歐洲人定居的地方。(P.236)

潟湖水上之旅
Backwaters Tour
沒有親身展開一趟潟湖水上之旅，就不算來過喀拉拉，這是一種非常迷人的經驗，幾乎所有的旅遊評比都將之列為此生必遊。(P.242)

沛綠雅園區
Periyar Park
這裡可說是一座最天然的無柵欄動物園，野牛、鹿、長尾葉猴、野豬都是這裡的常客，就像是山區裡的迪士尼樂園。(P.250)

瑪瑪拉普蘭
Mamallapuram
塔米爾納度邦最著名的一級景點，岩石雕刻的洞穴聖堂、巨石構成的神壇、戰車型式的神殿，以及巨大的露天石雕，都是帕拉瓦藝術風格的代表。(P.260)

斯里米納克錫寺
Sri Meenakshi Temple
這座大廟是仿達羅毗荼式(Dravidian)建築，擁有12座高45~50公尺、裝飾繁複的哥普蘭塔門，不管什麼時候總是擠滿了前來朝聖的印度教徒。(P.272)

科欽
Kochi(Cochin)

文●墨刻編輯部　攝影●墨刻攝影組

喀拉拉的首府位於南部的提盧瓦納塔普蘭 (Thiruvananthapuram，或稱特利凡德蘭Trivandrum)，然而不論歷史、經濟或觀光價值，位於喀拉拉海岸線中心點的科欽，都有無法取代的地位。

科欽開發於14世紀，最早來的是中國人，從科欽的舊名Cochin(Co是小的意思，Chin則意指中國)便知一二，儘管現在華人在此已寥寥無幾。鄭和七下西洋，便在科欽停留多達六次，除了將香料帶回中國，也把中國的捕魚、種茶、青白瓷器、絲綢工藝等技術一一傳入。

六個多世紀以來，科欽吸引了來來往往的商人、傳教士、帝國主義者，於是印度教、伊斯蘭教、基督教、猶太教，印度人、中國人、猶太人、葡萄牙人、荷蘭人、英國人……各種族群、宗教在這裡交會融合，香料、漁產在這裡交易，也留下錯綜複雜的殖民血淚和深厚的歷史遺產。

從地圖上看，科欽顯得破碎不完整，事實上，它就是在阿拉伯海的潟湖邊建立起的一座海港，由本島、半島和陸地構成。印度大陸本土的部分，稱為埃爾納庫蘭(Ernakulam)，是科欽的商業中心和交通樞紐，飯店、購物中心、火車站都位於這裡。科欽堡(Fort Cochin)及瑪坦闕里(Mattancherry)位於潟湖的半島上，是旅遊景點集中的歷史區。

INFO

基本資訊

人口：約61萬
區域號碼：0484
面積：732平方公里

如何前往

◎航空

科欽國際機場位於市區東北邊30公里的Nedumbassery，國際班機從杜拜、新加坡、曼谷、吉隆坡、胡志明市都有班機，印度國內班機從德里、孟買、清奈、邦加羅爾、海德拉巴等地都有航班往來。

從機場前往市區大約需要30~40分鐘車程，機場有預付計程車可搭乘。亦可搭付費的接駁巴士至Aluva地鐵站，搭地鐵進市區。

◎鐵路

科欽主要火車站有兩處，都位在埃爾納庫蘭區，分別是Ernakulam Junction Railway Station和Ernakulam Town Railway Station，這兩處車站離市區都很近，可搭機動三輪車或計程車到市區旅館。

◎巴士

部分邦際長程巴士停靠在KSRTC Bus Stand，其他喀拉拉邦的巴士以及私人經營的巴士都已移到新的Vyttila Mobility Hub，位於Ernakulam Junction Railway Station東邊2公里。

市區交通

科欽境內最方便的就是搭乘機動三輪車(Autorickshaw)，記得在上車前要先議價。科欽地鐵已完成第一階段的第一期工程，由Aluva站通達SN Juncion站，共24站，票價以乘坐距離計算，票價範圍為Rs10~60。另外可利用渡輪來往威靈頓島和科欽堡。

旅遊諮詢

◎印度旅遊局－科欽India Tourism Kochi

⌂H. No: 1/508F-G, Ground Floor, Fort Kochi bus stand building
☎0484-2919534
🔗tourism.gov.in/about-us/indian-tourism-offices

◎Kerala Tourism Development Corporation (KTDC)

⌂Shanmugham Road, Ernakulam
☎0484-2353234
🔗www.ktdc.com

MAP ▶ P.235A2

科欽堡

MOOK Choice

Fort Cochin

融合中國、印度、葡國、荷蘭、英國文化

科欽堡在1341年因為洪水氾濫而形成一座天然良港，中國人首先在此建港，逐漸吸引世界各地商人、帝國主義者前來，也成為印度最早有歐洲人定居的地方。

16世紀時，葡萄牙人在這裡建造一座堡壘，稱之為「科欽堡」。接著荷蘭人趕走了葡萄牙人，英國人又趕走了荷蘭人，使科欽堡裡混雜著各種不同風格的建築。

今天科欽堡老城區裡的建築有的改裝成旅館、民宿，有的是餐廳、咖啡館，也有藝廊、藝品店，整個區域被喀拉拉政府畫為歷史遺產區，以保護這些珍貴的歷史建物。

中國漁網Chinese Fishing Nets
◆ P.236A1

在科欽堡北方沿岸的碼頭外，矗立著幾座懸臂式、像蜘蛛網般的漁網，漁網襯著夕陽餘暉的剪影，幾乎成了科欽最制式的宣傳照片，印度當地人稱它們為「中國漁網」，儘管這種捕魚方式在中國已不多見。

岸邊大樹下一塊不起眼的石碑寫著：「1341年，一場大洪水使中國人從科蘭加諾(Crangannore)搬遷到科欽，並在此建港，中國漁網約在1350年至1450年間由中國人引進……」

科欽堡碼頭正好位於阿拉伯海和喀拉拉迴水潟湖(Backwaters)鹹淡水交會處，魚蝦資源豐富，6、7個世紀以來，喀拉拉人仍堅持這種耗費人力、卻相對與大自然和諧共處的捕魚方式，由巨大木柱、繩索、網子、大石塊組合而成的懸臂式漁網，不靠風力、水力，全憑幾個大漢，在漲潮時分放鬆繩索，以槓桿原理讓魚網沉入水中，十多分鐘後，再合力把漁網拖出水面。如此反覆數次，自投羅網的魚蝦便隨著繩繩收起，成為漁夫們一天的漁獲，漁夫也就在岸邊搭起棚架販售新鮮漁獲。

方濟會教堂St Francis Church
P.236A1　從科欽堡碼頭步行前往約5分鐘　Church Road

科欽堡裡的方濟會教堂在印度教堂建築史上占有一席之地，1502年由葡萄牙方濟會的修士興建，被認定是歐洲人最早在印度建立的教堂。教堂原本為木頭結構，到了16世紀中葉以石材重建，簡潔的立面成為後來許多印度教堂的原型。

教堂內有許多墓碑，而偉大的葡萄牙航海家瓦斯科·達伽瑪(Vasco da Gama) 在1524年死於科欽，在他遺骸被運回里斯本之前，曾埋在這座教堂長達14年。

聖克魯茲教堂Santa Cruz Basilica
P.236A2　從科欽堡碼頭步行前往約5分鐘　Bastion Street 和 KB Jacob Rd.轉角

早在1506年時，葡萄牙人於聖克魯茲教堂的原址已經興建過一座教堂，不過今日所見這座宏偉的教堂，是1902年由英國所建，教堂裡擺設了一些科欽不同年代的藝術品，其中，主祭壇和天花板上的壁畫，都是仿自義大利的名畫，包括達文西的《最後的晚餐》。

印葡博物館與主教宅邸
Indo-Portuguese Museum & Bishop's House
P.236A2　從科欽堡碼頭步行前往約10分鐘　週二至週日9:00~13:00、14:00~18:00，週一休　Rs40

印葡博物館位於主教宅邸的花園裡，收藏許多早期印度天主教社區的遺產，包括祭袍、教堂行進時用的銀製十字架、祭壇的裝飾品。博物館地下室可以看到當年葡萄牙人所建的堡壘殘蹟。

至於主教宅邸這棟16世紀的建築，原本是葡萄牙殖民時代的政府官邸，現在則是科欽地區主教的住所。

荷蘭墓園Dutch Cemetery
P.236A2　Beach Rd，從科欽堡碼頭步行前往約10分鐘

印度最古老的西方墓園之一，當年歐洲的帝國主義者擴張殖民領土，未料客死他鄉，約有數百位荷蘭士兵和商人埋葬於這座墓園裡，墓碑上的銘文都是這一頁殖民史的最佳見證，今天墓園由方濟會教堂管理維護。

海事博物館
Maritime Museum
P.236A2　Beach Rd，從科欽堡碼頭步行前往約10分鐘　週二至週日10:00~13:30、14:30~17:30，週一休　門票Rs40、照相機Rs100、錄影機Rs150

海事博物館位於印度海軍基地旁，露天廣場上擺放著一些退役的魚雷、機槍、飛彈、船錨、雷達，以及船艦模型。兩側有展示室，一邊是以模型簡述印度的航海史，包括大航海時代印度與葡萄牙人、荷蘭人、英國人的貿易和交鋒；另一邊則是印度海軍的參戰史，以及印度海軍的相關收藏。

猶太鎮和
帕拉德錫猶太教堂
Jewtown & Paradesi Synagogue

印度歷史最悠久的猶太教堂

帕拉德錫猶太教堂

🏠Jew Town, south of Mattancherry Jetty ⏱從瑪坦闕里碼頭步行前往約3分鐘 開放◗週日~週四10:00~13:00、15:00~17:00，猶太安息日休息。 💲Rs5 ❗教堂內部不允許拍照，著短衣、短裙、無袖衣服，都不允許入內參觀。

據說西元1世紀時，猶太人便已來到喀拉拉；到了16世紀，葡萄牙人強迫他們搬遷到科欽，並由王公賜予猶太鎮這片土地作為居住地；1568年興建了帕拉德錫猶太教堂，它是印度歷史最悠久的猶太教堂。

當時的猶太社區主要分成兩大社群：一群是所謂的黑猶太，是當年從原居地搬遷過來的猶太人，另一群則是從中東過來的白猶太，或稱為帕拉德錫猶太，教堂便以這個稱呼命名。1940年代，大約有2500位猶太人住在喀拉拉，而後大量遷回以色列，今天僅剩十來戶。

教堂坐落於猶太鎮中心一條窄巷的盡頭，1662年被葡萄牙人所毀，兩年後，荷蘭人拿下科欽後協助猶太教堂重建。教堂旁典雅的鐘塔則是興建於1760年。

教堂裡珍貴的寶物包括了美麗的銀器、裝飾黃金的講道壇、猶太戒律黃金卷軸、彩色玻璃煤油燈、水晶吊燈，以及從中國運來、鋪在地板上的青花磁磚，磁磚上的花鳥垂柳栩栩如生。

猶太鎮一直以來就是科欽的香料貿易中心，走在狹窄的古老巷弄中，空氣中不時混合著豆蔻、茴香、薑黃、丁香……各種香料的氣味，其中，科欽國際胡椒交易所就位在猶太鎮裡。

這些年來遊客愈來愈多的，古董店、手工藝品店、服裝店、紀念品店已漸漸取代香料店，占據大多數的老房子。對印度手工藝品有興趣的遊客，光是逛這些商店，就足以耗上大半天。

瑪坦闕里宮(荷蘭宮)

Mattancherry Palace (Dutch Palace)

描繪印度史詩的經典壁畫

⏱從瑪坦闕里碼頭步行前往約3分鐘 🏠Palace Rd ☎0484 2226085 ◗週日~週四9:00~17:00 💲Rs5 ❗博物館裡嚴禁拍照

也許是為了針對葡萄牙貿易特權所示出的善意，1555年葡萄牙人蓋了這座宮殿，獻給當時的科欽王公Veera Kerala Varma。1663年，荷蘭人重新裝修，因而被誤稱為荷蘭宮。

這棟兩層樓的建築坐落於一座庭園裡，建築本身平淡無奇，宮殿裡的壁畫才是重點所在。一幅幅錯綜複雜呈現紅、黃、黑、白溫暖色調的壁畫，描繪著印度史詩《羅摩衍那》(Ramayana)、《摩訶婆羅多》(Mahabharata)和印度教經典《往世書》(Purana)，這些壁畫展現了17世紀喀拉拉印度教寺廟的藝術。

此外，內部也展示了當年王室所使用的生活用品，還有王公肖像、轎子、鑲著寶石的服裝等。

卡塔卡利舞劇

MOOK Choice

Kathakali

名列無形世界文化遺產的舞劇

Kerala Kathakali Center

Jacob Rd, Fort Nagar, Fort Cochin ☎+91 989-586-0646、+91 989-553-4939 www.keralakathakali.com/ 卡塔卡利舞劇Rs500、南印度古典舞Rs500、Kalaripayattu(武術)Rs400、印度古典樂Rs500

印度大文豪泰戈爾曾以專文向西方國家推薦，聯合國教科文組織將之列為無形的世界文化遺產，足見卡塔卡利在印度文化上的重要地位。

從字面上解釋，「卡塔卡利」就是「故事劇」的意思，它融合了文學、音樂、美術、戲劇、舞蹈等藝術，在15世紀起源於南印度，16、17世紀廣受地方喜愛，成為印度慶典的主要酬神戲碼。表演劇碼以印度史詩《羅摩衍那》(Ramayana)、《摩訶婆羅多》(Mahabharata)及印度教經典《往世書》(Purana)為主，故事主軸不外乎正義與邪惡、富裕與貧窮、戰爭與和平。

卡塔卡利舞劇從演員化妝、穿衣服開始，就已經是表演的一部分，什麼角色就化什麼樣的妝，妝上的「燈黑」、各色顏料，及紙做下巴的波形

褶邊線條，象徵著各種不同角色。一般而言，綠色代表了神格的英雄性人物，例如《薄伽梵歌》(Bhagavadgita)中的黑天(Krishna)和阿周那(Arjuna)；此外紅色用在傲慢的皇室角色，黑色則是惡魔。頭上則依不同的角色，戴不同尺寸的大冠帽。

整場劇大致包含說書人、打擊樂隊(鼓和鐃鈸)及演員，在演員正式出場前，除了說書人講故事，還會有一位資深演員先行示範各種臉部表情動作，最後舞劇才正式開始，演員不必說話，全靠雙手姿勢、臉部表情來說服觀眾。

純男性的表演

只有男人才可以演出卡塔卡利，如果需要女性的角色，也一律由男人反串。酬神時，多半在廟前廣場表演一整晚直到天明，今日表演給遊客觀賞的節目，都已經簡化並縮短時間。

迴水潟湖區

迴水潟湖區
Backwaters

文●墨刻編輯部　攝影●墨刻攝影組

「迴水」(Backwaters) 就是一般人所熟知的潟湖地形，水與土地在這裡始終依存著微妙的關係，最早的時候，阿拉普薩(Alappuzha，過去稱為阿勒埠 Alleppey) 這一帶緊鄰阿拉伯海的土地都低於海平面，幾經洪水氾濫、海水倒灌、沙洲堆積、海水退縮，形成這麼一大片內陸湖泊和大大小小的水道。

在這片濕地上，喀拉拉人依水而生，或開鑿運河，運送貨物；或划著小舟，灑網捕魚；或引水灌溉，種植稻米。因為濕地土壤肥沃，迴水流經之處盡是良田，稻米、椰子、香蕉……成為印度最重要糧倉，其中，椰子產量更居全印之首，博得「椰子之鄉」的稱號。

很難界定迴水潟湖區的範圍，從喀拉拉地圖上來看，面積遼闊的凡巴納湖(Vembanad Lake)盤據在喀拉拉中部海岸，在科欽地區湖海交會，而蛛網般的水道，就從凡巴納湖輻射出去，有的盤繞在海岸線、有的深入內陸，這片水鄉澤國擁有多達四十多條水道，總長度超過九百公里，面積廣達38,863平方公里，相當於

一個台灣的大小。

　一般最受歡迎的迴水潟湖之旅，多半從北邊坐落凡巴納湖畔的阿拉普薩，或南邊位於阿拉伯海和阿許塔穆迪湖(Ashtamudi Lake)之間的科蘭(Kollam)出發。

　廣義來說，位於凡巴納湖出海口的科欽也屬於潟湖的一部分，不過，因為凡巴納湖湖面太廣，航行在猶如阿拉伯海的湖面上，不若穿梭在幽僻水道那麼宜人。

　造訪這個唯美水鄉最好時機，是從每年10月到翌年3月。

INFO

如何前往

　迴水潟湖區分佈在科蘭(Kollam)和阿拉普薩(Alappuzha)之間，一般遊覽潟湖都以這兩處城市為出發點。

　搭乘巴士或鐵路前往這兩個地方都十分方便，不論從北邊科欽的埃爾納庫蘭(Ernakulam)南下，或南邊的提盧瓦納塔普蘭(Thiruvananthapuram)北上均可。有一種「埃爾納庫蘭—阿拉普薩—科蘭—提盧瓦納塔普蘭」的長途巴士路線，從科欽搭乘快速巴士前往科蘭約需3小時、從阿拉普薩前往科蘭約需2小時、從提盧瓦納塔普蘭前往科蘭約需1小時45分鐘。此外，火車的班次也非常頻繁。

旅遊諮詢

◎科蘭地區觀光協會
District Tourism Promotion Council(DTPC)
🏠鄰近KSRTC Bus Stand, Kollam
☎0474-2745625
🌐www.dtpckollam.com
◎阿拉普薩地區觀光協會
District Tourism Promotion Council(DTPC)
🏠Boat Jet Road(Canara Bank對面), Alappuzha
☎0477-2251796
🌐www.dtpcalappuzha.com

MAP ▶ P.241A2,A3,A4

MOOK Choice

潟湖水上之旅
Backwaters Tour

此生必體驗

🎧一般最普遍的遊船是每年8月到隔年3月間，從科蘭和阿拉普薩雙邊開出，可透過這兩地的旅館預約。

根據印度傳說，毗濕奴的第六個化身帕拉蘇瑪(Parasurma)，將手中的戰斧丟進大海後創造了喀拉拉，這裡縱橫交錯的水道、潟湖、湖泊，活脫脫就是傳說中從大海誕生出來的土地。

沒有親身展開一趟潟湖水上之旅，就不算來過喀拉拉，這是一種非常迷人的經驗，幾乎所有的旅遊評比都將之列為此生必遊。不論搭乘的是獨木舟、一般遊船，還是豪華船屋，順著水道融入迴水美景和當地村民生活，正是體驗水上之旅的精華所在。

遠離車水馬龍、喧囂煩躁的都會印度，這裡的水上生活步調既緩慢又幽靜。一排排的椰林下，婦女在水邊搗衣，微風中，晾在枝幹上的衣服與水中倒影一起晃動；男人們划著載滿椰纖的獨木舟輕輕靠岸，卸完貨，竹篙點岸，小船一蕩，又悠悠地離了岸。在土地狹長的河岸邊，是一整排素雅的茅草小屋，偶爾點綴著鮮豔的九重葛、木槿花和濃綠的腰果樹，及悠游的鴨鵝和漫步的牛羊。

食物豐沛的潟湖區更是鳥類的天堂，當船划過

一整片開滿紫花的布袋蓮，停棲上面的鸕鷀，展開黝黑身影飛起遠去；偶爾五彩繽紛的翠鳥張開藍色嘴喙，從空中俯衝急下鑽入水底覓食；猛抬頭，一群小白鷺緩緩鼓動雙翼，從天際低空飛過。

除了目不暇給的沿岸風光，擺盪在水波之間，就算什麼都不做，也是一種享受。船一路行駛，茫茫碧波中，帶著水分的涼風穿篷而過，雖然身處熱帶，身上也涼爽得滴汗皆無。航行在迷宮般的水道處處有驚奇，愈是深入村落水道愈窄，彷彿已到了盡頭，卻又常常峰迴路轉，一晃眼，船一調頭，凡巴納湖那一望無際的水域又出現眼前。

船屋Houseboat

船屋是為了迎合遊客而發展出來的船隻類型，原型採自傳統運送稻米的Kettuvallam(意為載送貨物的大船)。

自古以來，喀拉拉的造船工藝就非常發達，受到阿拉伯商人的高度肯定，船身完全不靠鐵釘或金屬，只以木頭接榫，船篷更以藤竹、椰子殼纖維及棕櫚葉編成。有了厚實的工藝基礎，把傳統船隻改造成觀光船屋，在當地可說是易如反掌。

一艘船屋就像一座旅館，有房間、浴廁、客廳、廚房、餐廳、空調，同時搭配船長、管家、廚師，一切船上生活所需都有專人照料。

船屋這種旅行方式在喀拉拉歷史並不久遠，不過，已經發展成為當地最大的事業，船愈造愈多，水準也參差不齊，從簡單的篷船到宮殿般的豪華大船都有，在訂船屋行程前最好先確定所有細節，包括船的類型、價格、在船上時間(24小時為標準)，以及航行路線等。

©印度旅遊局

蛇舟競賽Snake Boat Race

長達30公尺、可以搭載超過百人的「蛇舟」(Chundanvallam)，在過去是武士的戰船，今天則是喀拉拉重要節慶「尼赫魯盃船舟競賽」(Nehru Trophy Boat Race)的比賽船隻，這項比賽通常在每年8月的第二個週六舉行，眾人齊聲唱歌划槳，有點像華人的龍舟競賽，據信這是全世界一艘船上人數最多的比賽。

椰林之地Land of Coconut

喀拉拉椰子產量冠居全印度，舉凡與生活相關的一切，都離開不了椰子。

沿著河岸，經常可以看到男性村民爬樹採摘椰子的畫面，摘下來的椰子，椰汁經過發酵可以製成椰子酒，剛發酵的椰汁微酸，但很可口，發酵愈久，酒味就愈濃。

椰肉可以製成椰子油，印度菜更是離不開椰子。至於椰殼，通常村民都將一堆在河岸的淺灘邊，泡軟後搗成椰纖；椰纖透過簡易機器旋轉，很輕易地就能製成椰繩，而椰纖染色後能製成蓆墊，這些都是婦女們的工作。

中國漁網Chinese Fishing Nets

就像在科欽看到的懸臂式中國漁網一樣，這種架設在岸邊、守株待兔的人工捕魚方式，已經在喀拉拉潟湖地區存在了好幾個世紀。

潟湖水上生活Life on Backwaters

對喀拉拉人來說，這些蛛網般的水道就是他們的高速公路，至今仍然可以看到許多村民搖著槳、載著貨物，悠悠划過水面。不同樣貌的船隻，擔負不同的功能，同樣是獨木舟，有的僅容一兩人，可以承載較輕的貨物例如椰纖；大型的獨木舟可載送學生上下學。

一路穿過許多小村莊，兩岸的房子幾乎與水面一般高，村民就在水邊煮飯、擣衣、洗碗、洗澡。有些地方，像是以種植水稻聞名的Kuttanad，稻田就遠遠比四周水位低了許多，因此，在季候風時間，氾濫也成為一種困擾。

MAP ▶ P.241A2

椰林潟湖度假村
Coconut Lagoon
住在豐富生態區裡

⏺ 位於庫瑪拉孔(Kumarakom) ☏0484-3011711 ⏺www.cghearth.com

　湖面廣袤的凡巴納湖，以庫瑪拉孔(Kumarakom)周邊景色最為宜人，湖畔坐落著許多特色旅館和度假村，椰林潟湖度假村便是其中之一，曾被《康泰納仕》(Conde Nast Traveller)旅遊雜誌評為全世界前25名的度假旅館。

　椰林潟湖度假村以傳統的印度風格為主，要前往旅館必須在庫瑪拉孔的碼頭搭乘接駁船，穿過了河道便進入另一個世界。

　身處遺世獨立的湖畔，椰林潟湖度假村本身就是一個豐富的生態區，在它不遠處，有一座野鳥保護區，鸕鶿、蛇鵜、鳶、鷺鷥、翠鳥、知更鳥、黃鸝、野雉都是這裡的常客。還有一種瀕臨絕種的維秋牛(Vechur Cow，喀拉拉特有種)，也可見到牠們的身影漫步在草坪上。此外，度假村裡還種植著各式各樣的植物，其中不少是使用於阿育吠陀(Ayurveda)養生科學中的藥草，蝴蝶園裡的各種蜜源植物，總是不時吸引群蝶飛舞。

　除了生態環境，椰林潟湖度假村的建築更是一絕，初來乍到，一座座小木屋錯落在度假村的水道邊、草坪上，這裡的建築每一棟至少都有上百年的歷史，有些甚至可以追溯到18世紀，它們原本都是鄰近地區一種極具價值、稱為Tharawad的百年老屋，一片片拆除後，採用印度傳統建築工法在度假村裡組裝，以全新之姿重新示人，也因此這裡的客房沒有一間是相同的；規模較大的接待大廳、餐廳也都是拆除自貴族豪宅大院，然後在此重生。

　客房大致分為三種，一種是位於水道邊的小木屋(Bungalow)，一種是遺產大宅(Heritage Mansion)，樓層較高，視野也好，可以欣賞美麗湖景，還有一種是位於湖畔的泳池別墅(Pool Villa)，較安靜、私密性也較高。

在大自然中享受瑜伽
　瑜伽和阿育吠陀也是椰林潟湖度假村的招牌之一，這兩處地點都位於水田邊，放眼望去，一碧萬頃，稻作伏蕩如波，或隨著瑜伽的韻律呼吸清新空氣，或邊按摩邊欣賞窗外美景，雖然沒有皇宮旅館那般豪奢，椰林潟湖度假村卻是一座可以完全全融入迴水潟湖生活的好旅館。

©印度旅遊局

MOOK Choice

阿育吠陀在喀拉拉
Ayurveda Therapy in Kerala
身心靈全方位療癒

Somatheeram
☎0471-2268101 🔗somatheeram.in
Ideal
☎0471-2268632 🔗www.idealayurvedicresort.com
Thapovan
☎0471-2480453 🔗thapovanheritage.com/ ❗
Thapovan逢疫情暫時關閉，請上網或去電查詢最新狀況。

　　印尼峇里島的SPA以按摩、水療見長，印度的草藥養生則講究自然與草藥，喀拉拉邦更是草藥養生學的發源地。不只是放鬆，還有排毒、減壓、回春、瘦身、美容等功能，想要達成這些指標，參加者必須接受專業草藥醫生的診療，投入至少一至兩星期的時間休養，醫生將針對個人，設計草藥油按摩、食療、瑜伽、靜心冥想等療程。

　　阿育吠陀(Ayurveda，亦即印度草藥養生)是古印度人取法自然的一種養生科學，它認為人應與自然合一，而健康不單指身體健康，還包括心智、靈魂兩方面，三者達到平衡和諧的狀態才稱得上健康。當人體遭受毒素、污染物干擾時，身心靈失去平衡，就容易生病。

　　草藥養生治療首重「找到病因」，移除病因才有可能恢復身心靈的正常運作。印度專業藥草醫師運用許多技巧，檢視身體這部繁複的機器，例如將人體粗分為「風、火、黏液」三大類體質，

獨一無二的身心靈調養療程

　　喀拉拉邦許多度假村都設有阿育吠陀中心，提供各式各樣的療程，南部的科蘭(Kollam)有星級的專業養生旅館可選擇。這些旅館的優點是住宿、三餐、療程全包，並有專業草藥醫生和按摩師等陣容，可為客戶量身訂作整套療程，包含排毒、減壓、美容、瘦身等。

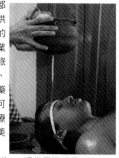

　　要注意的是，印度式養生SPA通常需要較長時間，短則一、兩週，長則要一個月，費用常以歐元計，動輒新台幣數萬元到十多萬元，所費不貲，挑選時要注意比較設施及療程內容。

大部分的人屬於兩種以上混合體質，少有單一體質，確定體質之後，再安排完整的養生SPA療程。

1.草藥油按摩：身心靈的健康從身體開始，按摩是最常見的療程。定期接受草藥油按摩，可得抗老回春功效，此外，對於慢性疾病，如偏頭痛、背痛、關節炎、壓力等也有具體療效。

2.養生食療：正常的飲食習慣無比重要，攝取的食物直接影響人體狀態，草藥養生並不特別強調吃葷或吃素，只強調食物中的六味：酸、甜、鹹、苦、澀、辣，應與個人體質搭配均衡。它鼓勵選擇對自己體質有益的口味，例如：風型人應多攝取酸、甜、鹹味食物；甜、苦、澀味對火型人有幫助；辣、苦、澀味，則可以均衡黏液型人的身體。

3.瑜伽：這是印度傳統養生術，也是必備療程。瑜伽藉著不同的動作與呼吸法，持續練習可讓身體持盈保泰，最終帶領練習者達到心智平和，並提升精神層次。

4.冥想靜坐：瑜伽之外，有些養生旅館也搭配冥想靜坐(Meditation)。冥想靜坐主要是讓頭腦放空、身心放鬆，久而久之，內在視野將變得更清楚，慢慢地從苦惱紛亂歸於平靜。

● 沛綠雅野生
動物保護區

沛綠雅野生動物保護區
Periyar Wildlife Sanctuary

文●墨刻編輯部　攝影●墨刻攝影組

不只是迴水潟湖區一片水綠，在內陸的喀拉拉，更是綠油油的一片，特別是沛綠雅湖和沛綠雅河流貫的西高止山區。

1895年，英國人在沛綠雅河上游建造了一座水壩，淹沒大片林地，形成一座人工湖泊，湖區約26平方公里，也就是今天所看到的沛綠雅湖。

1935年，印度王公又把環繞湖區600平方公里的森林劃為野生動物保護區；多年下來，保護區的範圍已經擴張到777平方公里，同時在1978年宣告為老虎保護區。

人沒有與大自然爭地，反而主動退出動物棲息地，在環保意識還沒抬頭的年代，這算是比較先進的案例。

這裡可說是一座最天然的無柵欄動物園，舉凡野牛(Bison)、鹿(Sambar)、長尾葉猴(Langur)、野豬⋯⋯都是這裡的常客，據估計，保護區裡棲息著九百~一千頭大象，以及近四十隻老虎。

沛綠雅野生動物保護區

↑往慕納爾
Munnar112Km

往馬都萊Madurai155Km→

巴士站
塔米爾納度巴士站

庫米利
Kumily

Thekkady Rd

BypassRd

● 公園入口

提喀迪
Thekkady

Periyar House Ⓗ

沛綠雅湖
Periyar Lake

沛綠雅野生動物保護區
Periyar Wildlife
Sanctuary

Ⓗ Aranya Nivas

ⓘ

圖例　Ⓗ飯店　🚌巴士站
⚓碼頭　ⓘ遊客服務中心

⚓ 碼頭

INFO

如何前往

　　離沛綠雅野生動物保護區最近的城鎮是庫米利
(Kumily)，庫米利科欽和之間有長途巴士，車程約6
小時；Kottayam到此約4小時；和Trivandrum之間
車程約8小時；如果從塔米爾納度邦(Tamil Nadu)的
馬都萊(Madurai)過來，車程約4小時。

　　長程巴士抵達庫米利主要市集東側的巴士站，巴士
站距離園區的入口約1.5公里，從這裡可搭乘機動三
輪車前往沛綠雅園區內的管制站。

旅遊諮詢

◎庫米利地區觀光協會
District Tourist Information Office,
Department of Tourism
🏠Thekkady Jn., Kumily
☎04869-222620
◎沛綠雅生態旅遊中心
Periyar Tiger Reserve Eco Tourism
Information Centre
☎+91 8547603066
🌐www.periyartigerreserve.org

MAP ▶ P.248B1

香料園與香料農場

MOOK Choice

Spice Gardens & Plantations

認識印度香料之旅

Abraham's Spice Garden

📍Green Mansion, Spring Valley P.O, Kumily ☎+91 9746129050 🕐7:00~18:00 💲Rs200

在沛綠雅野生動物保護區外圍有許多小型的香料園供遊客參觀，庫米利街上的香料店及民宿都可以代為安排這種行程。

通常香料園比較小，多半位於民居自家的後院，當地村民種植各種香料，除了是收入來源，也提供遊客參觀，逛一圈便能一次看盡各種香料植物。有的香料園還養了大象讓遊客騎乘，通常就是繞行香料園一圈。

香料農場面積比較大，可以看到農人們實際在這裡栽種、採收香料。最好能安排一位解說員，教你辨識各種不同的香料及介紹其功用。

印度香料知多少

印度香料五花八門，印度菜裡從燒烤到炒飯、從肉類到蔬菜，甚至名聞遐邇的印度奶茶都離開不了香料。市場裡賣的印度香料，喀拉拉山區幾乎都有生產。

胡荽Coriander
屬性涼，混合鼠尾草和檸檬的口感，在料理中有加味的功能。

蒔蘿籽Cumin
印度料理的炒飯、配菜中普遍會運用到蒔蘿籽。

肉豆蔻Nutmeg
性溫熱，口味甜中帶苦，搗碎後可加入炒飯中。

葫蘆巴Fenugreek
性溫熱，典型的愉悅口味讓人印象深刻。

肉桂Cinnamon
性溫，口感甜且濃郁，可以當甜點或飲料的佐料。

乾薑Dried Ginger
有種刺激味，屬性較溫。

辣椒Chillie
印度產有不同顏色、大小的辣椒，辛辣味的程度也不同，而走遍全印度，印度菜一定有辣椒調味。

芥末子Mustard Seed
性溫熱，浸漬10分鐘後，嚐起來有種急劇、撲鼻的辛辣味。

洋茴香Aniseed
有種香甜氣味，古時不僅作為食物佐料，也用來替衣服增加香氣。

丁香Cloves
嚐起來甜甜熱熱，咬在口中還會有種麻麻的感覺，自古就是一種口腔清新劑。

薑黃Turmeric
它是血液的清道夫，也是蛋白質的消化者。常用來醃漬魚肉或為食物調色，也是咖哩主要成分。

小豆蔻Cardamon
特殊的香甜味，性涼，號稱香料世界中的皇后。印度食物、甜點、奶茶中都不能沒有它。

MAP ▶ P.248B3,B4

沛綠雅園區

MOOK Choice

Periyar Park

深山裡的迪士尼

💲Rs500　❗每年最佳的拜訪季節為10月~3月

Periyar House

📞04869-222026　🌐www.ktdc.com/periyar-house

Aranya Nivas

📞04869-222023　🌐www.ktdc.com/aranya-nivas

Lake Palace

📞04869-223887　🌐www.ktdc.com/lake-palace

對遊客來說，這裡就像是山區裡的迪士尼樂園，每每見到動物，遊客無不興奮地歡聲雷動。

由於沛綠雅野生動物保護區同時也被宣告為老虎保護區，不少遊客以為來這裡就能見到老虎，其實看到老虎是要運氣的，沒那麼簡單，即便是園區裡的工作人員，好幾年也很難得看到一回。

從庫米利駛進園區，開到盡頭便是提喀迪(Thekkady)，也是保護區裡的行政中心，不論遊湖碼頭，還是住宿，都位於這塊腹地不大的平地上。

保護區裡有三座旅館，由喀拉拉邦觀光發展公團(KTDC)經營，其中Periyar House、Aranya Nivas位於提喀迪，另一座則是搭船才能到達的Lake Palace，由早年的打獵小屋改裝而成。此外，園區內還有簡單的住宿設施，詳細情形可洽生態旅遊中心。

遊湖 Periyar Lake Cruise

🏠 售票亭就在提喀迪碼頭上方，最好在開船前一個小時買好票。 🔽
KTDC的遊湖行程每天7:30、9:30、11:15、13:45、15:30。 💲Rs255

想要一覽野生動物保護區，旅客只需搭上遊船，便能從遊湖的行程中，觀賞到野生動物。

KTDC經營的遊船可以搭載兩百人，分為上、下甲板，一趟行程約1.5小時，由於遊船體型大，離岸較遠，即便看到動物在水邊飲水，還是有一大段距離，若能攜帶望遠鏡，自然是觀察野生動物的最佳利器，尤其保護區裡超過兩百多種鳥類，不時就從船邊飛過。

通常第一班和最後一班船有較高的機率看到動物，每年10月到隔年3月也是最佳造訪時機，而來到水邊的大型動物大多是大象和水鹿，其實光是靜靜坐在遊船欣賞一片湖光山色就是一種享受。

步道健行

🔵 Nature Walk和Green Walk每天7:00、15:00出發，行程約2.5~3小時。 💲一人Rs400

比起遊湖，大自然健行更能貼近野生動物保護區，不過得先衡量自己的體能，一趟健行約3個小時，行走距離約4~5公里，由保護區的專業嚮導帶領。有經驗的嚮導懂得根據天候、地形、動物足跡找到動物所在，雖不保證一定看得到動物，但大象、水鹿、野豬還是相當常見。

此外，還有幾種屬於探險的行程，同樣由生態旅遊中心(Ecotourism Centre)安排，包括一整日的保護區邊境健行(Border Hikes，Rs2,000)、半日及一日的竹筏漂流(Bamboo Rafting，Rs2,200/2,900)，以及過夜1~2晚、需走20-30公里的「老虎足跡」(Periyar Tiger Trail，Rs7,200~Rs10,000)等，活動非常多元。

叢林中最惱人的吸血蟲

值得注意的是，下過雨後的叢林水蛭非常猖狂，水蛭通常都隱藏在草叢尾端，人一走過，便會往人的身上跳，在皮膚上開始吸血，原本細長的水蛭，就會因吸飽了血變成圓滾滾的紅色血球。一趟健行下來，上身的水蛭少說也有上百條，防不勝防；被咬過的傷口會血流不止，久久無法癒合。還好進入叢林前，嚮導會先要求遊客租用防蛭套，雖然無法保證百分之百隔離水蛭上身，但至少可免去一路的困擾。

庫米利

Kumily

香料小鎮

📍位於保護區外4公里，所有保護區的對外交通都以這裡為樞紐。

　　庫米利是距離保護區最近的城鎮，城區不大，但肩負起前來保護區遊玩的旅客一切食衣住行所需。

　　由於保護區裡只有幾間由喀拉拉邦觀光發展公團(KTDC)經營的旅館，所以大多數遊客都落腳在庫米利城區。為了吸納絡繹不絕的遊客，除了原先就有的旅館，民宿也日益蓬勃，以相對便宜的價格，提供較佳的住宿品質。

　　除此，當然少不了餐廳、手工藝品店，由於沛綠雅周邊有不少香料園，庫米利自然而然就成為香料集散地，街上的香料店便成為主流，走在街頭，空氣中總是瀰漫著各種香料的氣味。

慕納爾與茶園

Munnar & Tea Plantations

高山上的茶園

📍慕納爾位於庫米利以北約110公里處，從庫米利搭乘巴士前往慕納爾，車程約4小時。

Connemara Tea Factory

📍位於庫米利鎮外13公里　🌐connemaratea.com/

　　慕納爾是一座位於海拔約1600公尺的山城，除了是喀拉拉的香料產區，也是產茶重鎮，目前是世界上少數幾個高海拔的茶葉集散地，周邊山區滿山遍野盡是茶樹，密密麻麻，遠遠望去就像是格子地毯。

　　由於庫米利到慕納爾還有4~5小時車程，如果不願長途跋涉，在沛綠雅野生動物保護區外圍的山區，有多處茶園及製茶工廠，和參觀香料園一樣，可以在庫米利請商家代為安排，尤其慕納爾的製茶工廠是不對外開放的，若想參觀製茶過程，在庫米利周邊是較好的選擇。

清奈

清奈(馬德拉斯)及周邊
Chennai (Madras) & Around Area

文●墨刻編輯部　攝影●墨刻攝影組

清奈是塔米爾納度邦首府，也是南印度的主要門戶之一，舊稱為「馬德拉斯」(Madras)，歷史使然，馬德拉斯這個名字甚至比清奈更為響亮，是印度第四大城市。

　　儘管身為南印大城，卻沒有孟買那麼繁榮和國際化，這裡氣候悶熱、空氣污染嚴重，傳統上，清奈就不是旅客經常造訪之地。

　　儘管這些年來跨國企業紛紛落腳在清奈市郊，尤其是科技產業，卻沒有帶來多大的改變，它依然以自己緩慢的步調守著傳統，整座城市雜亂無章地延展了70平方公里，一般城市所謂的市中心，這裡幾乎看不到。

　　城市可看的景點不多，反倒南邊的瑪瑪拉普蘭(Mamallapuram)及西南邊的坎契普蘭(Kanchipuram)吸引更多遊客前往。

　　如果想要來清奈採購，這裡也是南印度的商品集散中心，塔米爾納度盛產棉布、絲綢、手工藝品和各種布料與家飾。

253

INFO

基本資訊

人口：約870萬
區域號碼：044
面積：1,189平方公里

如何前往

◎航空

清奈國際機場(Chennai International Airport)位於Tirusulam，在市中心西南邊16公里處，國內機場就在國際機場西邊500公尺。國泰航空從香港、新加坡航空從新加坡、馬來西亞航空從吉隆坡、法國航空從巴黎都有班機抵達清奈。從印度各大城市每天都有多班航班往來於清奈之間，從德里到清奈航程約3小時、從加爾各達約2小時40分鐘、從孟買約1小時45分鐘。

以往從機場到市區最便宜的方式是搭乘MTC巴士至市內的Chennai Mofussil Bus Terminus (CMBT)巴士站，單程Rs.38。

清奈捷運系統(Chennai Metro Rail)也在2015年開通，選搭捷運進入市區更為便利。旅客可搭乘捷運藍線由機場出發，途經Meenambakkam、Nanganallur Road、Alandur、Guindy、Little Mount、Saidapet、Nandanam、Teynampet、AG-DMS、Thousand Lights、LIC、Government Estate、Chennai Central、High Court、Mannadi、Washermenpet等站。

若選擇搭乘火車，最靠近機場的火車站是Tirusulam站，距離機場約兩公里，可搭乘由Tambaram通達Chennai Beach的路線，途經清奈中央車站(Chennai Central Station)，到達市中心車程約30~40分鐘。

國際機場外還有預付計程車，前往市中心大約40~50分鐘，費用約Rs400~500。至於搭乘機動三輪車則必須走到機場外。

◎鐵路

主要的火車站有兩個，一是位於喬治鎮(George Town)邊緣的中央車站(Central Station)，往印度西部地區的火車大多從這裡出發，火車站外有預付計程車和機動三輪車；另一個車站是位於市中心的Egmore Station，往來於清奈和喀拉拉或塔米爾納度的火車大都停靠於此。

◎巴士

清奈的長途巴士站Chennai Mofussil Bus Terminus(Koyambedu CMBT)位於城區西邊7公里處(Jawaharlal Salai, Koyambedu)，從這裡可以搭乘捷運前往清奈市中心，也可搭乘機動三輪車進市區。至於瑪瑪拉普蘭等其他清奈以南城鎮發車的巴士，則停靠於T Nagar Bus Terminus巴士站，位於South Usman Road。

市區交通
◎清奈捷運系統Chennai Metro Rail

已於2015年開通，共有兩條線，藍線從西南邊的機場經Teynampet、Thousand Lights、Central Train Station、High Court、Washermanpet，到北邊的Wimco Nagar。2號線則從Central Train Station往西到Egmore、CMBT再往南到St Thomas Mount。

◎機動三輪車Autorickshaw

市區裡最方便的交通工具就是電動車，原則上1.8公里內起跳價為Rs25，之後每公里Rs12，夜間加5成，不過不少司機都不採用里程表，因此都得事先講價。

◎計程車

國際和國內機場以及Egmore火車站站外都有預付計程車。一般而言，7公里路程約Rs240。

旅遊諮詢
◎印度旅遊局－清奈India Tourism Chennai
☎154 Anna Salai, Chennai
☎044-28460285
🌐tourism.gov.in/about-us/indian-tourism-offices
◎Tamil Nadu Tourism Development Corporation (TTDC)
☎2 Wallajah Road, Triplicane, Chennai
☎044-25333444、25333333、25333857、25333850-54
🌐www.tamilnadutourism.org

清奈市中心

MAP ▶ P.254B1

聖喬治堡
Fort St George

東印度公司殖民遺產

📍Rajaji Salai(由Sir Muthuswamy Iyer Rd、Flag Staff Rd、Kamarajar Sala三條馬路圍起來的範圍),從Fort火車站步行前往約10分鐘。 ⏰週六~週四9:00~17:00,週五休 💲現場購門票Rs300、線上訂門票Rs250,訂票網站asi.payumoney.com

聖喬治堡於1653年由英屬東印度公司所建,歷經數個世紀以來,堡壘樣貌已經改變許多,堡壘圍牆殘蹟仍在,呈不規則的五角形。

從海邊大門進來,首先會看到的建築是新古典主義形式的舊秘書處(Secretariat),今天是塔米爾納度政府所在地,在它的後方是議會,建築年代約在1694年到1732年之間,應該是目前印度年代最久遠的英國建築。

議會南邊的聖瑪麗教堂(St Mary's Church)也是一景,它是目前亞洲最古老的英國國教教堂(Anglican Church),約完成於1680年。

堡壘博物館(Fort Museum)位於以前的交易大樓(Exchange Building),裡面有當年英屬、法屬東印度公司、印度王公、伊斯蘭政權之間交戰的紀錄,以及堡壘模型和殖民時代的馬德拉斯出版印刷。

聖喬治堡內可看性不大,反倒圍牆外的市集比較有趣,這裡是清奈人採買的地方,人來人往,熱鬧非凡,來此可體驗在地人的生活。

清奈市中心

MAP ▶ P.254B3

卡帕利錫瓦拉爾寺
Kapaleeshwarar Temple

祀奉濕婆神的印度廟

📍從MRTS的Thirumayilai站下車後步行約10分鐘 🏠Ponnambala Vathiar St, Mylapore ❗進入寺廟必須脫鞋

卡帕利錫瓦拉爾寺是清奈市區裡最著名、也是最大的印度廟,屬於達羅毗荼式建築。寺裡崇拜濕婆神,以孔雀為象徵,根據傳說,濕婆神的妻子帕爾瓦娣指定以母孔雀的形象來崇拜濕婆神,而這座寺廟供奉的是祂的靈甘。

原本的寺廟於16世紀被葡萄牙人所毀,後在原址重建,七彩炫目的哥普蘭和曼達帕(Mandapas,廟前的亭子),以及大水池,都是寺廟的焦點。

MAP ▶ P.254A1

政府博物館

MOOK Choice

Government Museum

收藏南印自然與文化

🚶 從Egmore火車站步行前往約10分鐘。 🏠Pantheon Rd, Egmore ⏰週六至週四 9:30~17:00，週五休 💲Rs250、照相機Rs200、攝影機Rs500 🌐www.chennaimuseum.org/draft/geninfo/geninfo.htm

政府博物館是塔米爾納度邦收藏最豐富的博物館。博物館坐落於英國人18世紀所蓋的「眾神殿建築群」(Pantheon Complex)中，不同主題的展品分別陳列在不同展館，包括主展館(考古學、動物學、植物學、地質學、人類學、古代貨幣)、青銅館、兒童博物館、國家美術館及當代美術館等展館。超過三萬件收藏，從化石到岩石，從書籍到雕刻，從錢幣到銅器，館藏可以說五花八門。

主展館Main Building

收藏類型最為複雜，在「考古學」陳列室裡，主要都是南印度不同時代的雕刻和寺廟藝術，包括Chola、Vijayanagar、Hoysala、Chalukya各個年代，其中與佛教藝術相關的古董就高達1500件。

與自然史相關的陳列也很精采，各種動物、植物、鳥類及岩石標本，占據了主展館大半部面積，其中最引人矚目的就是長18.5公尺的鯨魚骨骸，以及高達3.4公尺的印度象骨標本。

青銅館Bronze Gallery

這裡收藏了南印度最好的青銅器，展品約七百件，年代大致從9到13世紀，充分反映出帕拉瓦(Pallava)到科拉時代(Chola)精緻的印度教神像藝術。其中以一尊濕婆神和帕爾瓦娣(Parvati)雌雄同體的化身，以及數尊那吒羅闍(Nataraja，四隻手臂的跳舞濕婆神)最令人印象深刻。

國家美術館
National Art Gallery

國家美術館是博物館最美麗的建築，屬於新蒙兀兒式(Neo-Mughal)風格，建於1909年，過去曾是維多利亞紀念堂(Victoria Memorial Hall)，其大門仿自法特普希克里(Fatehpur Sikri)的入口大門。在國家美術館左右兩側分別是兒童博物館(Children's Museum)和當代美術館(Contemporary Art Gallery)。

MAP ▶ P.8C7

坎契普蘭
Kanchipuram

MOOK Choice

寺廟與絲綢之城

🧭 位於清奈通往邦加羅爾(Bengalore)的主要道路上，距離清奈西南邊76公里處。可從清奈的Egmore火車站搭乘火車前往，車程約2小時；清奈的長程巴士站CMBT也有巴士前往，車程約2~3小時。另外從瑪瑪拉普蘭有頻繁的巴士班次前往坎契普蘭。

斯里艾坎巴蘭那塔寺
🕐 6:00~12:30、16:00~20:30 💲 手機相機Rs10、照相機Rs20、錄影機Rs100 ❗ 進入寺廟必須脫鞋

凱拉三那塔寺
🕐 6:00~12:00、16:00~19:00 ❗ 進入寺廟必須脫鞋

坎契普蘭享有「寺廟之城」的美譽，更以生產絲織印度紗麗聞名。坎契普蘭完整保存了南印各個不同朝代的印度廟建築藝術，是印度教七大聖地之一。

西元6至8世紀時，坎契普蘭是帕拉瓦(Pallava)王朝的首都，不但蓋廟，還設立大學，接著科拉(Chola)、潘迪亞(Pandya)到維亞揚那迦(Vijayanagar)各個王朝，坎契普蘭均享有皇家權勢，也更加鞏固了它宗教和商業上的地位。

坎契普蘭人是濕婆神和毗濕奴的信徒和崇拜者，城區大致可以分成兩大區，北部屬於濕婆神，南部屬於毗濕奴。

許多遊客會特地來這裡，除了看廟，也採購絲織品，而朝聖者永遠要比遊客來得多。

斯里艾坎巴蘭那塔寺
Sri Ekambaranathar Temple

這座濕婆神廟是坎契普蘭最大的寺廟，占地約12公頃，那高達59公尺的哥普蘭以及厚實的石牆，是1509年由維亞揚那迦王朝的國王所建，儘管這座廟宇早在帕拉瓦王朝時代就已經存在。而Ekambaranathar這麼長的寺廟名稱，取名自芒果樹神Eka Amra Nathar，至今，廟的西側神壇還挺立著一株老芒果樹，據說已有三千年歷史，樹上四條分枝分別象徵著四部吠陀聖典。

凱拉三那塔寺Kailasanatha Temple

這座寺廟是坎契普蘭年代最久遠、最漂亮,也最偉大的建築,由帕拉瓦國王拉賈辛哈(Rajasimha)於7世紀末所建,是一座濕婆神廟。寺廟的外圍環繞著58座小神壇,每一座神壇都有雕工精細、代表不同形象的濕婆、帕爾瓦娣、甘尼許等神像,從神壇神龕裡殘存的濕壁畫,不難看出當年這座神廟有多麼華麗,它們也是南印度歷史最悠久的濕壁畫。

最裡面的聖室供奉著濕婆神的靈甘,是坎契普蘭最大、全亞洲第三大的靈甘。這裡的解說員和僧侶對寺廟的解說非常詳盡,但須付費。

坎契普蘭絲綢Kanchipuram Silk

最早的時候,坎契普蘭是棉花織造和貿易中心,然而從19世紀開始,從隔壁的卡納塔卡邦(Karnataka)引進蠶絲,地方工藝師於是轉而織造絲綢,今天,坎契普蘭所製造的絲織品,在出售之前都會先獻祭給神明。

坎契普蘭所製造的絲綢已成為印度新娘最不可或缺的嫁妝,因為它的光澤、圖案設計,以及顏色組合都屬上乘之作。據估計,坎契普蘭至少有五千個家庭、80%的鎮民與絲織品的生產線密不可分。

259

清奈周邊

MAP ▶ P.8C7

瑪瑪拉普蘭
(瑪哈巴里普蘭)

MOOK
Choice

Mamallapuram(Mahababalipuram)

帕拉瓦建築藝術的上乘傑作

🚌 位於清奈以南邊58公里，每天有多班巴士從清奈、坎契普蘭、Tiruvannamalai等地前往瑪瑪拉普蘭。從清奈的長程巴士站(CMBT)搭乘冷氣巴士前往當地約需2小時。亦可從T Nagar Bus Terminus搭普通巴士前往。 🕐6:00~18:00 💲現場購門票Rs600、線上訂門票Rs550，訂票網站asi.payumoney.com

瑪瑪拉普蘭遊客服務中心Tourist Information
🏠Kovalam Rd, Mamallapuram ☎044-27442232

瑪瑪拉普蘭是塔米爾納度邦最著名的一級景點，早在1984年，就被指定為世界遺產。

瑪瑪拉普蘭曾經是一座港口城市，7世紀時由帕拉瓦(Pallava)國王Narasimha Varman I(AD 630~668)所建，整座遺址就坐落於孟加拉灣的海岸邊，呈橢圓形分布。

岩石雕刻的洞穴聖堂、巨石構成的神壇、戰車

型式的神殿，以及巨大的露天石雕，都是帕拉瓦藝術風格的代表，至今，石雕傳統仍然延續下來，在周遭許多雕刻工作室都還能聽到鐵鎚、鑿子敲打聲傳遍整個村落，而這聲響已經持續了上千年。

由於距離清奈不到2小時車程，加上擁有宜人的海灘、較便宜的住宿和海鮮餐廳、特色手工藝品店及石雕工作室，以及塔米爾納度邦最受重視的舞蹈藝術節，因此，遊客總是絡繹不絕。

五部戰車神廟Five Rathas

五部戰車是7世紀帕拉瓦建築藝術的最佳典範,以巨石雕刻而成的寺廟,象徵五位英雄人物的戰車,戰車分別以古印度聖典《摩訶婆羅多》(Mahabharata)中五位兄弟及他們共同的妻子德勞帕蒂(Draupadi)來命名。原本戰車長埋於沙堆中達數個世紀,直到兩百年前才被英國人挖掘出來。

儘管最後並沒有完工,這些令人印象深刻的神廟戰車對後世的影響卻十分深遠。從精細的雕工不難看出當年工匠的企圖心,後來南印的寺廟都延續這樣的建築風格。

一走進入口,左手邊第一部戰車是德勞帕蒂戰車(Draupadi Ratha),獻給杜兒噶(Durga)女神,廟中四隻手臂的杜兒噶女神站立於蓮花之上,兩旁則跪拜著祂的信徒,寺廟外頭挺立著一頭石獅。

緊接著是阿周那戰車(Arjuna Ratha),獻給濕婆神,廟的後面有一尊牛神難迪(Nandi),寺廟外牆則雕刻著黎俱吠陀眾神之王因陀羅(Indra)及諸多神祇。

阿周那戰車之後是弭馬戰車(Bhima Ratha),這部巨大的矩形戰車,屋頂呈筒形,獻給毗濕奴,廟裡雕著一尊入睡的毗濕奴。

最裡面的一座神廟是達爾瑪拉戰車(Dharmaraja Ratha),屋頂有三層,外加一個八角形的穹頂,也是最高的一部戰車,廟的外牆刻著許多神祇,包括因陀羅、太陽神蘇利耶(Surya),以及帕拉瓦國王Narasimha Varman Ⅰ。

至於進門右手邊的戰車名為那庫拉・薩哈德瓦(Nakula-Sahadeva),是獻給因陀羅的神廟,旁邊聳立著一頭幾可亂真的大象,名為Gajaprishthakara,被公認為印度最好的一座大象雕刻。

阿周那的苦修Arjuna's Penance

瑪瑪拉普蘭最著名的岩石雕刻就屬這塊《阿周那的苦行》,浮雕刻在一塊巨大的石塊上,這片天然的垂直石板長12公尺、寬30公尺,上頭雕刻著大象、蛇、猴子、神祇、半獸神,描繪的是《薄伽梵歌》(Bhagavadgita)中印度聖河恆河從天而降,諸神獸見證阿周那苦修的寓言故事。仔細看岩壁的左半邊,濕婆神站在骨瘦如柴的阿周那身邊,苦修中的他正以單腳站立。

在《阿周那的苦修》石壁左手邊,則是「黑天曼達帕」(Krishna Mandapa),屬於比較早期的石壁神廟,浮雕中黑天高高舉起哥瓦爾丹山(Govardhana),以保護人民免受暴雨襲擊。

瑪瑪拉普蘭

N

Tirukkalikundram Rd
Kovalam Rd
Konen Rd

Trimurti Cave Temple

黑天的奶油球
Krishna's Butter Ball

West Raja St
East Raja St
Thirukkulam St

甘尼許戰車
Ganesh Ratha

阿周那的苦修
Arjuna's Penance

Talasayana
Perumai Temple
巴士站
Beach Rd

黑天曼達帕
Krishna Mandapa

海岸神廟
Shore Temple

雕刻博物館
Sculpture Museum

Fiva Rathas Rd

五部戰車神廟
Five Rathas

圖例 ◎景點 ⊕寺廟 ⋒博物館 ❶遊客服務中心 ⊟巴士站

海岸神廟Shore Temple

面對著孟加拉灣，海岸神廟孤獨地挺立在一塊岬角上，廟本身不大，但型態優雅，代表了帕拉瓦藝術的最終傑作。

寺廟最早由國王Narasimha Varman Ⅰ興建於7世紀中葉，用來崇拜濕婆神，而東西兩側塔形的神壇是由繼任者Narasimha Varman Ⅱ所蓋，供奉濕婆的靈甘，正對著日出與日落。此外還有一座比較早期的神壇，獻給毗濕奴。神廟的雕刻保存依然完好，特別是神壇內部。神廟周邊圍著一道較矮的圍牆，上頭是一整排的牛神難迪。為了防止繼續遭海風侵蝕，目前神廟的外圍多保護了一道巨石牆。

甘尼許戰車及黑天的奶油球
Ganesh Ratha & Krishna's Butter Ball

在《阿周那的苦修》石壁雕刻西北側有一座甘尼許戰車，原本是濕婆神的寺廟，後來把濕婆神的靈甘移走，就變成象頭神甘尼許的神壇。

在戰車北側的山坡上，遠遠就可以看到一顆巨大的石球，被稱作「黑天的奶油球」，在斜斜的邊坡上似乎就要滾動下來，卻穩穩地凝住不動，成為遊客獵取鏡頭的焦點。

坦賈武爾與崔奇
Thanjavur (Tanjore) & Trichy(Tiruchirappalli)

文●墨刻編輯部　攝影●墨刻攝影組

雖然坦賈武爾不在清奈與馬都萊(Madurai)的交通主幹線上，卻因為擁有世界遺產布里哈迪錫瓦拉寺(Brihadishwara Temple)，使來到塔米爾納度的遊客都會特地繞道前來。

坦賈武爾坐落於肥沃的卡維利(Kaveri)三角洲上，曾經是科拉(Chola，850~1270年)、納雅卡(Nayaka，1535~1676年)、瑪拉塔(Maratha，1676~1855年)王朝的首都，所留下的偉大建築，大約都在科拉王朝最強盛的期間，他們曾經統治大半個印度半島。

今日坦賈武爾所展現的豐厚文化遺產不只是廟宇和皇宮，同時也擴及音樂、舞蹈、繪畫和銅雕。

崔奇同樣也位於卡維利三角洲上，因為本名Tiruchirappalli太長，一般都簡化為Trichy，由於身為重要交通樞紐，目前已發展成塔米爾納度邦的第三大城。城裡最知名的地標是高懸在一塊山岩上的岩堡寺(Rock Fort Temple)，至於城市北方3公里的斯里蘭干(Srirangam)，更是印度教的重要聖地。

263

INFO

基本資訊
◎坦賈武爾
人口：約23萬
區域號碼：04362
◎崔奇
人口：約85萬
區域號碼：0431

如何前往一坦賈武爾
◎鐵路
　　火車站位於市中心的Gandhiji Road上，可步行前往主要景點。由清奈和崔奇有火車前往坦賈武爾，車程各約8小時20分鐘和1小時10分鐘，不過，因為班次不多，所以搭乘巴士比較方便。
◎巴士
　　坦賈武爾有兩處巴士站，新長程巴士站位於市區西南方約4公里處，可從這裡搭乘地方巴士或機動三輪車前往市區，與馬都萊車程約4小時45分鐘，崔奇1小時30分鐘。位於市中心的舊巴士站停靠市區和郊區巴士，清奈出發的巴士也停靠於此，與清奈車程約8小時，從這裡可以步行方式前往主要景點。

如何前往一崔奇
◎航空
　　崔奇機場位於市中心以南8公里處，從清奈和Thiruvananthapuram等地每週有數班班機飛往崔奇，與清奈航程約50分鐘。從機場可搭乘巴士、計程車或三輪車前往市區，車程約30分鐘。
◎鐵路
　　崔奇的主要火車站Trichy Junction位於市區南部，從清萊、馬都萊等地都有班車往來，由於崔奇就在清奈與馬都萊的火車主幹線上，因此班次很多，清奈至崔奇車程約5小時30分鐘，從火車站可搭乘市區巴士或機動三輪車前往景點。
◎巴士
　　兩個主要長程巴士站Central和State Express彼此相鄰，都位於Rockins Road上。崔奇至清奈車程約7小時、至馬都萊約3小時，從巴士站可搭乘巴士或機動三輪車前往岩堡寺和斯里蘭甘納薩斯瓦米寺等寺廟。

市區交通

　　坦賈武爾市區很小，可以以步行的方式參觀；至於崔奇則必須利用市區巴士或機動三輪車往來與景點間。

旅遊諮詢

◎坦賈武爾旅客服務中心

Thanjavur Tourist Office

🏠Hotel Tamilnadu Complex, Gandhiji Road, Thanjavur

☎04362-230984

◎崔奇旅客服務中心 **Trichy Tourist Office**

🏠101, Williams Road, Cantonment, Tiruchirappalli

☎0431-2460136

坦賈武爾

MAP ▶ P.265A2

MOOK
Choice

布里哈迪錫瓦拉寺

Brihadishwara Temple

科拉王朝宣誓國威的大廟

🧭 位於坦賈武爾舊巴士站西側，步行前往約20分鐘。
6:00~12:30、16:00~20:30 ❗進入寺廟必須脫鞋

　　這座高聳入雲的砂岩大廟，是科拉建築形式的
最佳典範，於1987年登錄為世界遺產。

　　寺廟本身是一座濕婆神廟，完成於1010年，由
拉賈拉賈・科拉一世(Rajaraja Chola I)所建，當
年興建這座大廟頗有宣誓國威的作用，象徵著科
拉王朝無可匹敵。在寺廟地下室雕刻著銘文，上
頭記載了科拉王朝的歷史、社會及政權狀況。

　　這裡值得在不同時間造訪幾次，尤其清晨或黃
昏時來到布里哈迪錫瓦拉寺，金色陽光灑在黃色
砂岩所打造的高塔上，更能呈現建築本身亮晃晃
的金黃光澤。

　　布里哈迪錫瓦拉寺坐落於一大片長方形廣的正

印度最大的黑牛神

大廟正前方的曼達帕(Mandapa，印度廟前的亭子)有一頭重達25噸的牛神難迪(Nandi)，長6公尺、高3公尺，面對著大廟的聖室，由一整塊黑色花崗岩雕刻而成，也是印度最大的難迪雕塑之一。

中央，當地習慣以「大廟」來稱呼它，建築本身由幾座多柱廳和神壇組成，外牆排列著成串的小神龕，總共供奉了250座濕婆靈甘。

維瑪納(Vimana)下方的聖室，供奉著一座高4公尺、周長7公尺的濕婆靈甘，聖室走道兩旁有許多科拉時代的濕壁畫。非印度教徒可以走入聖室，但不能拍照。

從大門走進寺廟廣場之前，有兩尊巨大的門神，不妨注意看祂的手勢，替信徒指引出走進聖室的方位。

與眾不同的維瑪納

大多數南印的印度廟都以正門的哥普蘭塔門(Gopuram)為寺廟的最高點，布里哈迪錫瓦拉寺的形制卻有不同，最高處是位於中央聖室上方的尖塔，稱為「維瑪納」(Vimana)，這座金字塔狀的維瑪納共13層、高達66公尺，而頂端的八角形穹頂，是由一整塊重達80噸的岩石構成，塔尖的黃金尖頂則是由當時的科拉國王所賜。

坦賈武爾

MAP ▶ P.265B1

坦賈武爾皇宮

Thanjavur Royal Palace

俯瞰皇宮和坦賈武爾城

🚶East Main Road，從坦賈武爾舊巴士站步行前往約15分鐘。 ⏰9:00~13:00、13:30~17:30 💲Rs150、照相機Rs30

　　坦賈武爾皇宮外觀就像一隻飛翔的老鷹，最早的時候是納雅卡(Nayaka)國王的官邸，隨後瑪拉塔(Maratha)王朝重新改裝整修。整個皇宮建築包括一座四邊形的庭院，一座金字塔型、像廟宇般的鐘塔，以及一座高7層樓、上頭有一個個拱門的瞭望塔。

　　走進皇宮，迎面就是皇家庭院，是過去覲見國王的地方。今天環繞庭院的迴廊及廳室，展出許多7到20世紀的青銅雕和石像，像是各種化身的濕婆神、帕爾瓦娣、梵天、毗濕奴、象神甘尼許，還有佛陀石像等，每一座雕像都栩栩如生。

　　一旁猶如廟塔的鐘塔值得一探究竟，這裡居高臨下，可以俯瞰皇宮和整座坦賈武爾城，與布里哈迪錫瓦拉寺遙遙相望。

崔奇

MAP ▶ P.265B5

岩堡寺

Rock Fort Temple

朝聖兼賞景

🚌從Central長程巴士站搭乘巴士前往，車程約15分鐘。 ⏰6:00~12:00、14:00~20:00 💲門票Rs3、相機Rs5、攝影機Rs20 ❗在山腳下就要先寄放鞋子，然後赤腳慢慢爬上峰頂。

　　岩堡寺懸立於83公尺高的巨大裸露岩塊上，不論從崔奇市區的哪個角度，遠遠都能望見上頭那兩座寺廟和堡壘。

　　這座易守難攻的天然堡壘興建於16~17世紀的納雅卡(Nayaka)時期，建都於馬都萊(Madurai)的納雅卡王朝，曾把崔奇視為第二首都。堡壘上的兩座寺廟分別是Sri Thayumanaswamy寺和Vinayaka寺，前者位於半路上，約建於8世紀，後者坐落於頂峰，屬於帕拉瓦年代，是一座象神廟，原則上這兩座寺廟都不允許非印度教徒進入。

　　對印度教徒來說，山上兩座小廟是他們朝拜的聖地；對非印度教徒來說，寺廟不是重點，眺望美景才是辛苦爬上437層階梯的甜蜜代價，美麗的卡維利河(Kaveri River，印度9條聖河之一)蜿蜒於山腳下，有時還可以看到老鷹盤旋在四周。

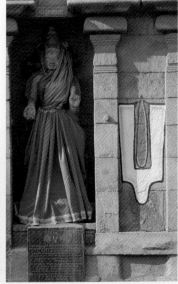

崔奇

MAP ▶ P.265A3

斯里蘭甘納薩斯瓦米寺

MOOK Choice

Sri Ranganathaswamy Temple

南印大廟代表作

🚇捷運Chandni Chowk站

　　從紅堡前方筆直延伸開來的月光市集,曾是蒙兀兒帝國時期的都城大道,據說一度裝飾著一連串漂亮的噴泉;而賈汗時代,水道兩岸植滿成列的樹木,皎潔月光映照在水面上,月光市場因而得名,和今日人聲鼎沸、交通紛亂的情景,不可同日而語。然而1739年與波斯皇帝納迪爾(Nadir Shah)主導的一場戰役中,德里不但被洗劫一空,居民也少了三萬多人。

　　這條開闢於1650年的大道,至今仍扮演著德里主要市集的角色,大盤商和零售店塞滿了月光市集附近的街道巷弄,乾果市集、香料市集、金銀飾市集、紙品市集……彼此緊緊相依,繁忙的景象常讓人車寸步難行,不絕於耳的喇叭聲響徹雲霄,所有德里最生活化的場景,就在這條長約1.5公里的道路上一一上演。

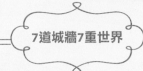
7道城牆7重世界

　　初抵大廟外圍,彷彿來到一座堅不可破的城堡,7道城牆重重包圍著,總共多達21座哥普蘭,彷彿走入迷宮。一般來說,乞丐和窮人住在最外圍,第二道圍牆住的是商人,社會地位最高的婆羅門在第三道圍牆,從第四道圍牆開始就正式進入了寺廟的範圍。非印度教徒也許可以走到第六道圍牆,但最裡層、也就是金頂的聖室,絕對禁止非印度教徒入內。

269

馬都萊
Madurai

文●墨刻編輯部　攝影●墨刻攝影組

馬都萊是南印度最古老、也是最大的寺廟城市之一,好幾個世紀以來,一直是南印重要的朝聖和學術修習中心,蘊藏著極豐厚的塔米爾(Tamil)文化。

幾乎已經是馬都萊同義詞的斯里米納克錫寺(Sri Meenakshi Temple),是所有來到馬都萊的人必定參拜的地方,它盤據於市中心已長達千餘年,人民的一切日常生活,完全環繞著大廟運行。

馬都萊老城依傍瓦伊蓋河(Vaigai River),兩千年前這裡就孕育出著名的塔米爾文學作品《桑干》(Sangam,文學創作和詩集),為往後塔米爾文學發展注入活水。

7~13世紀,馬都萊是潘迪亞(Pandya)王朝的首都,也因為貿易往來頻繁,可以看到中國和羅馬文化藝術在這裡發光。後來,馬都萊成為維賈揚納加王朝(Vijayanagar)國土的一部分,16到17世紀,又是納雅卡王朝(Nayaka)的首都。

由於擁有這麼一段光輝的歷史,直至今日,宗教和文化仍然是馬都萊市民生活不可分割的一部分。

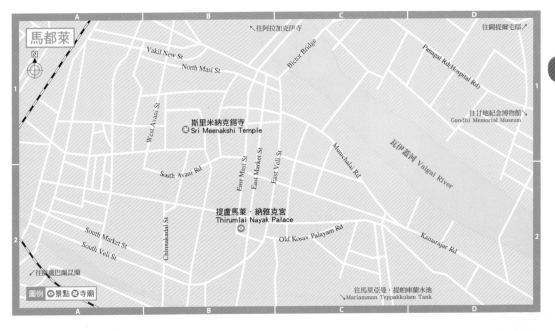

馬都萊

N

往阿加拉克伊寺

往闊提爾宅邸↗

Vakil New St

North Masi St

Bictor Bridge

Panagal Rd(Hospital Rd)

West Avani St

斯里米納克錫寺
Sri Meenakshi Temple

往甘地紀念博物館
Gandhi Memorial Museum

South Avani Rd

East Masi St

East Market St

East Veli St

Munichalai Rd

瓦伊蓋河 Valgai River

Chinnakadai St

提盧馬萊・納雅克宮
Thirumlai Nayak Palace

Old Kosav Palayam Rd

Kamarajar Rd

South Market St

South Veli St

↗往提盧巴蘭昆蘭

圖例 ◉景點 卍寺廟

往馬里亞曼・提帕庫蘭水池
↘Mariamman Teppakkulam Tank

INFO

基本資訊

人口：約100萬
區域號碼：0452
面積：243平方公里

如何前往

◎航空

馬都萊國內機場位於市中心以南12公里處，清奈、孟買和邦加羅爾(Bengalore)每週有數班班機往來，馬都萊與清奈約1小時航程。從機場可以搭乘計程車或機動三輪車前往市區，另有市區巴士前往Shopping Complex巴士站，然後可從這處巴士站搭接駁巴士進城。

◎鐵路

馬都萊火車站位於市中心，可以步行的方式前往大部分旅館和主要景點。馬都萊和清奈之間火車班次密集，中間停留在崔奇，馬都萊與清奈的車程約8小時30分鐘。

◎巴士

馬都萊的中央巴士站位於舊市區北邊4公里處，幾乎所有的長途巴士都從這裡出發，馬都萊至清奈車程約10小時，至邦加羅爾約12小時，至科欽約8小時，至崔奇約3小時。

市區交通

馬都萊景點集中的中央城區不大，步行即可。要前往鄰近地區，可搭乘機動三輪車或計程車。

旅遊諮詢

◎馬都萊旅客服務中心Madurai Tourist Office

⌂1 West Veli Street
☎0452-2334757

馬都萊市區

MAP ▶ P.271B1

MOOK Choice

斯里米納克錫寺

Sri Meenakshi Temple

全印度最大的清真寺

🚶位於市中心，步行可達　⏰5:00~12:30、16:00~21:30
💲Rs50　❗為了讓遊客能一覽整座廟的全景，廟宇周圍有一些樓層較高的手工藝品店會免費讓遊客直達屋頂拍照，當然主要目的是藉此來攬客。樓上的視野的確不錯，然而如果對這些古董藝品沒興趣，在欣賞完美景之後，也要懂得如何擺脫糾纏。進入寺廟必須脫鞋。

寺廟藝術博物館
⏰6:30~13:00、16:00~21:00　💲Rs50

　這座龐大的寺廟建築群是一座濕婆神廟，全名為Meenakshi Sundareshvara Temple，「Sundareshvara」意指濕婆的化身「英俊之神」，「Meenakshi」則是祂的妻子帕爾瓦娣(Parvati)的化身，也就是「魚眼女神」。

　廟宇最早興建於7~10世紀的潘迪亞王朝時期，後來歷經各朝代的擴建，於14~18世紀時達到今日的規模。

　雖然不像在斯里蘭干(Srirangam)的斯里蘭甘納薩斯瓦米寺(Sri Ranganathaswamy Temple)擁有7道圍牆那麼驚人，斯里米納克錫寺的高大圍牆仍足以震撼來者。

　整體而言，這座大廟是仿達羅毗荼式(Dravidian)建築，占地6公頃(斯里蘭甘納薩斯瓦米寺達到60公頃)，擁有12座高45~50公尺、裝飾繁複的哥普蘭塔門。最特別的是廟裡有兩個聖室，一是供奉濕婆神，一是供奉帕爾瓦娣。

　不管什麼時候來到廟裡，總是擠滿了前來朝聖的印度教徒，每天估計至少都有上萬人。原則上，非印度教徒還是不能進入主神的聖室。

寺廟藝術博物館Temple Art Museum

　　寺廟藝術博物館位於「千柱廳」(1000-Pillared Hall)之內，先不論博物館裡陳列的展品，千柱廳本身就是一處風景，這個由985根石柱構成的大廳，約建造於16世紀，一根柱子就是一個神祇的化身，特別在入口處第一排結合各種印度教神祇的石柱，可以說根根都是藝術品。其他展品還包括雕樑、石像、銅雕和寺廟建築藝術品等。

哥普蘭Gopurams

　　斯里米納克錫寺最驚人的就屬那令人眼花撩亂的七彩哥普蘭塔門，四座最大的哥普蘭分別座落東、西、南、北四個入口大門，其中最高的是南門的哥普蘭，高50公尺，進門之後，廟裡布局複雜，哥普蘭無法引導信徒走向兩個主神的聖室。

　　哥普蘭上的灰泥裝飾，大約每12年就要重新整修、粉刷，同時對上頭的神祇、神獸重新「開光」一次，而哥普蘭頂端凸眼、獠牙的猛獸，就是馬都萊的守護神。

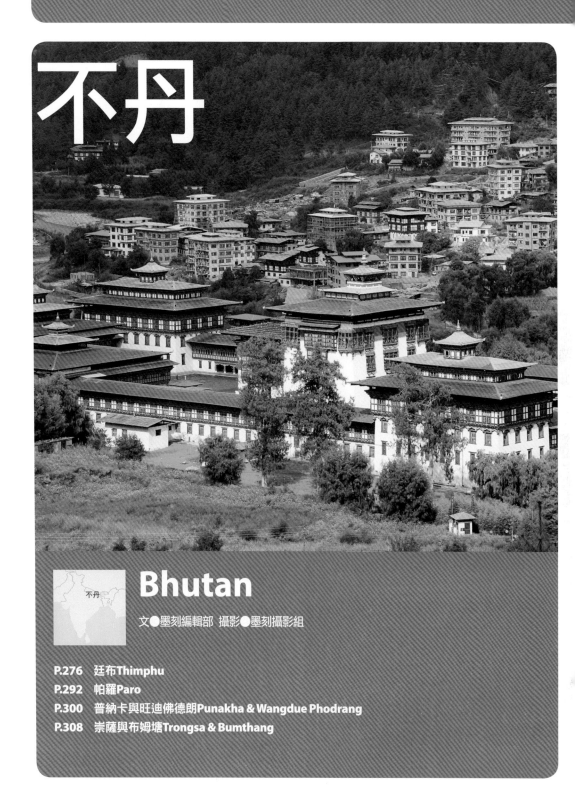

不丹

Bhutan

文●墨刻編輯部　攝影●墨刻攝影組

不丹

不丹，世人公認的幸福國度，數個世紀以來，始終以自己獨特的步伐，在喜馬拉雅東部山谷間生活著。這是一個虔誠的佛教國度，夾處於印度的阿薩姆、大吉嶺、錫金和中國的西藏之間，面積38,394平方公里，比台灣大一點，人口僅75萬人；平均海拔3,000公尺，98%的國土為山地，70%為森林覆蓋，20%土地終年白雪冰封。

這裡有峰峰相連，不曾遭受人為破壞的大山；有清澈見底，不帶一絲污染的大水；有雄踞山巔河岸，氣勢磅　的宗堡建築與周遭自然山水相互呼應；有鑲嵌在山壁的廟宇、有鎮住河灘的佛塔，隨著傳頌千年的傳奇故事，經幡颺、經輪轉；還有那層次分明、綿延不絕的梯田，以及一副副讓人徹底融化的無邪笑臉。

不丹之最Top Highlights of Bhutan

虎穴寺Taktsang Goemba(Tiger's Nest Monastery)
虎穴寺是不丹最具代表性的宗教性地標，凡來到不丹的旅人，無不以能登上虎穴寺為終極目標。甚至有人說，來不丹而不登虎穴寺，就不算來過不丹。(P.298)

普納卡宗
Punakha Dzong
有人認為普納卡宗是不丹最美的一座宗堡，前有莫河(Mo Chhu，意為母親河)，後有佛河(Pho，意為父親河)，位於兩河流交會處。(P.302)

佛比卡谷地
Phobjikha Valley
因為黑頸鶴，佛比卡谷地成為不丹最受歡迎的野生動物保護區，這裡不僅自然景觀未曾遭受破壞，更因開發受限，而展現出獨特風情。(P.306)

札西秋宗
Trashi Chhoe Dzong
札西秋宗臨著旺河西岸，從高處俯瞰，這座擁有7座金頂塔樓的龐大建築嵌在河谷底部。廷布每年最大的節慶「廷布策秋」就在札西秋宗的大廣場舉行。(P.278)

蒙巴錯(燃燒湖)
Membartsho(Burning Lake)
「蒙巴錯」的意思就是「燃燒的湖泊」，這是一處非常神聖的地方，1457年時，年僅27歲的貝瑪林巴在此發現了蓮花生大士的寶藏。(P.316)

廷布
Thimphu

文●墨刻編輯部　攝影●墨刻攝影組

　　自從1961年成為首都之後，廷布逐漸發展成為人口近十萬的第一大城，是不丹的政治、經濟、宗教中心。這座有點小小繁忙的城市，市區會塞車，商業活動熱絡，到處林立著餐館、旅館、酒吧、網路咖啡廳、購物中心；熱鬧的街頭有點髒亂，近年因為不丹有不少大工程在進行，每逢假日，四處穿梭著來自印度、膚色黝黑的外籍勞工。

　　這景象似乎離香格里拉有點距離，然而遠離市中心，從高處俯瞰廷布谷地，水勢湯湯的旺河(Wang Chhu，或稱廷布河)自北向南貫流而過，在大山之間沖積出大片開闊的平地，除了火柴盒般的擁擠屋舍、規模龐大的札西秋宗(Trashi Chhoe Dzong)、國會(National Assembly)，以及無數的佛寺、佛塔之外，並沒有因為人口聚集而大肆開發，這裡河水仍然清澈，兩側大山依舊蒼翠，黃黃綠綠的農田作物連疇接陌。

　　事實上，廷布除了為維持一國之都運作，僅使環境作了一點基本的退讓，廷布至今仍是全世界唯一沒有紅綠燈的國家首都，只憑著警察戴著白色手套站在交通亭裡指揮南來北往的車輛；穿著幗(Gol)與旗拉(Kira)傳統國服的男男女女，仍是街上的多數；來來往往穿著紅色僧袍的喇嘛與僧侶，還有三步一佛塔、五步一寺廟，不時提醒著旅人這是一個虔誠的佛教國度……

INFO

基本資訊

人口：約9.5萬
區域號碼：02
海拔：2320公尺

如何前往

◎航班

泰國的曼谷、印度的德里、尼泊爾的加德滿都及新加坡都有航班前往不丹，分別由不丹航空(Bhutan Airline)和雷龍航空(Druk Air)兩家航空公司負責營運。不丹的國際機場位於帕羅(Paro)，距離廷布約53公里，從帕羅到廷布大約要一個小時的車程，帕羅和廷布之間的主幹道已擴建完成，為全不丹路況最佳的路段。

如果已經透過旅行社安排好所有行程，就不必擔心交通問題，自會有司機導遊負責載你抵達廷布。

Paro International Airport

🌐 www.paroairport.com/

◎巴士

廷布的長途巴士站位在市區東南端，跨過Zampa橋，位於旺河的東岸。從這裡發車的長途巴士可通往帕羅(Paro)、馮厝林(Phuentsholing)、旺迪佛德朗(Wangdue Phodrang)等其他城鎮。如果不搭巴士，巴士站外也有共乘計程車。

市區交通

廷布的市中心不大，步行即可，但市區外圍的景

點還是得依靠交通工具，可選擇搭乘巴士或搭乘計程車，也可請旅行社安排行程包辦交通。

旅遊諮詢

◎不丹旅遊部Department of Tourism

🌐 bhutan.travel/

◎錢幣匯兌

旅客可在帕羅機場兌換貨幣，一般來說，幣值愈大的鈔票匯率愈好。進入廷布市區之後，多數的銀行、較大的酒店及授權的貨幣兌換店也可依政府牌價讓遊客換匯。

◎寄信

可以寄信或購買不丹最出名的郵票，很多旅館和商店都有販售郵票，然後到郵局交寄或丟到郵筒即可。

MAP ▶ P.277A1

札西秋宗

MOOK Choice

Trashi Chhoe Dzong

不丹政府所在地

位於廷布城鎮中心北邊。 02-323251 平日17:00~18:00，週日9:00~17:00 Nu500

「宗」(Dzong)是不丹王國最具代表性的建築，幾乎每一個行政區域都至少有一座「宗」，以雄偉的堡壘形式盤據在城鎮中心，守護著八方，這就是結合政務、宗教和防禦功能的建築「政教中心」。

在廷布，很特殊地同時擁有兩座宗，其中又以位於城鎮中心以北的札西秋宗最具代表性。

札西秋宗臨著旺河西岸，從高處俯瞰，這座擁有7座金頂塔樓的龐大建築，恰如其份地嵌在河谷底部，為整座廷布谷地增色不少。2008年，不丹當今的五世國王吉莫·凱薩·拿姆噶爾·旺楚克(Jigme Kesar Namgyel Wangchuk)就是在此舉行加冕大典；而廷布每年最大的節慶「廷布策秋」(Thimphu Tshechu)，也是在札西秋宗的大廣場舉行。

札西秋宗依不丹傳統建築工法而建，既沒設計圖，也沒用到任何一根釘子。兩層樓的外牆刷白，四個角落則是三層高的塔樓，並覆著三層紅與金的屋頂。建築東側、面對旺河有兩個主要入口，東南邊的政區入口不對外開放，遊客只能從東北邊的入口進入教區。

爬上階梯、通過安檢後，迎面即是一般不丹廟宇都看得到的東、南、西、北四尊守護天王壁畫。轉個彎來到中庭(Dochey)，眼前開闊的大廣場即是每年廷布策秋祭典(Thimphu Tshechu)舉行的地方，左前方是高大宏偉的烏策(Utse，中央大殿)，隔開了北邊的教區和南邊的政區，

令人驚嘆的宗教建築群

廷布的宗最早建於1216年，名為「藍石宗」(Dho-Ngen Dzong)，不過並非在現址，而是位於廷布谷地更北邊的山丘上，亦即目前德慶佛德朗寺(Dechen Phodrang)的所在地。到了1641年，不丹這個「雷龍之國」的創建者夏尊・拿旺・拿姆噶爾(Zhabdrung Ngawang Namgyal，1594-1651年)實施政教合一，他打算把眾僧侶和官員聚在一地，但原本的上宗(Upper Dzong)太小，於是在旺河畔蓋了另一座「下宗」(Lower Dzong)，並將上下宗一起命名為「札西秋宗」，意思是「光榮宗教的堡壘」，但仍維持僧侶在上宗，官員在下宗。

直到1771年，上宗遭祝融焚燬，上下宗才合而為一，後來的一個多世紀，札西秋宗經過多次擴建、地震震毀又重建。1962年，三世國王吉莫・多吉(Jigme Dorji Wangchuk)把首都從普納卡(Punakha)遷到廷布，5年後擴建成今日所見之規模，自此成為不丹政府所在地。除了「教區」的佛寺外，「政區」還包括金鑾殿(Throne Room)、秘書處(Secretariat)、國王辦公室，以及內政部和財政部，其他政府部門及國會則環繞在札西秋宗周邊。

右前方則是中央僧團(Dratshang)夏日居住的地方，包括沙爾帕寺(Lhakhang Sarpa)和大殿(Assembly Hall)，大殿允許遊客入內參觀，裡面有一尊巨大的釋迦牟尼佛，以及歷任國王和法王(Je Khenpo)的寶座。

不丹最重要的節慶在此舉行

不丹每個行政區域都有自己的策秋祭典，其中又以「廷布策秋」(Thimphu Tshechu)最大、最熱鬧，通常從每年農曆8月10日開始，為期3天。

早年的策秋祭典只是由僧侶表演的簡單舞蹈，內容多半講述蓮花生大士(Guru Rinpoche)的一生。直到1950年代，三世國王吉莫・多吉引進了面具舞，如此一來，增加了節慶的色彩與多樣性，卻不減損其精神層面的意義。

策秋主秀的面具舞由喇嘛擔綱，旨在榮耀藏傳佛教祖師蓮花生大士，同時祈福與驅邪。

對農人來說，策秋祭典的舉辦也能讓他們從農忙中獲得短暫的休息，每個人都穿出最好的幗與旗拉，與家人朋友齊聚一堂，不分貴賤得到佛力平等的賜福，並祈求來年健康與快樂。

「廷布策秋」祭典前，會進行數天夜以繼日的祈禱和請神儀式。祭典期間，札西秋宗的中庭廣場上坐滿了密密麻麻的數千民眾，遊客也可和不丹民眾一起在廣場上觀賞面具舞表演，但寺廟裡的表演則不被允許進入觀看。

國家紀念佛塔
National Memorial Chorten

紀念不丹第三任國王

🏠Chorten Lam 🕐9:00~17:00 💲Nu500

這座大型的藏式密宗佛塔是廷布重要的信仰地標之一，位於市中心南緣，其巨大的白底金頂身影遠遠就能望見。

佛塔立於1974年，是皇太后Ashi Phuntso Chhodron為了紀念她的兒子、也就是不丹三世國王吉莫‧多吉‧旺楚克(Jigme Dorji Wangchuk，1929~1972年)的驟逝而建，並祈求世界和平。

國家紀念佛塔渾身雪白，中央金色尖頂直鑽雲端，塔身外部裝飾著精緻的曼荼羅和神獸雕塑，周遭五彩旗隨風飄盪，裡面的神龕則擺放了三世國王的相片供後人瞻仰，國王的遺骨不在佛塔裡，而是安措在布姆塘(Bumthang)的固結寺(Kuje Lhakhang)裡。

善男信女絡繹不絕

不論何時來此，總見魚貫而來的信徒順時針不斷繞著佛塔，或手持念珠轉經輪、口中默默唸著佛經，或行三跪九叩之禮，虔誠地進行每日必修的功課，以贖今生的罪，求取來生的功德。

對佛教徒而言，佛塔意味著信仰的寶座，代表了佛陀的心，透過佛塔形式與雕刻，來表達對於宇宙、生命與教義的看法。

MAP ▶ P.277B2

週末市集 (百年農夫市集)

MOOK Choice

Weekend Market
(The Centenary Farmer's Market)

農產手工藝品大集合

🔽 週六、週日

不丹人物慾需求不高，市場並非天天開市，廷布也只有到了週末，才能見識到不丹人上市場買菜的情景。

週末市集就位於市區東側的旺河畔，也是不丹最大的一座農夫市集，每到週末，來自全國各地的農夫便跋山涉水前來，擺出各式各樣新鮮、有機的自耕農產品，等待一週前來採買一次的民眾。

通常農夫和小販們會在前一天或週四就抵達，直到星期天晚上才離去。由於終日人潮川流不息，所出售的農產、手工藝品五花八門，這處一週才開張一次的市集，也十分受到遊客歡迎。

從市中心往旺河畔信步過去，隨著接近市集，道路兩旁的小販也愈來愈密集。市場分為上下兩層，周邊則圍繞著各類型的雜貨商鋪，市場裡，

別錯過順遊手工藝市集

出了農夫市集，走過名為Kuendeyling Bazaam的步行橋，來到旺河東岸，這裡是手工藝市集，你可以看到唐卡、念珠、佛像、轉經輪、面具、木碗、織品、掛毯等，如果打算購買，注意衡量價格、質料，也要準備殺價。

不丹人餐餐不可或缺的辣椒是最大宗，青的、紅的、曬乾的、新鮮的，三步一小攤、五步一大攤；此外，種類繁複的白米、紅米、青稞、蕎麥、玉米等五穀，還有番紅花、薑黃、香茅草等香料也讓人目不暇給；而香蕉、芒果、鳳梨、菠蘿蜜等熱帶水果也看得到，那是來自不丹南部的低地區。

MAP ▶ P.277A1

國家工藝暨藝術技能學院

National Institute for Zorig Chusum

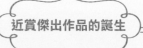
MOOK Choice

傳承13種不丹工藝技術

⌂Kawangjangsa, Thimphu ☎02-322302 ◷週一~週五 9:00~16:30 ⓢNu200 ⓤwww.nizc.gov.bt/

Zorig Chusum字面上的意思是「13種工藝與藝術技能」,這13種最能代表不丹這個喜馬拉雅山王國獨特精神與身份的工藝和藝術,包括了傳統的木工、繪畫、造紙、紡織、刺繡、雕刻、金屬鍛造……等。

不丹政府為了保存豐富的傳統文化,於1971年設立了這所國家工藝暨藝術技能學院,一般都簡稱為「繪畫學校」,學生們平均要花4~6年時間習得這些傳統技藝。

繪畫方面以唐卡佛教卷軸畫、壁畫,以及彩繪於各種傢俱、窗戶、門框、藝術品等的繪畫藝術;木雕有印製佛教經文用的木刻版、面具、家具、佛龕、佛堂;刺繡則是用針線縫繡各式的花紋圖樣於布料、衣服或靴子上,以及做成複雜的貼花唐卡壁掛,此外,還有泥塑、織布、織毯、竹編、金工、銀工、鐵工等。

近賞傑出作品的誕生

這座技能學院開放給遊客參觀,當你近距離觀看學生們有紀律地學習各種技能,有的拿畫筆、有的穿針帶、有的執雕刻刀;或成一幅唐卡、或成一件袍服、或成一尊佛像,你很難不被那些認真的表情及其出色的作品所打動。然而遊客一波波擠進狹窄的教室,往往也打擾學生上課和學習,參觀的同時,切記動作放緩,並輕聲細語。

MAP ▶ P.277A1

國家圖書館

National Library

收藏全世界最大的印行書

🏠Pedzoe lam 📞02-333301 🕐週一~週五9:00~17:00 💲
Nu100 🌐www.library.gov.bt

　　國家圖書館成立於1967年，以保存不丹古老
的宗喀語(Dzongkha)和西藏文本、手稿及木版
印刷為宗旨，1984年遷至現址，其建築樣式是
不丹傳統建築的典型範例。

　　圖書館共有兩棟，一是圖書館，一是檔案
館，裡面實際收藏和保存的比你所能看到的更
多，其中包括西藏德格和納塘印經院所印行的
經書，以及諸多與不丹歷史、宗教、醫學、藝
術和文化相關的書籍和檔案等。

💡 全世界最巨大的書就在這裡！
　　對遊客來說，最想看到的就是擺放在圖書館一
樓，號稱已出版發行、全世界最巨大的書，高2
公尺，重達68公斤，書裝在玻璃木櫃裡，每個月
會翻一頁。

MAP ▶ P.277A2

不丹紡織博物館

The Textile Museum of Bhutan

展示不丹的紡織工藝

📞02-334412 🕐週一~週六 9:00~17:00 💲Nu250 🌐皇家
紡織學院：www.royaltextileacademy.org

　　2015年才遷至新址的不丹紡織博物館，與皇
家紡織學院(Royal Textile Academy)兩相對
望，兩個機構同時肩負起發揚不丹傳統紡織工
藝的任務。

　　簇新的不丹紡織博物館擁有目前不丹最好
的展覽空間，除了詳細解說不丹幗(Gho)旗拉
(Kira)服飾的質料、織法、穿法之外，也展示日
常生活中用得到的各種紡織藝術，包括包裹物
品用的布巾、坐墊、靠枕套、背包、提袋等，
還有慶典期間，各式各樣色彩炫麗的面具舞
「戲服」。

　　博物館也會不定期規畫主題展覽，例如已
退位的四世國王吉莫‧辛吉‧旺楚克(Jigme
Singye Wangchuk)六十大壽時，就有一整個
展館陳列了四世國王的豐功偉業及皇室家族的
生活。

昌崗卡寺

Changangkha Lhankhang

為小孩祈福的古剎

🏠Sevina lam　🕘9:00~17:00　💲Nu500

　　昌崗卡寺是廷布市中心香火最鼎盛的寺廟，12世紀時，由西藏來的噶舉派喇嘛Phajo Drukgom Shigpo所建立，也是廷布最古老的寺廟。寺廟建在一塊岩脊上，仿若一座堅實的堡壘。

　　傳統上，不丹的父母若有了小孩，便會前來昌崗卡寺求神賜給嬰兒一個吉祥的名字或為小孩子祈福，而保護小孩子的守護神是位於寺內聖殿左手邊的馬頭金剛(Tamdrin Hayagriva)，至於本寺的主神，則是擁有11顆頭、千隻手臂的「千手觀音」(Chenrizig或Avolokitesawara)。

　　由於婦女不被允許進入聖殿，只見虔誠的信女們有的手持佛珠，有的背著嬰兒，不斷順時鐘繞著寺廟外圍繞，把寺牆成排的轉經輪轉得嗡嗡作響。因為昌崗卡寺居高臨下，走出廟宇同時，別忘一覽廷布谷地美麗的景致。

金屬工藝工作室

Goldsmiths Workshop

首飾藝品的生產基地

🏠長途巴士站後方

　　不丹的13種傳統工藝中就包括金屬工藝，一是稱為Garzo的鐵工，產品包括斧頭、犁、鐵鍊、刀、劍等，另一種是稱為Trozo的金、銀、銅等首飾。

　　打造這些產品的工匠工作室多半集中在旺河東岸、長途巴士站後方，有興趣不妨前往參觀，雖然成品不多，但你能看到工匠們敲敲打打、火槍鍛燒的過程。

MAP ▶ P.277B3

金剛座
釋迦牟尼大佛

MOOK Choice

Buddha Dordenma Statue

世界上數一數二的迦牟尼坐佛像

　不論你走到廷布市區哪個角落，總能看到遠方高山上這尊金色的釋迦牟尼大佛，高高在上守護著整座廷布谷地。

　這尊銅身、鍍金的大佛是不丹近年的大工程之一，由中國承製、再切割運送過來，雕像坐在一座三層樓的金剛座大殿上。

　大佛興建的緣起，是根據蓮花生大士所留下的一個伏藏預言而執行的，據信在這裡設立一尊大佛，可以為全世界帶來平安與幸福。原本計畫於2008年落成，以慶祝旺楚克王朝建國百年及五世國王登基，然而工程延宕多年，終於在2015年完成主體工程，剛好趕上四世國王吉莫·辛吉的六十華誕。

耗資超過一億美金的大佛！

可以從幾個數據可以看出這尊釋迦牟尼大佛的「大」和「多」：雕像高51.5公尺，是世界上最大的坐佛之一；佛像下的大殿裡，分別整齊排列了十萬尊8吋及兩萬五千尊12吋一模一樣的佛像，整個工程耗資超過一億美金。

　坐落於半山腰的金剛座釋迦牟尼大佛，過去是雪爾巴‧旺楚克皇宮(Sherab Wangchuck Palace)所在地，站在大佛前，廷布谷地盡收眼底，如今包含金剛座釋迦牟尼大佛在內，都納入Kuensel Phodrang自然公園的範圍內。

MAP ▶ P.277A2

莫提塘羚牛保護區

Motithang Takin Preserve

不丹的國寶級動物

⌂Sangaygang $Nu300

羚牛是最能代表不丹的國寶級動物，是一種分布於喜馬拉雅山東麓的大型牛科動物，生長在海拔1000~4500公尺的密林及高山草地，因長相奇特，又被稱為「四不像」。

羚牛身高平均97~140公分，身長160~220公分，尾巴12~21公分；母牛體型小一點，約重250~300公斤，公牛體重平均300~350公斤，有些例外則重達400~600公斤。

莫提塘這個地區原本就有一座動物園，但四世國王認為動物園的圈養圍籬設施不符合環保和宗教信念，於是讓園區的動物統統回歸自然。然而溫馴的羚牛卻因此經常流連廷布街頭找垃圾吃，不丹政府不得已只好再把牠們關回保護區裡。

園區範圍不小，羚牛大部分時間都離圍籬有一段距離，除羚牛外，也有鹿、羊等其他動物。

MAP ▶ P.277B2

藏托佩里寺

Zangto Pelri Lhakhang

模擬蓮花生大士天上的居所

⌂位於週末市集西南邊

從廷布市中心往週末市集走，遠遠就會望見這座瘦高、彷彿寶塔的寺廟。它的歷史並不久遠，1990年代之後才立於此地，是由不丹國歌的作曲家Dasho Aku Tongmi出資興建，整座寺廟模擬蓮花生大士天上的居所而造，裡面立了一列高達4公尺的大雕像，包括蓮花生大士在內。

寺旁則有一整排巨大的轉經輪，那是屬於另一座較古老的瑪尼墩卡寺(Mani Dungkhar Lhakhang)所有，信徒不時前來拉動轉經輪，清脆的噹噹聲不絕於耳。

MAP ▶ P.277B3

辛托卡宗

MOOK Choice

Simtokha Dzong

不丹現存最古老的宗

辛托卡宗的烏策(Utse，中央大殿)有三層樓、12個面，外牆成列的轉經輪後方，擺放了超過三百個石板雕刻的聖者和智者。佛殿裡，中央供奉著釋迦牟尼佛，旁邊圍繞著8尊菩薩；西側佛龕則有千手觀音(Chenresig)、綠度母(Green Tara)，以及夏尊・拿旺・拿姆噶爾的畫像；至於守護神龕裡，則有醫學之神大黑天(Mahakala)和吉祥天母(Pelden Lhamo)。由於建築歷史久遠，這裡所保存的壁畫，其藝術價值在不丹也是數一數二。

有趣的是，辛托卡宗裡還保留了夏尊・拿旺以及現代不丹一世國王烏贛・旺楚克(Ugyen Wangchuk)的父親吉莫・拿姆噶爾(Jigme Namgyel)的臥房。他們兩位在不丹歷史上都是舉足輕重的人物。

不丹現存最古老的一座宗

「辛托卡」(Simtokha)字面上的意思是「惡魔之上」，傳說當年建立這座宗的目的，是為了要降服經常侵擾當地的惡魔。辛托卡宗坐落廷布南郊6公里的山陵上，也是札西秋宗之外，廷布地區的第二座宗，不過，它的建築歷史比札西秋宗要早許多，而且是不丹現存最古老的一座宗。

它興建於1629年，以西藏的拉隆寺為藍本，為不丹雷龍之國的創建者夏尊・拿旺・拿姆噶爾(Zhabdrung Ngawang Namgyal)所建，雖然早在此之前數百年不丹就有宗的存在，但這是第一座把「政」和「教」兩種功能集合在一起的建築，而且完好地保留至今。

廷布周邊

MAP ▶ P.9B2

多楚拉山口

Dochu La

喜馬拉雅山脈全景圖

🏔 位於廷布前往普納卡(Punakha)的主幹道最高點，車程約1小時。

從廷布前往普納卡(Punakha)、旺迪佛德朗(Wangdue Phodrang)，甚至更遠的東部，多楚拉山口是必經的隘口，這裡的海拔3,140公尺，可以360度眺望喜馬拉雅山脈群峰美景，也成為旅人在漫漫旅程中停車暫歇的驛站。

出了廷布市區，在轉進不丹東西向公路之前，可以隔著旺河遠眺辛托卡宗(Simtokha Dzong)雄踞在山巒群樹的美麗身影。隨著遠離廷布，車子不斷攀爬向上，四周的松樹與柏樹更加蒼勁蓊鬱，來到海拔2890公尺的宏錯(Hongtso)，停車過檢查哨後，再繼續前行，直到頂點便是多楚拉山口。

迎面而來的是隨風飄動的五彩經幡，以及群聚的108座佛塔。極目望去，十座白了山頭的喜馬拉雅山脈群峰就在視線的最遠處，它們由左至右分別是：Khang Bum(6,494公尺)、Gangchen Dha Gang(6,563公尺)、Gangchey Ta(6,784公尺)、Masang Gang(7,194 公尺)、Tshenday Gang(6,994 公尺)、Tari Gang(7,304 公尺)、Jejekangphu Gang (7,190 公尺)、Zongphu Gang(桌山，7,094公尺)、Gangchen Singye(7,205 公尺)，以及不丹最高峰Gangkar Punsum(7,561 公尺)，不過，高山天氣變幻莫測，通常只在秋冬天氣晴朗時，才能目睹峰峰相連到天邊的全景圖。

珠克旺噶爾佛塔

　　由108座佛塔所組成的珠克旺噶爾佛塔(Druk Wangyal Chortens)，是2003年才起造的，又名凱旋佛塔。當年四世國王吉莫‧辛吉‧旺楚克(Jigme Singye Wangchuk)親自率領軍隊，掃蕩南部邊境來自印度阿薩姆分離主義者的反抗軍，皇后Ashi Dorji Wangmo Wangchuk因而起造佛塔群，一方面為將士祈福，一方面紀念為戰事犧牲生命的軍人。

　　佛塔群共有3層，最下層有45座，中間層有36座，最上層則是26座小佛塔圍著中間最大的佛塔。

珠克旺噶爾寺

　　與佛塔相對望的珠克旺噶爾寺(Druk Wangyal Lhakhang)則是為了榮耀四世國王而起造的，完成於2008年，同時也慶祝旺楚克王朝百週年紀念。寺廟裡的壁畫跳脫了不丹自古以來的繪畫風格，以卡通方式呈現，部分壁畫描繪四世國王領軍在叢林打仗的場景。

　　自2011年之後，多楚拉也有屬於自己的策秋慶典，每年12月13日舉辦，地點就在寺外平台，由於這裡地勢更高，享有更好的視野。

宗西手工紙廠

The Jungshi Paper Factory

純天然手工造紙

🚶 距離廷布市區1公里，位於旺河東岸。 🏠Khuju Lam ⌄
週一~週六9:00~17:00 💲Nu100

手工造紙是不丹13種傳統工藝之一，這座紙廠也是遊客來到廷布必參觀的景點之一，而「宗西」(Jungshi)的不丹語意思就是「天然」。

手工造紙的不丹語稱為「Deh-sho」，一般是用月桂樹的樹皮(Daphne tree)為原料，走進這處空間狹小幽暗的紙廠，可以看到曬樹皮、泡樹皮、煮樹皮、搗成紙漿、抄紙、壓紙，再烘乾的全部造紙過程。

傳統上，這些傳統手工紙都是做經書用，工廠旁則有一個小商店，可以購買手工紙做成的卡片、筆記本、燈罩、日曆等，但相對於不丹的物價，手工紙並不便宜。

潘格里藏巴寺

Pangri Zampa Lhakhang

國家占卜中心

🚶 位於廷布北部郊區約8公里

從廷布市區沿著旺河西岸一路往北走，經過皇室居住的迪臣秋林皇宮(Dechenchoeling Palace)再繼續向北，便來到潘格里藏巴寺，兩株巨大的柏樹襯著兩棟宏偉的古剎。寺院興建於16世紀初，據說雷龍之國的開國國君夏尊‧拿旺‧拿姆噶爾(Zhabdrung Ngawang Namgyal)於1616年從西藏來到不丹時，便住在這座廟裡，而這座寺廟也是不丹傳統上的占卜中心，2008年國王五世登基大典的日子，便是在此求得良辰吉時。

不丹…**廷**布 Thimphu

MAP ▶ P.277B2 | **Edelweiss Restaurant**

🏠Norzin Lam, Thimphu 📞02-340670

這座餐廳位於市中心，離鐘塔廣場不遠，由於與當地不少旅行社合作，用餐時間總是擠滿遊客，餐廳窗明几淨，中午多半供應自助餐，一如不丹標準餐廳提供的菜色、飯、麵、蔬菜、肉類、甜點，還有不丹人每餐必備的辣椒煮起司，不需期待什麼人間美味，卻是個安全的選擇。

MAP ▶ P.277B3 | **Gagyel Lhundrup Weaving Centre**

🏠Changzamtog, Thimphu 🕐週一~週六9:00~17:00

這座私人的紡織中心，是除了國家工藝暨藝術技能學院之外，另一處能欣賞婦女手工織布的地方。

紡織中心不大，地面樓是婦女織布的工作室，樓上則展示了各類布料、不丹男女傳統國服，以及傳統圖案的抱枕套、手提袋等產品。以女生穿的旗拉(Kira)來說，一件可能要花一年才能完成，上好質料則要上千美金，便宜則約50美金就能買到。

MAP ▶ P.277A2 | **Hotel Phuntsho Pelri**

🏠Dondrub Lam, Thimphu 📞02-334970 🌐bhutanhotels.com.bt/hotel-phuntsho-pelri/

一如不丹三星級旅館的標準模式，沒有過於奢華的裝潢和設施，但提供乾淨、整齊、舒適的住宿環境，其地點優越，既享有幽巷的靜僻，走到最繁忙的廷布大街也僅有幾步之遙。

旅館裝潢採不丹傳統建築風格，中庭大廳挑高，所有客房環繞在四周，接待櫃台模樣就像一面佛龕，並飾以傳統手工家具。旅館的地面樓有幾間販售不丹傳統手工藝的藝品店，一樓則是主餐廳，提供不丹、印度及中國等各式菜餚。免費無線上網已是目前不丹旅館的基本配備，但共通點是速度不快。

帕羅

Paro

文●墨刻編輯部 攝影●墨刻攝影組

不丹唯一的國際機場就位於帕羅，如果經由空中交通來往於不丹，那麼帕羅在你的行程中，通常不是首站就是終站。

也許是機場所在地的關係，帕羅的道路比起不丹其他地方來得完善，兩旁柳樹和蘋果樹夾道而立；刷白與精雕的寺廟與農舍，挺立在翠綠的梯田間，翡鬱森林覆蓋的大山在谷地兩旁無盡延伸。

肥沃的土地、開闊的山谷、溫和的氣候、豐沛的水源，造就了帕羅谷地特別豐饒的物產，大米、小米、小麥、馬鈴薯、蘋果及四季蔬菜都是大宗；這裡靠近西藏，兩地之間長期建立了綿密的貿易網絡，也因此，自古以來帕羅總是比不丹其他行政區來得富庶，19世紀時，帕羅是不丹政府所在地，也是當時的政治、商業、文化中心。

目前整個帕羅谷地共有199座寺院和428座佛塔，嵌在絕壁上的虎穴寺(Taktsang Goemba)尤其是全不丹最具代表性的地標式建築。如果能登上虎穴寺，那麼你的不丹之行就沒有留下遺憾了。

帕羅市區圖

虎穴寺 Taktsang Goemba (Tiger's Nest Monastery)
珠克喝爾宗遺址 The Ruins of Drukgyal Dzong
坦晉林度假旅館 Tenzinling Resort
奇秋寺 Kyichu Lhakhang

帕羅河 Paro Chhu

國家博物館 National Museum
Chhoeten寺
帕羅宗 Paro Dzong (Rinpung Dzong)
廣場 The Plaza
周日市集 Sunday Market
Druk Choeding寺
烏讚佩里宮殿 Ugyen Pelri Palace
5座佛塔
塔姆秋寺Tamchhog Lhakhang 秋宗姆Chhuzom
帕羅機場 Paro Airport

圖例 景點 博物館 市集 遺址 寺廟 廣場 飯店 機場

INFO

基本資訊

人口：約1.5萬
區域號碼：08
海拔：2,280公尺

如何前往

◎航空

不丹的國際與國內機場就位於帕羅市中心南邊7公里，也是不丹對外的空中出入門戶。泰國的曼谷、印度的德里、尼泊爾的加德滿都及新加坡都有航班前往不丹，分別由不丹航空(Bhutan Airline)和雷龍航空(Druk Air)兩家航空公司負責營運。

Paro International Airport www.paroairport.com/

◎巴士

巴士站位於帕羅市區西北方，廷布和帕羅市區距離約60公里，大約要一個小時的車程，帕羅和廷布之間的主幹道已擴建完成，為全不丹路況最佳的路段。

市區交通

帕羅市中心只有簡單的一條街，隨意步行即可逛完，但整個帕羅谷地非常開闊，景點分散，需有交通工具才能一一抵達。

旅遊諮詢

◎不丹旅遊部Department of Tourism

bhutan.travel/

◎錢幣匯兌

旅客可在帕羅機場兌換貨幣，一般來說，幣值愈大的鈔票匯率愈好。進入市區之後，也有銀行可讓遊客換匯。

◎寄信

可以寄信或購買不丹最出名的郵票，很多旅館和商店都有販售郵票，然後到郵局交寄或丟到郵筒即可。

帕羅市區

MAP ▶ P.293C2

帕羅宗

MOOK Choice

Paro Dzong(Rinpung Dzong)

珠寶堆上的堡壘

🔺 位於帕羅市中心東南邊　⏰ 9:00~12:00、14:00~17:00

當飛機越過群峰在帕羅機場落地，走下飛機來到停機坪，遠遠就能望見帕羅宗氣勢雄偉地端坐在陡峭山壁上，它是帕羅的政教中心，一如「宗」的功能，帕羅地區的行政官員在此上班，僧團也以此為日常作息基地。

此宗又名為「林龐宗」(Rinpung Dzong)，意思是「珠寶堆上的堡壘」。1644年由開國元君夏尊‧拿旺‧拿姆噶爾(Zhabdrung Ngawang Namgyal)下令建造，其宏偉的方形堡壘及中央高大的烏策(Utse)大殿，堪稱不丹最典型的「宗」建築代表。

這裡原本有一座蓮花生大士所建的寺廟，帕羅宗便是蓋在其基礎之上，而這固若金湯的堡壘式建築，也的確多次阻擋了來自西藏軍隊的進犯。在大英帝國殖民印度時期，當時的行政官員就發現在露台上裝置了可以投擲石塊的彈射裝置。

因為整座宗依山勢而建，東北側的行政區比西南側的宗教區還要高6公尺，而為了省腳力，遊客多半從東北側大門進入，經過一小段兩旁繪著

居高臨下眺景極佳

　　由中庭順著階梯往下走，便是僧侶居住的地方，寺裡大約住了兩百位和尚，有和尚上課處(Kunre)和參佛大殿(Dukhang)。

　　從露台往外望視野極佳，盡覽帕羅河與帕羅谷地絕美景色。

　　在堡壘主建物的下方，則是跨越帕羅河的傳統懸臂木橋，名為Nyamai Zam，過了這座橋，也走出了帕羅宗，這就是帕羅宗下方的出入口。

全不丹收藏最完整的博物館

壁畫的廊道，便會看到5層樓高的烏策聳立在寬闊的中庭，這處中央大殿從1649年夏尊王時代便挺立至今。烏策東側的寺廟主要供擁有11顆頭的千手觀音(Chenresig)，佛像雕刻繁複，並塗上金、赭、黑三色。

　　一年一度的帕羅策秋(Paro Tshechu)就是在帕羅宗的中庭舉行，不同於廷布及大部分地方的策秋祭典在秋天舉辦，帕羅策秋是在春天舉行，祭典最後一天日出之後，會展示一幅巨大的蓮花生大士唐卡(Thongdrol)，面積超過18平方公尺，那是18世紀時由雷龍國第8代的世俗統治者(Druk Desi，竹第悉)所訂製，據說有緣見到這幅唐卡的人便能洗去其罪惡。

　　國家博物館坐落在帕羅宗後方山頂上，1968年博物館成立的時候，原本展品都陳列在一座圓形的守望塔老建築裡，後經2009年和2011年兩次地震建物受損，，在其後方加蓋了一棟新穎的現代化建築，展品均移到新館陳列。

　　冠上國家博物館之名，其收藏也是全不丹最完整的，展品大致分成唐卡、面具、國家遺產、武器與盔甲、紡織品、珠寶、手工藝品、郵票等，其中又以與不丹相關的自然史，解說最為詳盡，包括冬蟲夏草的生長，以及珍貴的黑頸鶴如何從西藏遷來不丹過冬。

🅟P.293C2　🏠Gyelyong Damtenkhang，從市區往山上走約4公里。　🕘9:00~17:00，國定假日休息。　💲Nu300
❗博物館內部不能拍照

MAP ▶ P.293C2

帕羅市區

Paro City

典型的不丹小鎮

🔾 位於帕羅宗西北側

　　從帕羅宗沿著帕羅河往上游走，便會進入帕羅市區，這是一處小巧的典型不丹小鎮，只有一條主幹道，這條1985年才興建的主要大街，兩旁盡是雕樑畫棟的木造商店、紀念品店、餐廳。

　　進入市區之前，會先看到左手邊是5座方形佛塔，那是為紀念不丹首位國王烏贛・旺楚克(Ugyen Wangchuk)，右手邊則有一棟美麗的不丹傳統建築被木圍籬隔開，那是烏贛佩里宮殿(Ugyen Pelri Palace)，目前為皇太后居所。

　　再前行，右前方是塔狀的Chhoeten寺，寺旁則為帕羅市區最大的廣場，凡有慶典活動或聚會活動，當地民眾無不慎重地穿上最好的幗與旗拉參與盛會。

　　帕羅的市集規模比廷布小，而且只在週日開市。市集全為露天，就算下雨也只簡單搭設帳棚，隨意逛逛，新鮮的蔬菜、水果、辣椒為大宗，還可看到犛牛奶做的起司及犛牛肉做的肉乾、香腸，還有不丹人愛嚼食的檳榔。

　　市集旁有一座Druk Choeding寺，那是代表帕羅的寺廟，興建年代為1525年，由首任君王夏尊(Zhabdrung)的祖先Ngawang Chhogyel所建，裡面主要供奉未來佛彌勒菩薩(Jampa)。

上帕羅峽谷

MAP ▶ P.293A1

奇秋寺

Kyichu Lhakhang

不丹最早的佛寺之一

🔾 位於帕羅市區西北邊約2公里　　🕘 9:00~12:00、13:00~16:30　💲 Nu500

　　奇秋寺據信為不丹歷史最悠久的佛寺之一，由吐蕃(西藏)王松贊干布(Songtsen Gampo)於659年所建。相傳7世紀時，一個女巨魔阻撓松贊干布把佛教引進吐蕃，他於是蓋了這座寺廟鎮住女魔的左腳，這也是松贊干布在邊境蓋的108座寺廟的其中一座。

　　8世紀時，蓮花生大士也來過這座廟，並遺留珍貴的精神財富。目前所看到的金頂，是1839年由第25任不丹法王(Je Khenpo)所蓋。

　　不同於其他寺廟常見的東西南北四大天王的畫像，進廟前看到的古老壁畫是西藏格薩爾王(King Gesar of Ling)的畫像，《格薩爾王傳》被認為是世界最長的史詩。

　　1968年，三世國王的皇后Ashi Kesang資助擴建了蓮花生大士殿(Guru Lhakhang)，裡面供奉一尊5公尺高的蓮花生大士的佛像，以及手持碗和花造弓箭的紅度母(Kurukulla)。更裡面的主殿(Jowo Lhakhang)則收藏珍貴寺廟資產，包括7世紀的釋迦牟尼雕像，以及松贊干布的神龕。

MAP ▶ P.9B2

塔姆秋寺
MOOK Choice

Tamchhog Lhakhang

鐵鍊橋之寺

⛰ 位於帕羅通往廷布的途中 ⏱ 9:00~17:00 💲 Nu500

出了帕羅機場，沿著帕羅河谷往廷布的方向行約20分鐘車程，會看到對岸山腳下的一座寺廟，以一條鐵鍊橋連通彼岸，如果你來到不丹的第一站是廷布，那麼從帕羅機場出關之後前往廷布，這座鐵鍊橋通常會是第一個停留的景點。

這座鐵鍊橋由西藏著名的鐵橋活佛湯東傑布(Tangtong Gyalpo，1385-1464年)的後裔於2005年所造，而且部分鐵鍊是取自不丹東部的杜克蘇姆(Duksum)，那裡的原始鐵鍊正是湯東傑布所打造，據說他當年在西藏和不丹共造了108座鐵橋，目前部分鐵鍊收藏在帕羅的國家博物館裡。

鐵鍊橋兩旁掛滿五彩經幡，迎風飄動，搖搖晃晃踩踏著鐵鍊抵達對岸，來到這座已經有六百年歷史的塔姆秋寺，寺裡的壁畫早已被經年累月的酥油燈燻黑，主殿的壁畫就有湯東傑布和他兒子的畫像。

MAP ▶ P.9B2

秋宗姆
MOOK Choice

Chhuzom

造佛塔驅魔

⛰ 位於帕羅通往廷布途中，帕羅河與旺河合流處。

離開鐵鍊橋，繼續沿著帕羅河谷前行，來到兩條河流的匯流處。旺河(Wang Chhu，或稱廷布河)從廷布自東北向西南流，而帕羅河自西北向東南流，就在秋宗姆這個地方合而為一，再以旺河之名繼續向南流。

Chhuzom(秋宗姆)中的Chhu在宗喀語是「河」，Zom是「交會」的意思，雖然河流是不丹的生命，但不丹人卻視兩河交會為不祥，於是就在這河灘地上打造了三座佛塔以驅逐惡魔，三座佛塔的造型也完全不同，分別是不丹、西藏和尼泊爾三種樣式。

不丹⋯⋯帕羅 Paro

上帕羅峽谷

MAP ▶ P.293A1

虎穴寺

MOOK Choice

Taktsang Goemba
(Tiger's Nest Monastery)

最驚奇的佛寺

🛕 位於帕羅市中心北邊10公里的山上。 🕐 8:00~12:00、14:00~17:00 💲 Nu1,000 ❗ 抵達虎穴寺後,身上的手機、相機、背包都必須放在寄物櫃裡。

　　虎穴寺是不丹最具代表性的宗教性地標,凡來到不丹的旅人,無不以能登上虎穴寺為終極目標。甚至有人說,來不丹而不登虎穴寺,就不算來過不丹。

　　虎穴寺名稱的由來,乃是相傳8世紀時,蓮花生大士騎著一頭飛虎來到這陡峭山巔,在洞穴裡打禪入定3年3月3天3時,從此降服了當地的惡魔,並讓帕羅人改信佛教。

　　此洞穴被視為聖地,不少後繼者也陸續來此打坐;1646年,不丹雷龍國首位領導者夏尊(Shabdrung)曾到此造訪;直到1692年,第四任領導者Gyalse Tenzin Rabgay開始在洞穴四周起造寺廟;後來幾度擴建也遭逢祝融,尤其1998年的大火使得全寺及珍貴佛像幾乎焚燬,政府耗資13億不丹幣,在2005年讓整座寺廟以全新之姿重新面對世人。

　　儘管要見到這深山仙境得耗費些體力,然而沿途

不丹…帕
羅 Paro

體力的極限挑戰！

要親眼目睹這座緊貼在絕壁上的神奇寺廟，確實有一點難度。

位於高崖上的虎穴寺，海拔3120公尺，與帕羅谷地落差高達900公尺；車子僅能送得抵達山腳下的基地營，其餘則得靠雙腳；山路崎嶇陡峭，時而泥濘，時而濕滑，在海拔兩、三千公尺攀高，體力的耗損比平地來得快；從山麓至山巔，快者徒步2小時，慢者要花上4小時；山區氣候不穩定，大雨說來就來，更增加困難度。當然你也可以雇馬代步，但僅止於半途，最後還是得靠自己的雙腳完成。

因應山路狀況，建議避免在一月和二月寒冬之際，以及六月至九月炎熱多雨季節期間登頂。

鳥語花香，茂密高大的松林一路相伴，間或有淙淙流水，推動轉經輪水車發出清脆的噹噹聲響。行至半途，可小憩一會兒，眺望遠遠山壁上的虎穴寺，繼續向上攀行，幾次峰迴路轉之後，約走一個小時，虎穴寺終於在望，只見虎穴寺就嵌在黃銅色的絕壁上，上方的岩石形如蓮花大士的臉，下方的松林如樹海，一碧萬頃。這般仙境，不論是陽光普照，還是雲霧繚繞，都各有意境。

遠看虎穴寺是由4座寺廟構成，入內之後，才發現這座緊貼山壁而建的寺廟，還分成不同的廳、殿與洞穴，攀上爬下，若非導遊帶領，很容易迷失在這些大大小小的廳殿中。

首先會來到Dubkhang(Pelphu Lhahang)，

這裡就是當年蓮花生大士打禪的地方，洞穴外有一尊Dorje Drolo雕像，也就是蓮花生大士騎著飛虎的模樣。另外還有蓮花生大士八個化身之一Guru Tshengye的壁畫。

除此之外，Guru Sungjem Lhakhang裡供奉的是蓮花生大士另一個化身Pema Jungn；Guru Tsengye Lhakhang裡面則供奉17世紀虎穴寺的建廟者Gyelse Tenzin Rabgay，從這裡可以向下探蓮花生大士打坐的洞穴，據說可以看出一隻老虎的形狀。

離開虎穴寺之後，還可以往上爬到更高的Machig-phu寺，這是不丹人求子的寺廟，或者循原路下山。

普納卡與旺迪佛德朗
Punakha & Wangdue Phodrang

文●墨刻編輯部　攝影●墨刻攝影組

普納卡和旺迪佛德朗兩個行政區兩兩相鄰，共享一條河川，位於西不丹的最東側，這裡海拔僅1,250公尺，是不丹氣候最溫和的區域，這裡的稻作一年可以兩穫，也是不丹最重要的穀倉之一。

莫河(Mo Chhu，意為母親河)自西北往東南流，佛河(Pho Chhu，意為父親河)自東北向西南流，兩條河川孕育了普納卡，並在普納卡宗(Punakha Dzong)交會後，合併成水勢盛大的

普納卡藏河(Punak Tsang Chhu)繼續南流，成為旺迪佛德朗的主要動脈。

在廷布於1951年升格為首都之前，普納卡已經作為不丹的首都長達3個世紀，現代不丹的首位國王烏贛‧旺楚克(Ugyen Wangchuck)於1907年在普納卡宗就任王位；而現任國王吉莫‧凱薩‧拿姆噶爾‧旺楚克(Jigme Kesar Namgyel Wangchuk)2011年也是在此舉行結婚典禮。儘管現在已不具首都身分，但這裡氣

普納卡與旺迪佛德朗區域圖

佛河 Pho Chhu

諾布丁村
Nobding

普納卡宗
Punakha Dzong

莫河 Mo Chhu

洛瓦拉山口
Lowa La

佩勒拉山口
Pele La

奇美寺
Chimi (Chime) Lhakhang

羅貝沙村
Lobesa Village
Hotel Vara

甘塘寺
Gante Goemba

辰德比佛塔
Chendebji Chorten

旺迪佛德朗宗
Wangdue Phodrang Dzong

Chendebji Resort

旺迪佛德朗
Wangdue Phodrang

佛比卡谷地
Phobjikha Valley

黑頸鶴保護區
Black-Necked Crane Preserves

Hotel Dewachen

圖例 ◎景點 ⑳山口 ⑪寺廟 ⑪飯店 ⑪餐廳

候溫和，冬天時中央僧團的僧侶們還是會回到
這裡居住。

旺迪佛德朗和普納卡之間車程半個小時，位
居不丹東西部之間的交通要衝，因其優越的戰
略位置，過去山上曾矗立了一座旺迪佛德朗宗
(Wangdiphodrang Dzong)，可惜2012年一場
大火使整座宗堡付之一炬，遠看輪廓尚在，但
重建是漫漫長路。

旺迪佛德朗同時也是不丹最大的行政區
(Dzongkhag)之一，涵蓋面積甚廣，從海拔
800公尺的副熱帶森林，到海拔5,800公尺、終
年積雪的雪域，更有全不丹最重要的野生動物
保護區及國家公園。

INFO

基本資訊
◎普納卡
區域號碼：02　　**海拔**：1,250公尺
◎旺迪佛德朗
區域號碼：02　　**海拔**：1,240公尺

如何前往
　　從廷布至普納卡約76公里，行程若沒受路況影響車
程約3小時，途中會經過海拔3,140公尺的多楚拉山口
(Dochu La)。普納卡和旺迪佛德朗相距約21公里，車
程約30分鐘。

普納卡

MAP ▶ P.301A1

普納卡宗

MOOK Choice

Punakha Dzong

兩河交會的美麗堡壘

🕐 9:00~17:00　💲Nu500

　　不丹各地的「宗堡」各有千秋，有的虎踞山頭，有的背山面水，有的坐落谷地中心，氣勢磅礡的建築與周遭自然山水相互呼應，成了每一地最美的風景。其中又以普納卡宗最為特別，其不凡之處，在於它位於兩條河流交會的河灘地上。

　　普納卡宗是不丹第二座宗，在1950年代廷布成為首都之前，這裡一直是不丹政府所在地，烏贛·旺楚克(Ugyen Wangchuck)就是於1907年在這裡加冕登基，成為現代不丹首位國王。雖然已不再是首都，然而到了冬天，中央僧團的喇嘛、僧侶還是會回到這裡居住。

　　普納卡宗是不丹第二大宗，長180公尺、寬72公尺，烏策(Utse)中央大殿高達6層。一般的宗只有兩座中庭(Dochey)，普納卡宗卻多達三座。過了跨越莫河的木橋，從北側走進來，會先來到行政區的中庭，這裡有一座白色大佛塔和一株高大的菩提樹；第二座中庭則是宗教區，中間被烏策隔開；第三座中庭位於最南端，這裡的瑪辰寺(Machen Lhakhang)供奉了不丹歷史上兩位重要人物的舍利，一是夏尊，另一位則是貝瑪林巴(Pema Lingpa，1450-1521年)，他是不丹最偉大的上師，其重要性僅次於蓮花生大士，目前佛寺只有國王和法王有權入內。

　　而位於最南側的「百柱大殿」，允許遊客入內，在這座擁有54根柱子的大殿裡，供奉著巨大

的釋迦牟尼佛、蓮花生大士及夏尊的金色雕像，牆上壁畫繪著佛陀的一生，每一根柱子都圍上金色金屬板。

此外，普納卡宗的烏策裡則收藏了堪稱不丹最珍貴的寶藏，那是夏尊當年從西藏帶來不丹的一尊「自生千手觀音像」(Rangjung Kharsapani)。

三百多年來，普納卡宗命運多舛，它曾遭受6次火災、1次洪水、1次地震的損傷，但經過一次次的修復，它仍然完美地矗立在兩河中央。

不丹最美的宗堡

普納卡宗前有莫河(Mo Chhu，意為母親河)，後有佛河(Pho，意為父親河)，尤其春天莫河畔的藍花楹(Jacaranda)盛開時，紫藍色花朵襯著刷白高牆與紅、黑、金相間的木構雕刻，增添無限詩意，因而普納卡宗被譽為是不丹最美的一座宗堡。

普納卡宗過去名為Pungthang Dechen Phodrang，意思是「大幸福宮殿」，相傳蓮花生大士曾經預言普納卡宗的誕生：「未來會有一位名叫拿姆噶爾(Namgyal)的人來到一座看起來像一頭大象的山丘。」8個世紀之後，雷龍國的創建者夏尊·拿

旺·拿姆噶爾(Zhabdrung Ngawang Namgyal)就選擇在莫河和佛河的交會處，於1637年下令蓋了這座宗，其背後的山看起來像頭沉睡的大象，而普納卡宗就位於象鼻的頂端。

普納卡與旺迪佛德朗之間

`MAP ▶ P.301A2`

羅貝沙村

Lobesa Village

典型的不丹農村

　　羅貝沙村坐落在普納卡與旺迪佛德朗之間的山坳裡，一如典型的不丹農村，長勢喜人的梯田依著山勢層層堆疊，走進村裡，所見所聞，都讓人想起陶淵明《桃花源記》裡的境界：「有良田、美池、桑、竹之屬，阡陌交通，雞犬相聞。其中往來種作，男女衣著，悉如外人；黃髮垂髫，並怡然自樂。」

　　羅貝沙村的景象非特例，只是諸多不丹鄉間村落之一，然而因為是前往著名的奇美寺(Chimi)必經之路，讓旅人得以近距離走進不丹的農村生活，而村民也有較多機會接觸外人。

順訪在地手工藝工作坊

　　也許是遊客愈來愈多，走在村落裡，除了嬉戲玩樂的孩童、正在下廚的主婦、農田裡忙著整田收割的農人，還會看到一間間工作室也沒閒著，或繪唐卡，或做木雕，或刺繡裁縫，而其成品就陳列在傳統民居裡，等著有緣的客人上門挑選。

掛木雕陽具能驅邪？

　　不丹的家家戶戶常見在自家大門兩旁牆壁上畫上巨大陽具，或在屋簷四角掛上雕刻的木陽具，這項習俗主要源自不丹史上傳奇的瘋狂智者竹巴昆列(Drukpa Kunley，1455-1529年)，他來自西藏，也是貝瑪林巴(Pema Lingpa)的弟子，四處雲遊不丹，經常以歌謠、詼諧，甚至荒誕不經的舉動來弘法，被視為是「不丹的濟公」。據說他曾以其陽具降服了惡魔，因而不丹家家戶戶都視他為守護神，而後就在自家大門外的牆上畫上陽具，或在屋簷四角掛上木雕陽具以驅走惡魔。

MAP ▶ P.301A1

奇美寺

Chimi(Chime) Lhakhang

供奉瘋狂智者竹巴昆列

🕙9:00~17:00　💲Nu500

步行穿過羅貝沙村，來到盡頭處，便會看到這座位於圓形小山崗上的奇美寺。

奇美寺建於1499年，主要獻給不丹史上傳奇的瘋狂智者竹巴昆列(Drukpa Kunley，1455~1529年)，如今這座鄉間不起眼的小寺已成了不丹的名剎之一，不少不丹人不遠千里前來，寺裡住持喇嘛會以一隻長25公分的木雕陽具敲在求子的婦女額頭上，或者抽竹籤為新生嬰兒求名。

竹巴昆列的雕像以斜躺的姿勢位於神龕中央，一旁還有他的狗沙奇(Sachi)。此外，還有釋迦牟尼、千手觀音及夏尊的雕像，以及竹巴昆列親手所雕的小佛塔，至於寺中的壁畫則是描繪竹巴昆列多采多姿的一生。

佩勒拉山口・辰德比佛塔

　從西不丹的旺迪佛德朗前往中不丹的崇薩(Trongsa)，必須經過最高點的佩勒拉山口(Pele La)，這裡海拔3,420公尺，比多楚拉山口(Dochu La Pass)的3,120公尺還要高。不過這裡沒有居高臨下的景色，也無法眺望遠方更高海拔的喜馬拉雅山峰，只有一座佛塔、經幡，以及賣手工藝品的攤販。

　越過佩勒拉山口之後，海拔開始下降，跨溪谷、過農田，林相慢慢從針葉轉變為闊葉林和竹子，一個多小時之後，來到河谷旁的辰德比村(Chendebji)，再繼續前行2公里，就會遇到兩河交會處，不丹人照例在此興建佛塔(Chendebji Chorten)，白色尖頂的是尼泊爾四眼天神佛塔，方形的是不丹式佛塔，目的都是用來鎮壓當地的惡靈。

不丹…普 納卡＆旺迪佛德朗 Punakha & Wangdue Phodrang

普納卡與旺迪佛德朗之間

MAP ▶ P.301B2

佛比卡谷地

MOOK Choice

Phobjikha Valley

黑頸鶴渡冬之地

因為黑頸鶴，佛比卡谷地成為不丹最受歡迎的野生動物保護區，這裡不僅自然景觀未遭受破壞，更因而展現出獨特的人文風景，漫步在這座遺世獨立的谷地，讓人流連忘返，久久不捨離去。

從海拔1240公尺的旺迪佛德朗一路東行往上爬升，在抵達通往中不丹的佩勒拉山口(Pele La)之前向南急轉，穿越一層層濃密森林，爬升到海拔3,360公尺的洛瓦拉山口(Lowa La)，豁然開朗，只見五彩經幡飄動，幾頭黝黑發亮的犛牛在高山上閒晃漫步，翻過山口之後，開始一路向下，直到見到兩山夾擊的開闊山谷，谷地裡屋舍儼然，佛比卡谷地到了，又是一處彷如桃花源世界的地方。

這裡有一座著名的甘塘寺，佛比卡谷地又被稱為甘塘谷地(Gangte Valley)，這是一座受到冰河長年推擠侵蝕而形成的U型峽谷，位於黑山山脈(Black Mountains，海拔5,000公尺)西側，平均海拔3,000公尺，行政區上仍屬於旺迪佛德朗。除了每年10月底到翌年3月初，黑頸鶴會前來渡冬之外，這裡還有赤麂、野豬、豹、水鹿、長鬃山羊、喜馬拉雅黑熊、紅狐等野生動物。

佛比卡谷地大約住了四千多人，由於海拔較高，冬天會下雪，部分居民和僧侶此時會遷到較溫暖的旺迪佛德朗過冬。在這裡，看不到不丹常見的水田，而是一畦畦的馬鈴薯和蘿蔔，不丹政府也曾經計畫引進灌溉系統種植水稻等經濟作物，但此舉勢必破壞黑頸鶴的棲地，在保育和經濟的拉鋸下，仍維持了馬鈴薯這項地方特產。

由於黑頸鶴生性害羞，只能在無光害的地方棲息，因此佛比卡谷地的開發受到嚴格的限制，這裡沒路燈、沒電線桿，雖然近年不丹政府已經鋪設地下纜線，但電力仍然不足，這裡沒有網路、夜間燈光昏暗，但相對的，滿天星斗卻亮得讓人感動，讓你更接近大自然。

甘塘寺
Gante Goemba

甘塘寺的規模遠較一般的不丹寺廟龐大，其誕生與不丹最偉大的上師貝瑪林巴(Pema Lingpa)息息相關。他當年來到佛比卡谷地時，曾預言此地將會有一座名為甘塘(Gang-teng，意思是山丘頂)的寺廟，並傳授他的教義。1613年時，貝瑪林巴的孫子(Pema Thinley，被視為貝瑪林巴的第一轉世)在這裡起造了一座小寺廟，後來到了貝瑪林巴的第二轉世時，闊建為較大的寺廟。目前甘塘寺的轉世喇嘛Kunzang Pema Namgyal，已經是貝瑪林巴的第九轉世。

甘塘寺位於丘陵之上，禮佛大殿為西藏寺佛樣式，飽覽整座甘塘谷地美麗風光。殿前中庭廣場則是每年甘塘舉辦策秋慶典的地方。

甘塘自然健行路線
Gangtay Nature Trail

佛比卡谷地景色優美，坡度平緩，是不丹最適合健行的地方，其中又以甘塘自然健行路線(Gangtay Nature Trail)最受歡迎。路線起點以甘塘寺旁的瑪尼堆牆開始，從山谷這一側下行至谷底，經過Semchubara小村落，來到山谷的另一側，最後抵達開旺寺(Khewang Lhakhang)，路程約1.5小時。

這條路線可說是來到不丹最美的體驗，沿著山谷邊坡緩緩前行，時而穿越松林，時而跨過草原及杜鵑灌叢；有時與當地人迎面相遇，便獲得熱情邀約進入農家作客；有時與專心吃草的肥牛擦身而過，當走到谷地中段，朝著谷地底部望去，遠方一彎彎蛇形溪流閃閃發亮，那就是黑頸鶴冬天棲息的地方。

黑頸鶴保護區
Black-Necked Crane Preserves

佛比卡谷地的底部中心是一片濕潤的沼澤地，也是黑頸鶴前來渡冬所棲息的地方，每年10月底，瀕臨絕種的黑頸鶴就會從青藏高原成群飛來，數量大約三百隻；到了隔年2月底3月初，牠們再飛越喜馬拉雅山回到西藏夏日的繁殖地。地方百姓視牠們為天堂鳥，並傳唱著讚頌牠們的歌謠。

觀看黑頸鶴的最佳時機是每年11月至翌年2月，時間則為清晨或黃昏群鳥聚集在沼澤地之時，賞鳥時務必穿著大地色系服裝並保持距離，當然閃光燈是絕對禁止的。

崇薩與布姆塘(賈卡爾)
Trongsa & Bumthang(Jakar)

文●墨刻編輯部　攝影●墨刻攝影組

崇薩位居不丹的地理中心，扼守住不丹東西向主幹道，西邊的普納卡、旺迪佛德朗，東邊的布姆塘，南邊的謝姆岡(Zhemgang)，都在崇薩這巔崖峻谷交會，也造就了崇薩宗和崇薩塔這兩座睥睨八方的雄偉建築。

不似廷布、帕羅、普納卡有著開闊平緩的谷地，由曼迪河(Mangde Chhu)主宰的崇薩谷地顯得侷促而險峻，大部分建築和聚落都崁在山谷之上，往西南方望，是高大深邃的黑山山脈。

除了崇薩宗之外，崇薩這個行政區(Dzongkhag)散落著不少不丹皇室的宮殿與宅邸，尤其位於崇薩南邊的昆加拉布坦(Kuenga Rabten)是皇室避冬勝地。

從地理中心崇薩往東走，來到不丹人精神中心的布姆塘，古老而神聖的寺廟與佛塔散落在布姆塘谷地各角落，經幡揚、經輪轉，這裡是最能代表不丹的心靈原鄉。而古老的傳統依然活生生地運行著，那是最原汁原味的喜馬拉雅文化，也是不丹最珍貴的無價資產。

布姆塘區共包含了四座谷地，分別是秋寇爾(Chokhor)、塘(Tang)、烏拉(Ura)、和竹美(Chhume)，其中又以章姆卡河(Chamkhar Chuur)貫穿的秋寇爾谷地為核心，一般人則直接以布姆塘河及布姆塘谷地稱呼，賈卡爾則為布姆塘的首府。

INFO

基本資訊
◎崇薩
區域號碼：03　**海拔**：2,180公尺
◎布姆塘
區域號碼：03　**海拔**：2,600公尺

如何前往

旺迪佛德朗(Wangdue Phodrang)距離崇薩129公里，由於路況極差，兩地之間車程至少需要5小時，途中必須翻越海拔3,420公尺的佩勒拉山口(Pele La)。

從崇薩到布姆塘的賈卡爾要68公里，車程約2.5至3小時，中間則要跨越海拔3,425公尺的優通拉山口(Yotong La)。

此外，2011年年底，賈卡爾啟用了一座國內機場Bathpalathang Airport，對外交通更為便利。

布姆塘/賈卡爾市區

MAP ▶ P.309B1

賈卡爾宗

Jakar Dzong

白鳥的堡壘

賈卡爾宗的宗喀語意思是「白鳥的堡壘」，和崇薩宗一樣，都是由拿吉‧旺楚克(Ngagi Wangchuck)所奠基。相傳1549年時，他正在布姆塘尋找可以建寺院的地方，突然見到一隻白鳥凌空而起並停在山崖之上，這被視為一個重要的預兆，於是這高崖就成為建寺的地點，也就是今天賈卡爾宗所在位置。

不論從布姆塘谷地眺望雄偉的賈卡爾宗，或從高崖上的賈卡爾宗俯瞰布姆塘谷地全景，都有各自不同的風景。賈卡爾宗的官方名稱為「韋雷拿姆噶爾宗」(Yuelay Namgyal Dzong)，是為了榮耀當年戰勝了西藏王彭錯‧拿姆噶爾(Phuntsho Namgyal)的軍隊。

目前的建築是在1667年蓋的，其範圍甚大，繞

> MOOK
> Choice

難得一見的僧侶舞蹈

　　在烏策之前轉進賈卡爾宗建築主體，東側是僧侶居住的地方，西側則為行政區辦公室，各有一座中庭，幸運的話，尤其是有慶典活動之前，在僧侶區，你會欣賞到眾僧侶圍成一圈隨著擊鼓律動跳面具舞；在行政區，則是一群婦女在傳統樂器伴奏下，口中吟唱著歌謠，手捻蓮花，體態婀娜地踩踏著傳統舞步。

堡壘的城牆一圈超過1,500公尺。然而賈卡爾宗的格局和不丹其他的宗堡又有些不同，它的烏策(Utse，中央大殿)位於城牆之外，所以沒有路可以繞烏策一圈。

　　賈卡爾宗所坐落的山頭泉水豐沛，當你走進城門，沿著石板坡道上行，便見到一座大樹參天、花木扶疏的庭園，淙淙泉水汩汩湧出，推動著水車轉經輪不停轉動。庭園周邊是行政區的辦公室，繼續沿著坡道走，烏策就位於庭園東側，從這裡向遠方眺望，可以看到另一座青翠的山頭上有座金頂紅瓦的龐大僧院，那是1970年代才建的羅德卡秋寺(Lhodrak Kharchu Goemba)，裡面大約居住了380位僧侶。大佛殿供奉了蓮花生大士、釋迦牟尼佛和千手觀音的巨大佛像。

像暗藏的秘密基地

　　在行政區外，則有一座半圓形的守望塔，如果門沒鎖上，可以沿著階梯下到半山腰，底部有一座終年清澈的水池，就算整座宗堡被包圍數月，居住在裡面的人仍有乾淨的水源可以飲用。

MAP ▶ P.309A2

崇薩宗
Trongsa Dzong

MOOK Choice

最長的一座宗堡

🕐 9:00~17:00，冬天至16:00

若說普納卡宗以優美的河景取勝，那麼崇薩宗就是以山的險要和壯闊氣勢懾人。

在抵達崇薩宗之前，遠遠就能從山谷的另一側望見這座宗堡挾著不可威逼之勢，虎踞在山頭上，然而要靠近它，還得蜿蜒下到山谷深處，再盤旋往上爬，經過一個多小時的車程來到山的這一側，終能見其廬山真面目。

如同札西秋宗和普納卡宗，僧團也會在冬季和夏季遷移在崇薩宗和東邊的賈卡爾之間，而因為這裡冬天氣候較溫和，崇薩宗就是僧團的冬季住所。從遠處看，長長的崇薩宗像是一棟完整的建築，事實上裡面多達25間分開的寺廟和廳殿，其中創建者拿吉‧旺楚克的佛塔舍利就安措在Mithrub寺裡。而崇薩宗也是所有不丹宗堡中最長的一座。

約在每年的12月或1月，一連5天的崇薩策秋(Trongsa Tsechu)就在崇薩宗北邊的中庭舉行，同樣的，策秋慶典的最高潮就是揭開寺裡珍藏的巨大唐卡(Tongdrol)。

💡 **地處不丹中心點的戰略位置**

崇薩宗建築的歷史甚早，為不丹創建者夏尊‧拿旺‧拿姆噶爾(Zhabdrung Ngawang Namgyal)的曾祖父拿吉‧旺楚克(Ngagi Wangchuck)於1541年所奠基，一開始只是一間小禪堂，後來幾經擴建，在17世紀末不丹統治者Tenzin Rabgye任內達到今天所建規模。然而在1897年的大地震中遭受嚴重毀損，由烏韆‧旺楚克(Ugyen Wangchuck)負責修復，當時他還只是崇薩的彭洛普(Penlop，即省長)，還沒成為不丹國王。

崇薩宗與不丹皇室的關係也十分密切，前兩任國王都是在崇薩宗裡統治這個國家，而傳統上，不丹王儲還沒繼任王位前，都會先擔任崇薩的彭洛普。崇薩宗之所以如此受到重視，主要來自於它優越的戰略位置，這裡位於不丹中心點，扼守東不丹和西不丹之間的唯一通道。

布姆塘/賈卡爾市區

MAP ▶ P.309C1

賈卡爾

Jakar

布姆塘首府

賈卡爾是布姆塘的首府，就位於布姆塘谷地(或稱Chokhor)的要衝位置，布姆塘河(Bumthang Chhu)貫穿整座河谷，如果你的不丹行程包含了布姆塘，多半都以賈卡爾為探索布姆塘的前進基地。

布姆塘市鎮就位於西岸。這裡距離廷布已經有一大段距離，由於不丹路況差，在東西主幹道未拓寬完成之前，除非搭飛機往返，為避免舟車勞頓，在此待上兩晚是基本需求。

2011年之後，在布姆塘河的東岸也興建了一座新的國內機場，名為Bathpalathang，對外交通更為便利，遊客日增。

樸實迷人的小山城

賈卡爾鎮中心只有兩條簡單的街道，市容乾淨，商店門面新穎，因為2010年才經歷過大火，不少房舍都被焚燬後而重建。你可以輕鬆自在地在街上遊逛、採購，除了手工藝紀念品外，還有特產薰香、香茅油，以及當地有機農產品，例如蜂蜜、乳酪、果醬等。

布姆塘谷地

MAP ▶ P.309B1

固結寺

MOOK Choice

Kurjey Lhakhang

蓮花生大士身印

　　固結寺在不丹的重要性，不下於帕羅的虎穴寺，這裡同樣有一座蓮花生大士修行過的洞穴，洞穴的岩石上留著蓮花生大士身上的印子，Kurjey(固結寺)的「Kur」在宗略語裡為「身體」、「Jey」為「印」之意，也就是固結寺名稱的由來，或稱為「蓮師寺院」。

　　寺院有幾座廳殿，蓮師的身印位於二樓的聖殿，也是全寺最神聖的地方，一進殿裡，左手邊有一整個牆面的上千尊蓮花生大士小佛像，中間主要神龕則是蓮花生大士、他的轉世貝瑪林巴(Pema Lingpa)，以及度母像(Drolma)，其中蓮花生大士被8尊他的化身及8座佛塔圍起來，在其後方，就是他坐禪時留下的身印。而咕魯寺有一株高大的柏樹，傳說是從蓮師的手杖變出來的。

　　位於中間的寺院則是一世國王烏贛建於1900年，當時他還是崇薩的彭洛普。左手邊的寺

珍藏蓮花生大士身印所在

固結寺坐落在賈卡爾市區北方約4公里的河岸邊，由三座寺廟構成，入口處有一座佛塔，而蓮師的身印就位於右手邊的咕魯寺(Guru Lhakhang，亦即蓮師寺)裡。這座寺廟為崇薩的彭洛普於1652年所建，也是三座寺廟中最古老的一座。

院以及入口處的佛塔，則是三世國王的皇后Ashi Kesang Wangchuck於1984年在Dilgo Khyentse仁波切的指導下興建，建築樣式雖傳統，但已展現了現代更高水準的建築工藝。

布姆塘谷地

MAP ▶ P.309B1

霑貝寺

Jampey Lhakhang

不丹最古老的廟宇之一

這座寺廟的地位如同帕羅的奇秋寺(Kyichu Lhakhang)，是不丹最古老的廟宇之一，建築年代可以回溯到7世紀，當年吐蕃(西藏)王松贊干布(Songtsen Gampo)為了鎮住一個女巨魔，而在邊境蓋了108座寺廟，霑貝寺就是其中一座，與奇秋寺同一天建造。蓮花生大士當年來到布姆塘，也曾經造訪過霑貝寺。

進入霑貝寺的主殿，有三個石階分別代表三個不同年代，分別是過去(釋迦牟尼的年代，目前石階低於地面並以一塊木板覆蓋著)、現在(與地面同高)與未來(最高一階)，人們相信，當代表現在的石階也沉入地底時，意味著神將變成人，而目前大家所認知的世界也將終結。

主殿供奉的是腳踩大象的未來佛彌勒菩薩(Jampa)，殿內壁畫十分古老，描繪一千個佛陀。

布姆塘谷地

MAP ▶ P.309C1

塔姆辛寺

Tamshing Goemba

貝瑪林巴建造的寺廟

這座寺廟位於布姆塘河東岸，與對岸的固結寺遙遙相望，塔姆辛寺距離賈卡爾市區約5公里，是由貝瑪林巴(Pema Lingpa)於1501年所建，保存了那個年代許多珍貴的壁畫，其中有部分據信是貝瑪林巴親自所繪，不過，這說法被近年的研究推翻，因為這些壁畫的下層還有更古老的畫。

主殿裡供奉了蓮花生大士佛像，兩旁則是釋迦牟尼和未來佛彌勒菩薩。寺裡還擺放一件由貝瑪林巴所打造的鐵鍊衣，重25公斤，據說如果你能穿上它並繞行3圈，將會為你帶來好運。

賈卡爾周邊

MAP ▶ P.309C1

蒙巴錯(燃燒湖)

MOOK Choice

Membartsho(Burning Lake)

蓮花生大士藏寶之地

🚶 位於賈卡爾東邊10餘公里,車程約半小時。

守護崖上神龕

燃燒湖上方的崖壁上,有一座刻了蓮花生大士、貝瑪林巴和釋迦牟尼的小神龕,一位喇嘛長年在此看守誦經,而泉湧而出的山澗被視為聖水,不丹人來朝聖過後,也會裝瓶帶回與親友分享。

蒙巴錯的意思就是「燃燒的湖泊」,對不丹人來說,這是一個非常神聖的地方,1457年時,相傳年僅27歲的貝瑪林巴手持酥油燈潛入湖底,心頭默唸:「如果我是惡魔,那麼我將會死亡,如果我真的是蓮花生大士的轉世,那麼燈會依舊燃燒,並取回寶藏。」結果,他帶回了佛像、佛經與寶箱,而油燈的火焰依然閃爍,燃燒湖因此得名。

燃燒湖事實上不是一座湖泊,它位於塘谷地(Tang Valley),屬於塘河(Tang Chhu)的其中一小段,這裡位於峽谷深處,河水流經此形成一處深不可測的水潭,表面看平靜無波,事實上水底暗潮洶湧。站在深潭邊,潭水墨黑發亮,五彩經幡與風颻颺,谷頂松濤簌簌,是一處結合了自然、傳奇與宗教的靈氣聖地。

The Savvy Traveler
聰明旅行家

文●墨刻編輯部　攝影●墨刻攝影組

基本資訊

印度
◎**正式國名**
印度共和國Republic of India
◎**地理位置**
　位於印度次大陸，向南伸入印度洋，東瀕孟加拉灣，西臨阿拉伯海，東北與中國大陸、尼泊爾、不丹交界，西北與巴基斯坦接壤，東與孟加拉、緬甸為鄰。
◎**面積**
3,287,590平方公里
◎**人口**
約14億2577萬人
◎**首都**
新德里(New Delhi)
◎**宗教**
　印度教80.5％，伊斯蘭教15%，基督教2.3%，錫克教1.9%，佛教0.76%，耆那教0.4%。
◎**種族**
　印度是一個多元種族的國家，不同的種族混合、遷移與交流，構成殊異的人文風情，是印度吸引世人的特質之一。
　印度境內種族複雜，最主要人種有印度原住民、印歐民族、雅利安人、蒙古人、土耳其人、伊朗人等。印度原住民膚色黝黑、身材較為矮小，現在多半居南印度一帶。印歐民族來自西北山區，皮膚比較白。雅利安人早期是從伊朗和裡海附近遷徙而來，分佈於印度西北及恆河平原。蒙古人種身材較為短小，活躍在印度中部、東北高地和喜瑪拉雅山區。
◎**語言**
　官方語言主要為英語及印度語，另有14種地方語言亦列為官方語言。目前印度方言多達兩百種以上，如果細分大約可達一千六百種以上。
　在印度，官方規定的公用語言有15種，在印度發行的百元紙鈔正面，標示有這些公用語言名稱。其中北印度通行的印度語是目前印度的國語，而英語則為準國語。其他還有阿薩姆語(Assamese)、孟加拉語(Bengali)、古加拉特語(Gujarati)、卡納塔克語(Kannada)、喀什米爾語(Kashmiri)、馬拉雅姆語(Malayalam)、印地語(Hindi)、奧里亞語(Oriya)、旁遮普語(Punjabi)、拉賈斯坦語(Rajastheni)、塔米爾語(Tamil)、安得拉邦語(Telugu)、烏爾都語(Urdu)。

不丹
◎**正式國名**
　不丹王國Kingdom of Bhutan
◎**地理位置**
　位於印度東北方喜馬拉雅山脈東段南坡，四周被中國的西藏和印度的西孟加拉邦、阿薩姆邦、錫金所包圍。
◎**面積**
　38,394 平方公里
◎**人口**
　約78.23萬人
◎**首都**
　廷布(Thimphu)
◎**宗教**
　75%藏傳佛教，25%印度教。
◎**種族**
　50%不丹人，35%尼泊爾人，15 %其他部落民族。
◎**語言**
　宗喀語(Dzongkha)、英語

簽證辦理

印度簽證

持有有效期達6個月以上的台灣護照，可在印度官網(https://indianvisaonline.gov.in/visa/tvoa.html)申請電子旅遊簽證eVISA。申請者依照頁面的指示，以英文填寫線上簽證申請表、個人資料，表格內容繁複，請先仔細研讀並耐心填寫。而後依檔案規格，上傳個人近照及護照的電子檔，上傳檔案的大小和格式也有嚴格規定，請仔細確認規格再上傳。確認上述申請內容後，在線上支付電子簽證的簽證費。完成上述申請，將收到確認提交申請的電子郵件。電子簽證申辦時間約需3~5日處理，申請者可上網查詢電子簽證辦理的進度。確定核准後，就可進官網列印電子簽證。

◎電子旅遊簽證費用
- 30天電子旅遊簽證(4月到6月)：10美金
- 30天電子旅遊簽證(7月到翌年3月)：25美金
- 1年多次電子旅遊簽證：40美金
- 5年多次電子旅遊簽證：80美金

要注意的是，若電子簽證未審核成功，或是簽證審核成功之後取消了印度旅行計畫，已支付的簽證費用都不會退還。

不丹簽證

不丹自2022年9月23日重啟旅遊業，開放遊客到訪，相關的簽證規定也同步更新。

自2022年9月23日起，旅客可自行在官網(https://visit.doi.gov.bt)線上申辦簽證或請旅行社代辦，線上申辦所需文件包括護照、近日照片、旅行保險，並須繳交簽證費40美金及SDF (Sustainable Development Fee, 可持續發展費)規費，SDF以入境不丹停留天數計算，成人每晚計收200美金，6至12歲每晚計收100美金，未滿6歲的兒童免收SDF。

不丹王國政府為促進旅遊發展，宣布自2023年9月1日至2027年8月31日，對使用美元付費的遊客，提供SDF50%的折扣，在此激勵措施下，SDF優惠為成人每晚計收100美金，6至12歲每晚計收50美金。

請注意，不丹王國政府會定期評估國內和國際旅遊情況，據此可能隨時變更上述激勵措施，以維護和促進當地旅遊政策。

以信用卡在線支付簽證費及SDF時，建議在進行信用卡交易之前聯繫信用卡銀行，確保可對不丹進行在線支付，以期成功付款。

新制除了更改了申辦簽證的規定，也變更了旅客在不丹的旅行規定，在舊制下，旅客不可採自由行，只能參加旅行社的行程，全程由導遊陪同，在新制下，旅客可自行安排行程、訂機票、訂旅館、找餐廳、搭乘當地公共交通工具，要注意的是，旅客若只計劃在廷布、帕羅等熱門城市中旅行，可不必僱請導遊，但若計畫出城或進入山區健行或登山，就必須僱請專業導遊以確保旅途安全。

旅遊諮詢

◎**印度台北協會(India-Taipei Association)**
台北市基隆路一段333號1708室
(02) 27576112/3
(02) 27576117
www.india.org.tw/
◎**印度旅遊局**
www.incredibleindia.org
◎**駐印度台北經濟文化中心(Taipei Economic and Cultural Center in India)**
No. 34, Paschimi Marg, Vasant Vihar, New Delhi-110057, India
(+91-11)46077777
緊急聯絡(+91)9810502610
(+91-11)46077721
ind@mofa.gov.tw
www.roc-taiwan.org/in/index.html
◎**不丹旅遊部Department of Tourism**
bhutan.travel/

飛航資訊

印度

目前台灣直飛印度的航班，只有華航直飛德里，印度航空、新加坡航空、國泰航空及泰國航空等國外航空公司，經香港、曼谷或新加坡等地轉機，再飛往德里、孟買、加爾各答等印度各大城市。
◎**中華航空**
www.china-airlines.com
◎**印度航空**
www.airindia.com
◎**新加坡航空**

www.singaporeair.com.tw
◎國泰航空
www.cathaypacific.com
◎泰國航空
www.thaiairways.com.tw

不丹

目前前往不丹有兩家航空公司可以選擇，分別是民營的不丹航空(Bhutan Airlines)和國籍航空雷龍航空(Druk Air)，不丹的國際機場為帕羅機場(Paro Airport)，可經由曼谷、新加坡、加德滿都、德里等地前往。不丹航班的班次少，遇到不丹節慶期間一定要提早訂票，很多旅客是提前半年計畫不丹旅程。

◎不丹航空Bhutan Airlines
www.bhutanairlines.bt/
◎雷龍航空Druk Air
www.drukair.com.bt

當地旅遊

◎時差
台灣時間減2小時30分為印度當地時間，台灣時間減2小時為不丹當地時間。

◎貨幣及匯率
印度的貨幣單位是盧比Rupee(Rs)。1Rs等於100 Paise(簡稱P)。印度紙幣有Rs1、2、5、10、20、50、100、500，硬幣有Rs1、2和5，匯率約NT$0.39=Rs1(2023年11月)。

不丹的貨幣單位是Ngultrum(簡稱Nu)，其匯率幾乎與印度盧比維持著1:1。

◎電壓
230V，插座為三粗圓頭、雙圓頭、三方頭。

◎國際電話
台灣直撥印度：＋90－城市區域號碼去0－電話號碼
印度直撥台灣：＋886－城市區域號碼去0－電話號碼
台灣直撥不丹：＋975－城市區域號碼去0－電話號碼
不丹直撥台灣：＋886－城市區域號碼去0－電話號碼

◎小費
印度和不丹給小費的額度遠較先進國家為低，可在餐館用餐後視服務品質酌給少許；至於計程司機等，給予些許零錢即可。

在不丹旅遊若安排司機和導遊，在行程結束時給小費也是基本禮貌。

◎衛生狀況
在印度腸胃不適或是拉肚子是常有的現象，初抵遊客要十分注意自己的飲食習慣，首先要小心選擇用餐的地方，讓腸胃慢慢習慣充滿香料的印度食物，並且不要喝含有冰塊或來歷不明的水，一定要飲用礦泉水；不過印度礦泉水普遍含超量殺蟲劑，有人建議Himalaya品牌的礦泉水比較安全，購買時也要注意瓶蓋是否密閉。印度自來水雜質含量高，建議在印度的第一週刷牙漱口也要用礦泉水。如果是做長期旅行的計畫，出發前最好先找醫生報到，帶些實用的藥品，另外最好隨身攜帶蚊蟲膏、防蚊液、鹽、濕紙巾。

住宿

印度

印度各大城市內都有許多高級、印度式旅館、青年旅館、民宿等，其中拉賈斯坦地區可以住宿皇宮古堡改建的皇宮旅館。印度住宿費用還算便宜，旅館種類繁多，背包族下榻的小旅館，一晚雙人房新台幣數百元就可入住，不過最好先參觀房間再做決定，因為有些旅館真的潮濕又骯髒。而大城市如德里、孟買等房價偏高，此外也可以選擇較高級的旅館(三~五星級)，住起來會比較舒服。

不丹

不丹提供各種住宿選擇，從豪華的五星級酒店到傳統鄉村環境中的舒適民宿都有，等級多，每晚住宿價格差異也較大。普通三星級酒店費用約50~100美金，四星級酒店約100~250美金，五星級酒店約300~1,000美金，超五星酒店如Amankora一晚要價近2,000美金，以上參考房價不含稅金。

印度 不丹

MOOK NEW Action no.80
India & Bhutan

作者
朱月華 · 墨刻編輯部

攝影
墨刻攝影組

編輯
朱月華

美術設計
李英娟 · 董嘉惠 (特約)

地圖繪製
Nina (特約) · 墨刻編輯部

出版公司
墨刻出版股份有限公司
地址：台北市104民生東路二段141號9樓
電話：886-2-2500-7008
傳真：886-2-2500-7796
E-mail：mook_service@cph.com.tw
讀者服務：readerservice@cph.com.tw
墨刻官網：www.mook.com.tw

發行公司
英屬蓋曼群島商家庭傳媒股份有限公司城邦分公司
地址：台北市104民生東路二段141號2樓
電話：886-2-2500-7718　886-2-2500-7719
傳真：886-2-2500-1990　886-2-2500-1991
城邦讀書花園：www.cite.com.tw
劃撥：19863813
戶名：書虫股份有限公司

香港發行所
城邦(香港)出版集團有限公司
地址：香港九龍九龍城土瓜灣道86號順聯工業大廈6樓A室
電話：852-2508-6231
傳真：852-2578-9337

馬新發行所
城邦(馬新)出版集團 Cite (M) Sdn Bhd
地址：41, Jalan Radin Anum, Bandar Baru Sri Petaling, 57000
Kuala Lumpur, Malaysia.
電話：(603)90563833
傳真：(603)90576622
E-mail：services@cite.my

製版 · 印刷
藝樺設計有限公司 · 漾格科技股份有限公司

經銷商
聯合發行股份有限公司（電話：886-2-29178022）
誠品股份有限公司
金世盟實業股份有限公司

城邦書號
KV3080

定價
480元

ISBN
978-986-289-941-0 · 978-986-289-940-3(EPUB)
2023年11月初版

首席執行長　Chief Executive Officer
何飛鵬　Feipong Ho

生活旅遊事業總經理暨墨刻出版社長　PCH Group President & Mook Managing Director
李淑霞　Kelly Lee

總編輯　Editor in Chief
汪雨菁　Eugenia Uang

資深主編　Senior Managing Editor
呂宛霖　Donna Lu

編輯　Editor
趙思語 · 唐德容 · 陳楷琪 · 王藝霏 · 林昱霖
Yuyu Chew, Tejung Tang, Cathy Chen, Wang Yi Fei, Lin Yu Lin

資深美術設計主任　Senior Chief Designer
羅婕云　Jie-Yun Luo

資深美術設計　Senior Designer
李英娟　Rebecca Lee

影音企劃執行　Digital Planning Executive
邱茗晨　Mingchen Chiu

資深業務經理　Senior Advertising Manager
詹顏嘉　Jessie Jan

業務經理　Advertising Manager
劉玫玫　Karen Liu

業務專員　Advertising Specialist
程麒　Teresa Cheng

行銷企畫經理　Marketing Manager
呂妙君　Cloud Lu

行銷企畫專員　Marketing Specialist
許立心　Sandra Hsu

業務行政專員　Marketing & Advertising Specialist
呂瑜珊　Cindy Lu

印務部經理　Printing Dept. Manager
王竟為　Jing Wei Wan

國家圖書館出版品預行編目資料

印度.不丹/朱月華, 墨刻編輯部作. -- 初版. -- 臺北市：墨刻出版股份
有限公司出版：英屬蓋曼群島商家庭傳媒股份有限公司城邦分公司
發行, 2023.11
320面；16.8×23公分. -- (New action；80)
ISBN 978-986-289-941-0(平裝)
1.CST: 旅遊 2.CST: 印度 3.CST: 不丹
737.19　　　　　　112017522

墨刻整合傳媒廣告團隊

提供全方位廣告、數位、影音、代編、出版、行銷等服務
為您創造最佳效益

歡迎與我們聯繫：mook_service@mook.com.tw